乡村职业经理人
与共富乡村实践

Rural CEOs
and Practices
in Common Prosperity for
Every- Peasants

邱泽奇 等 / 著

社会科学文献出版社
SOCIAL SCIENCES ACADEMIC PRESS (CHINA)

目 录

序　言 …………………………………………………………………… 1

第一部分　导言

第一章　乡村经营中的"多主体合力"与"数字化赋能" …………… 3
　　引　言 ……………………………………………………………… 3
　　一　乡村产业振兴面临的问题与挑战 …………………………… 6
　　二　乡村产业振兴的反思与探索 ………………………………… 9
　　三　多样化的乡村经营与"共富乡村"实践 …………………… 10
　　四　案例共性："多主体合力"与"数字化赋能"
　　　　助力乡村经营 ………………………………………………… 18
　　五　"共富乡村"与中国式现代化 ……………………………… 23

第二部分　"共富乡村"实践案例

第二章　"强势动员"与"多方共创"的"共富乡村"实践
　　　　——黄禾岩村案例 …………………………………………… 33
　　引　言 ……………………………………………………………… 33
　　一　"共富乡村"组织机制 ……………………………………… 36
　　二　乡村 CEO 培育 ……………………………………………… 43
　　三　产业发展路径 ………………………………………………… 53

四　农民主体地位 …………………………………………… 61
　　五　经验、挑战与对策 ……………………………………… 65

第三章　社会组织深度参与的"共富乡村"实践——来陆村案例 …… 74
　　引　言 ………………………………………………………… 74
　　一　来陆村概况及发展痛点 ………………………………… 75
　　二　来陆村的乡村振兴实践 ………………………………… 78
　　三　来陆村乡村建设的特点：社会组织的深度参与 ……… 94
　　四　来陆村发展的潜在问题和对策建议 …………………… 100

第四章　"市场导向+人才赋能"的乡村经营之道——靖宁村案例 … 105
　　引　言 ………………………………………………………… 105
　　一　靖宁村产业兴旺的痛点与突破口 ……………………… 105
　　二　靖宁村"共富乡村"建设实践 ………………………… 108
　　三　靖宁村发展经验总结 …………………………………… 128
　　四　发展中的问题与建议 …………………………………… 132

第五章　都市驱动的乡村多业态打造——桉富村案例 …………… 136
　　一　共富路上的痛点与难点 ………………………………… 136
　　二　桉富村的乡村产业振兴实践 …………………………… 138
　　三　桉富村乡村产业振兴的堵点 …………………………… 159
　　四　桉富村实现共同富裕的政策建议 ……………………… 161

第六章　多村联动的"全能型"农文旅业态实践
　　　　——"云间花苑"案例 …………………………………… 164
　　引　言 ………………………………………………………… 164
　　一　"云间花苑"的多主体参与 …………………………… 166
　　二　"云间花苑"的典型经营者——乡村CEO …………… 176
　　三　"云间花苑"的多业态实践 …………………………… 185
　　四　"云间花苑"的"共富"模式 ………………………… 187
　　五　归纳与总结 ……………………………………………… 198

第七章 "陪伴式成长"与山区民族村落的内源式发展探索
　　　　——小瑶河村案例 ………………………………… 203
　　引　言 ……………………………………………………… 203
　　一　"小瑶河村实验" ……………………………………… 204
　　二　小瑶河村发展中的多方力量 ………………………… 213
　　三　内生发展的困境 ……………………………………… 221
　　四　建议与启发 …………………………………………… 232

第八章 以农民为中心的农旅振兴实践——达观村案例 ……… 237
　　一　达观村历史沿革及发展现状 ………………………… 237
　　二　专家团队提供信息 …………………………………… 238
　　三　政府强势推进产业 …………………………………… 240
　　四　农民成为发展中心 …………………………………… 251
　　五　总结、可能存在的风险及政策建议 ………………… 261

课题组及各章写作 ……………………………………………… 265

序　言

请职业经理人经营乡村？乡村资产是集体的或家庭的，能行吗？是的，听起来貌似与乡村资产的属性相冲，实则是中国乡村发展迭代的优选项。本书试图梳理中国乡村发展中盘活集体资产的当下实践，尤其是在乡村振兴中实现产业振兴和城乡融合发展的多样化尝试，为各地正在开展的"千万工程"提供参考。

可要理解它是优选项，便需要把它放在中国乡村发展的历史脉络与当下格局里，需要把它放在中国城乡关系的自然演进里，尤其需要把它放在过去40多年中国试图摆脱乡村绝对贫困、寻找适宜的发展路径的探索与实践里。

中国乡村与中华文明有着同样悠久的历史，几千年的时间里，从井田制到家庭联产承包责任制，乡村始终是中国社会的底色。在底色之上，因地域的阻隔，气候的差异、资源的差别，几乎每个局部地区都形成了特色鲜明的生计、农产和乡俗。但它们的共同之处是，那些以礼相待的农民，建造了聚居互助的村寨，发展出了技术先进的农业。

在20世纪之前，中国始终是一个传统农业社会。传统，说的是在农业生产中依然依靠人力和畜力，极少运用现代机械和其他技术。农业社会，指的是绝大多数人口以农业为生，农业生产形塑了人们的社会交往与日常生活，形塑了乡村社会的基本关系，包括城乡关系。20世纪开始的工业化进程并没有立即改变传统农业社会的格局，直到20世纪后半叶，传统农业依然是中国绝大多数人口的生计来源。在发达国家迈向后工业社会的时点，1980年，中国乡村人口占总人口的比例依然还有80.61%[1]，这意味着乡村人口依然是中国人口的主体，乡村生活依然是中国人生活的基本形态，乡村产业依然是中国经济的重要组成部分。中华文明依然以农业文明为底色。

不过，20世纪80年代的中国乡村，已经来到了从农业社会到工业社会进而到数字社会的"千年之变"的前夜。2010年，中国城乡人口的比例持平，乡村人口占总人口的比例为50.05%；7年之后，这一比例下降至39.76%；到2023年底进一步下降到33.84%[2]，中国已经转变为以城镇人口为主体的社会。以1980年为起点计算，常住人口比例的城乡颠倒也不过是40多年间的事。40多年，"弹指一挥间"，却发生了"千年之变"。在漫长历史的短暂瞬间里，从农民打工潮到乡村人口进城落户，从乡镇企业到现代工业，从城乡分割到城乡融合，从脱贫攻坚到乡村振兴，中国乡村发生的是从农业社会迈进数字社会的历史巨变。中国，因乡村的巨变而呈现时代巨变，因乡村发展的踏实脚步而迈上中国式现代化的新征程。

回顾40多年间发生的乡村巨变，我们可将其划分为三个阶段：第一个阶段是20世纪的后20年，第二个阶段是21世纪的第二个十年，当下则处在第三个阶段。每一个阶段都有自己的特点，也有其特定的历史地位。

第一个阶段的特点是，乡村不再只有农业、农村和农民。除了农业，乡村还有工业；除了农村，乡村还连接城镇；除了农民，乡村还有产业工人。触发第一个阶段变化的是在国家政策引导下推出的突破城乡隔离、让乡村人口进城务工和鼓励乡镇企业发展的一系列举措。

中国社会的城乡分工是历史发展的产物。农业与工商业因资源利用的特点不同而形成城乡分工。商业以大规模人口聚居为依托，支撑商业的（手）工业则以劳动分工为效率的来源。工商活动提升了人们对聚居的依赖性以及相互关系的紧密性，社会分工的自然逻辑促进了人口聚集，城镇

---

[1] 数据来源于国家统计局（https://data.stats.gov.cn/easyquery.htm？cn=C01，最后访问日期：2024年3月13日）。

[2] 数据来源于国家统计局（https://data.stats.gov.cn/easyquery.htm？cn=C01，最后访问日期：2024年3月13日）。

由此产生。传统的中国城镇，除了是政治的中心，还是以工业生产和货物交易为基本特征的人口聚集地、工商业产品的集散地。农业则以土地为资源，土地的不可移动性让村寨成为农业人口的居住选择，农业生产的季节性让人们聚村寨而居，以便在农业生产中实现互助，城乡分野因此具有了天然的合理性。把天然合理性变成社会合理性的则是中国社会的组织机制。如果我们把井田制作为组织农业人口生产与生活的制度安排，把集市制作为组织城市（镇）人口生产与生活的制度安排，则城乡分野已然在长期的历史进程中成为人们习以为常的社会共识。

其实，社会共识里的城乡分野只是人们的生计选择，支持人们生计选择长久且稳定的还是社会制度。士农工商的社会等级秩序让以农业为生、居住在乡村的人不仅没有地位低下的感受，反而以为自己才是社会的主流。农业、农村、农民在制度上的主体性让乡村社会成为中国社会的主体，成为传统中国社会稳定且不断延续的基石。

值得注意的是，历史上，中国的城乡之间有分野，却没有隔离，城乡人口的流动是自由的，职业选择也是自由的。各类文献记载的历朝历代在朝为官的精英们在离开朝堂之后，更多的不是选择留在城市而是回乡养老就是一个证据；居住在乡村的人安土重迁，不到万不得已不离开乡土，如用"背井离乡"描述向下的社会流动，则是另一个证据。直到1949年前，除了20世纪30年代的乡村复兴运动以外，中国的城乡关系在本质上依然可被理解为因人们自由选择主导的自然关系。乡村社会代表了中国社会的特征，在中国的大部分地区，我们看不到工业革命的力量，也很难感受到城市化的吸引力。

城乡关系的自然演化在1949年前后被打破，且在一段时间内出现了城乡隔离。既往的研究显示，中国没有像英、法、德、美那样运用市场力量，由工业化来推动城市化，而是国家主导工业化进程，干预人口自由流动，进而建构城乡关系。这大致经历了四个阶段，即1949~1962年的城乡一体，1962~1978年的城乡隔离，1978~1997年突破城乡二元结构，1997年至今的不断重塑。

1949年以后，在赶超英美的工业化战略推动下，恢复工业生产和发展工业成为改变城乡关系的主要推动力量。乡村人口在短期内大量向城市流动。1957年，城市第二、三产业劳动人口为4462万，1958年便增加到11110万，净增6648万；1957年，农业劳动力为19309万，1958年减少到15490万，1958年当年净增加的乡村劳动力几乎都进入了城市。[1] 人口大量且快速流动带来的后果是城市的崩溃。工薪人口数量激增导致社会购买力迅速上升，加上工业生产各行业的不平衡和1959~1961年的农业大减产，使城市物资供应特别是日常生活用品及粮食供应等变得十分紧张，如1957年人均粮食消费量为205.5公斤，1961年时减少为174.5公斤；布的消费量在1957年时为10米，1961年时则减少为3米。[2] 维持生计的危机让许多工厂陷于停工和半停工状态或赔本严重。

为避免社会崩溃，乡村再次成为中国社会稳定的缓冲池，城乡户籍制度在各种争议中诞生，形成了制度化的城乡隔离。1962年5月21日，中央书记处发出《中共中央关于减少职工和城镇人口的宣传要点的通知》，限制人口由乡到城自由迁徙。5月27日，《中共中央、国务院关于进一步精减职工和减少城镇人口的决定》出台，把减员指标分解到各部门，要求减少城镇人口的任务在1963年内基本完成，1964年上半年扫尾。精简工作的成效之一是让社会劳动力的工农业比例恢复到1957年的水平，农业劳动力从1958年的15490万人增至1963年的21966万人，第二、三产业的劳动人口从1958年的11110万人减至1963年的4674万人。[3]

城乡户籍制度导致的城乡隔离不仅有效地阻止了人口在城乡之间的自由流动，也导致农业产品和非农业产品之间的价格剪刀差以及城乡户籍携带的社会福利差。一方面，通过把在农业生产中获得的收益转移到工业和服务业，促进涉及国计民生的基础工业发展；另一方面，把人口增长带来的生计压力留在乡村，使乡村在有限的土地上支撑不断增长的人口。城乡

---

[1] 数据来源于国家统计局（https://data.stats.gov.cn/easyquery.htm？cn=C01，最后访问日期：2024年3月13日）。

[2] 数据来源于国家统计局（https://data.stats.gov.cn/easyquery.htm？cn=C01，最后访问日期：2024年3月13日）。

[3] 数据来源于国家统计局（https://data.stats.gov.cn/easyquery.htm？cn=C01，最后访问日期：2024年3月13日）。

隔离和产业隔离的后果带来的是乡村发展的长时间迟滞。

城乡隔离是制度化的，也只能由新的制度来突破。1979年9月召开的中国共产党第十一届中央委员会第四次全体会议正式通过了《中共中央关于加快农业发展若干问题的决定》（以下简称《决定》），从投资、税收、信贷和农副产品收购等方面调整了乡村发展政策，放宽了对自留地、家庭副业和集市贸易的限制，指出可以按定额记工分，可以按时记工加以评议，也可以在生产队统一核算和分配的前提下，包工到作业组，联系产量计算劳动报酬，实行超产奖励。乡村人口从"可以""也可以"的政策突破中探索了通过承包到组继而承包到户的农业生产新体制。1980年9月，中共中央召开各省、市、自治区党委第一书记座谈会，27日，中共中央转发了座谈会纪要，指出可以包产到户，也可以包干到户，并在一个较长的时间内保持稳定。到1983年末，全国99.5%的生产队都已实行了家庭联产承包责任制。[①]

实施家庭联产承包责任制的后果之一是从农业生产中释放出大量劳动力。我们的研究显示，20世纪70年代末期，农业生产对乡村劳动力的需求大约只有乡村劳动力总量的1/3。也就是说，在乡村，大约2/3的劳动力是冗余的。值得庆幸的是，制度变革释放出来的劳动力并没有在乡村"躺平"。为了生存，为了改善家庭生活，为了赡养老人和抚育子女，人们纷纷寻找新的生计，且很快出现了两个方向，一是进城务工，二是进入乡镇企业。

20世纪80年代，乡村劳动人口开始走出村寨，进入城镇寻找生计。从建筑工地到家政服务市场，从工厂手工劳动到自动化生产线技术劳动，乡村外出务工劳动力的数量很快从百万量级增长到千万量级，进一步突破亿的量级，且有了一个专门称谓"农民工"。《中华人民共和国2023年国民经济和社会发展统计公报》显示，2023年中国农民工的数量为2.98亿，其中在本地从事非农产业的农民工为1.21亿，离开本地外出的农民工为1.77亿。外出农民工中，在省内流动的有1.06亿，跨省流动的有0.71

---

① 《农村改革的伟大创造》，http://dangshi.people.com.cn/n1/2018/1210/c85037-30453159.html，最后访问日期：2024年3月13日。

亿。① 这组数据意味着乡村不再是被隔离的封闭社会，乡村也不再只有农业、农民，还有工业和工人。

当然，在人多地少的乡村，劳动人口始终不局限于农业。20世纪80年代，乡村劳动人口开始在家门口兴办企业。1979年7月，《国务院关于发展社队企业若干问题的规定（试行草案）》颁布，肯定了社队企业在乡村经济中的地位。9月，《决定》提出"社队企业要有一个大发展"。1983年社队企业雇用农村劳动力3235万人，比1978年增长14.4%；总产值从1978年的493亿元增加到1983年的1017亿元，年均增长速度为21%。在社队企业之外，农村家户、联户兴办的企业也悄然兴起，并逐渐发展壮大。1984年中央4号文件将社队企业正式改称为乡镇企业，对家户和联户兴办企业给予了充分肯定。1988年乡镇企业数量达1888万个，从业人数达9546万，总收入达4232亿元，4年间乡镇企业数量平均年增长52.8%，从业人数平均年增长20.8%，总收入平均每年增长58.4%。② 到20世纪80年代中后期，乡镇企业形成了不同的发展模式，如以乡村集体企业为标志的"苏南模式"、以农民个体私营企业为标志的"温州模式"、以港台产业扩散为标志的"珠江模式"。乡镇企业在国民经济中"三分天下"、占据工业经济"半壁江山"、在财政贡献中"五居其一"。

在邓小平同志"南访谈话"之后，国务院先后下发（1992）19号和（1993）10号文件，充分肯定了乡镇企业在经济发展中的重要作用，为乡镇企业的第二轮发展提供了合法性。1992年乡镇企业完成总产值17975亿元，比上年增长54.7%；1993年比上年增长75.5%；1994比1992年增长1.4倍，纯利润增长1.3倍；每百元固定资产实现利润提高了48.6%，每百元资金实现利润提高了25.0%，每百元营业收入占用的流动资金降低了16.8%，人均创利税提高了1倍多。③ 与此同时，乡镇企业发展带来的负效

---

① 《中华人民共和国2023年国民经济和社会发展统计公报》，https://www.stats.gov.cn/sj/zxfb/202402/t20240228_1947915.html，最后访问日期2024年3月12日。
② 《之六：乡镇企业异军突起》，https://www.stats.gov.cn/zt_18555/ztfx/xzg50nxlfxbg/202303/t20230301_1920444.html，最后访问日期：2024年3月13日。
③ 《之六：乡镇企业异军突起》，https://www.stats.gov.cn/zt_18555/ztfx/xzg50nxlfxbg/202303/t20230301_1920444.html，最后访问日期：2024年3月13日。

应也快速显现，如同业竞争、产品质量低下、环境污染、管理混乱等。随着国家产业政策的调整，1995~1996年乡镇企业关停了4.67万个环境污染严重的小造纸厂、小制革厂、小化工厂、小煤窑等。其中，仅造纸厂就关闭了2.3万家。① 伴随国家产业政策的调整，还有一批"小、微、亏"企业被兼并、拍卖和歇业。在这样的变化格局里，乡镇企业改制被提上了议事日程，1997年《乡镇企业法》颁布，乡镇企业的发展被纳入法治轨道，作为中国工业的一个特殊类别被正式纳入中国工业化体系。1998年乡镇企业的数量为2004万个，比1995年减少199万个；从业人员为12537万人，与2022年在本地从事非农产业的人口相当，比1995年减少2.5%；实现营业收入89351亿元，净利润4635亿元，实交税金1583亿元，分别较1995年增长56%、43%和10%。②

归纳而言，因制度突破而释放的乡村人口在过去40多年里推动了乡村与城镇之间格局的变迁：乡村常住人口占总人口的比例从1980年的80.6%下降到2023年的33.8%；乡村就业人口占总就业人口的比例从76.3%下降到36.5%；1978年前，乡村劳动力完全固守在农业上，到2023年有2.97亿农民工在非农产业就业。③ 出现在人们面前的不再是城乡隔离的乡村，而是与城镇高度绑定的乡村。人们的家或许还在乡村，其中一部分人却在城镇居住，一部分劳动力也在非农领域就业。

可是，在一些地区的乡村快速发展的同时，另一些地区的乡村却在快速衰落。伴随部分地区乡村劳动力进城务工和部分地区乡村产业发展的另一个动态是地区之间的乡村差距在扩大。"孔雀东南飞"，青壮年劳动力向珠三角和长三角聚集，加剧了中西部地区乡村发展的迟滞现象，把城乡差距变成了地区差距和地区之间的乡村差距，使东部乡村与西部乡村之间的差距远远大于东部或中西部城乡之间的差距，尽管总趋势是乡村人口省内

---

① 《中国乡镇企业的发展与变化》，http://ie.cass.cn/achievements/research_papers/201712/t20171204_3762937.html，最后访问日期：2024年3月13日。
② 《之六：乡镇企业异军突起》，https://www.stats.gov.cn/zt_18555/ztfx/xzg50nxlfxbg/202303/t20230301_1920444.html，最后访问日期：2024年3月13日。
③ 数据来源于国家统计局（https://data.stats.gov.cn/easyquery.htm?cn=C01，最后访问日期：2024年3月13日）。

流动的比例在上升。国家统计局的监测数据显示，乡村发展在东西部之间极不平衡。2015年东部地区农民工跨省流动的比例只有17.3%，而中部地区农民工跨省流动的比例却高达61.1%，西部地区农民工跨省流动的比例达到53.5%。[1] 该结构说明，东部地区的乡村人口即使向城镇和工业服务业流动，绝大多数也是在省内获得收入，维持生计，而中西部的乡村人口则不得不通过跨省流动来寻找生计。这个结构还说明，随着城市扩张和工业发展，东部乡村有机会通过地租来享受非农产业带来的红利；与此同时，中西部地区不仅不能为本地乡村劳动力提供就业机会，还因青壮年劳动力跨省外流而失去劳动力红利，且多因素叠加导致经济发展迟滞。一个直接的证据是，2014年国家确认的832个贫困县基本分布在中西部地区。

21世纪的头20年，乡村发展进入第二个阶段，特点是：消除乡村绝对贫困。如果说第一个阶段打通了乡村劳动力进城寻找生计的通道，推动了国家经济和社会的整体发展，同时，地区之间因资源禀赋和发展机遇的差异导致乡村发展差异扩大，甚至使一些地区难以摆脱绝对贫困，那么，消灭绝对贫困、缩小乡村发展在地区之间的差距、为共同发展奠定基础，便成为该阶段中国亟须达成的现实目标。除了有产业，乡村产业还得对改善村民生活有贡献；除了进厂务工，乡村还得挖掘乡村人才；除了在空间上与城镇连接，城乡连接还得促进乡村发展。

摆脱贫困其实是自工业革命以来中国社会的历史情结，从洋务运动到戊戌变法，从辛亥革命到新文化运动，先辈们进行过各种各样的尝试，把中国的贫困归因于某个主导因素，并试图通过变革主导因素来实现现代化。可以说，中国现代史其实是一部向贫困宣战的历史，中国式现代化进程也是在向贫困宣战中展开的。从晚清到当下，中国一直试图从纯粹农业社会向工业社会转型。在转型的诸多尝试、挫折与成功中我们发现，从传统向现代的转型绝不仅仅是经济转型那么简单。一个直观的事实是：经过一个多世纪的努力，20世纪末中国经济实现了高速且持续的增长，中国经济发展被誉为人类经济发展的奇迹，可是却依然没有在总体上消灭绝对贫

---

[1] 《2015年农民工监测调查报告》，https://www.gov.cn/xinwen/2016-04/28/content_5068727.htm，最后访问日期：2024年3月13日。

困。贫困地区的乡村劳动力也是20世纪70年代末期务工潮的主体，却不仅没有因务工而阻断家乡的贫困，反而让一部分地区变得更加贫困。在脱贫攻坚战打响之前，中国仍有7000多万乡村人口处于绝对贫困状态。消除绝对贫困不仅仅是中国阶段性的发展诉求，更是中国经济社会进一步发展的前提。

2013年中国开启精准扶贫、精准脱贫攻坚战。2014年国家公布了832个国家级贫困县名单。2015年11月23日，中共中央政治局审议通过《关于打赢脱贫攻坚战的决定》；27~28日，中央扶贫开发工作会议在北京召开；29日《中共中央、国务院关于打赢脱贫攻坚战的决定》发布。2016年3月《中华人民共和国国民经济和社会发展第十三个五年规划纲要》发布，制定了到2020年如期实现贫困人口"两不愁三保障"（不愁吃、不愁穿，义务教育、基本医疗、住房安全有保障），确保现行标准下农村贫困人口全部实现脱贫、贫困县全部摘帽、区域性整体贫困得到解决的目标。

把脱贫攻坚纳入"五年规划"是少有的。为达成目标，从中央到地方，从城市到乡村，从政府机关到企事业单位，几乎每一种社会力量都参与了脱贫攻坚战，东西部协作、定点帮扶、专项帮扶、搬迁帮扶等多种创新性举措不断出现在脱贫攻坚的实践中。2019年10月，为加强对国家脱贫攻坚普查工作的组织领导和统筹协调，根据《中共中央、国务院关于打赢脱贫攻坚战三年行动的指导意见》，国务院成立国家脱贫攻坚普查领导小组，核查每一个贫困县的脱贫进展情况与脱贫实绩。2019年12月23日，西藏自治区宣布区内74个贫困县（区）全部脱贫摘帽。[①] 此后，重庆、黑龙江、陕西、河南、海南、河北、湖南、内蒙古、山西、吉林、青海、江西、安徽、湖北、新疆、云南、宁夏、四川、广西、甘肃20个省区市相继宣布所有贫困县消除贫困。2020年11月23日，贵州宣布最后9个深度贫困县退出贫困县序列，这不仅标志着贵州省66个贫困县实现整体脱贫，也标志着国务院扶贫办确定的832个贫困县全部脱贫，脱贫攻坚目标

---

① 《西藏自治区74个县（区）全部脱贫摘帽》，https://baijiahao.baidu.com/s?id=1653697411066849812&wfr=spider&for=pc，最后访问日期：2024年3月13日。

任务完成。[1]

　　脱贫攻坚任务的艰难完成，1800余人牺牲在脱贫攻坚一线，贫困地区的生产生活条件明显改善，行路难、饮水难、用电难、通信难、教育难、就医难等问题基本得到了解决。到2020年，在基础设施上，贫困县通硬化路的行政村比重为99.6%，通动力电的行政村比重为99.3%，通信信号覆盖的行政村比重为99.9%，通宽带互联网的行政村比重为99.6%，广播电视信号覆盖的行政村比重为99.9%，有村级综合服务设施的行政村比重为99.0%，有电子商务配送站点的行政村比重为62.7%。在教育上，有小学的乡镇比重为98.5%，所有的县均有初中，有初中的乡镇比重为70.3%，有寄宿制学校的乡镇比重为94.1%；有中等职业教育学校的县比重为82.4%，有技工院校的县比重为18.7%，有职业技能培训机构的县比重为84.5%；有公共图书馆的县比重为98.1%，有综合文化站的乡镇比重为99.4%，有图书室或文化站的行政村比重为98.9%。在医疗上，至少有一所县级公立医院（含中医院）的县比重为99.8%，所在乡镇有卫生院的行政村比重为99.8%，所在乡镇卫生院服务能力达标的行政村比重为98.9%；有卫生室或联合设置卫生室的行政村比重为96.3%，卫生室服务能力达标的行政村比重为95.3%。数据显示，2013~2020年，乡村贫困人口累计减少9899万人。普查结果显示，中西部22省（自治区、直辖市）建档立卡户实现了不愁吃、不愁穿，义务教育、基本医疗、住房安全有保障，饮水安全也有保障。其中，西部地区乡村贫困人口累计减少5086万人，减贫人口占比为51.4%；中部地区乡村贫困人口累计减少3446万人，减贫人口占比为34.8%；东部地区乡村贫困人口累计减少1367万人，减贫人口占比为13.8%。[2]

　　2020年贫困地区乡村居民人均可支配收入为12588元，脱贫攻坚期间年均增长11.6%，扣除价格因素，年均实际增长9.2%，比乡村整体年均

---

[1] 《全国832个国家级贫困县全部脱贫摘帽》，http://www.xinhuanet.com/politics/2020-11/23/c_1126776790.htm，最后访问日期：2024年3月13日。

[2] 国家统计局、国家脱贫攻坚普查领导小组办公室：《国家脱贫攻坚普查公报（第四号）——国家贫困县基础设施和基本公共服务情况》，https://www.gov.cn/xinwen/2021-02/25/content_5588894.htm，最后访问日期：2024年3月13日。

实际增速快2.2个百分点。其中，集中连片特困地区乡村居民人均可支配收入为12420元，脱贫攻坚期间年均增长11.6%，比乡村整体年均实际增速高2.3个百分点。国家扶贫开发工作重点县乡村居民人均可支配收入为12499元，脱贫攻坚期间年均增长11.9%，比乡村整体年均实际增速快2.6个百分点。在乡村居民收入结构中，工资性收入成为首要收入来源。2020年贫困地区乡村居民人均工资性收入为4444元，脱贫攻坚期间占可支配收入的比重为35.3%，比2013年提高3.7个百分点。此外，经营净收入稳定增长，非农经营收入占比提高。2020年贫困地区乡村居民人均经营净收入4391元。其中，人均二、三产经营净收入1192元，年均增长12.8%，占可支配收入的比重比2013年提高1.0个百分点。①

可2022年国家统计局的数据表明，地区之间的乡村发展依然呈现不平衡状态。东部地区跨省流动的占比只有15.0%，中部地区跨省流动的比例却高达55.6%，西部地区跨省流动的比例也达到了47.5%，②这意味着中西部的乡村劳动力依然需要通过跨省流动寻找生计。

巩固脱贫攻坚战的成果，实施乡村振兴战略，是中国乡村发展的第三个阶段。这个阶段的特点是，在乡村人口的基本生计获得保障的条件下，促进乡村整体发展，不仅有产业，还希望产业兴旺；不仅有绿水青山，还希望生态宜居；不仅人丁兴旺，还希望乡风文明；不仅组织完善，还希望治理有效；不仅"两不愁三保障"，还希望生活富裕。

2017年党的十九大报告首次提出了乡村振兴战略；2017年12月，中央农村工作会议明确指出，到2020年，乡村振兴取得重要进展，制度框架和政策体系基本形成；到2035年，乡村振兴取得决定性进展，农业农村现代化基本实现；到2050年，乡村全面振兴，农业强、农村美、农民富全面实现。③

---

① 《脱贫攻坚战取得全面胜利 脱贫地区农民生活持续改善——党的十八大以来经济社会发展成就系列报告之二十》，https://www.stats.gov.cn/sj/sjjd/202302/t20230202_1896696.html，最后访问日期：2024年3月13日。
② 《2022年农民工监测调查报告》，https://www.stats.gov.cn/sj/zxfb/202304/t20230427_1939124.html，最后访问日期：2024年3月13日。
③ 《谱写新时代乡村全面振兴新篇章——2017年中央农村工作会议传递六大新信号》（http://www.xinhuanet.com/politics/2017-12/30/c_1122188285.htm，最后访问日期：2024年3月13日）

乡村振兴是要实现产业振兴、人才振兴、文化振兴、生态振兴、组织振兴。如果说乡村发展的第二个阶段为乡村人口的基本生产与生活提供了保障，乡村振兴的目标便是不因部分乡村掉队而影响中国的整体发展，进而保障中国式现代化的实现。

从2018年1月2日《中共中央、国务院关于实施乡村振兴战略的意见》开始，到2023年底，中央政府发布了182个政策文件推动乡村振兴。其中，2021年4月29日召开的第十三届全国人民代表大会常务委员会第二十八次会议还通过了《中华人民共和国乡村振兴促进法》。可以说，推动乡村振兴、补上中国式现代化发展的短板已经成为社会各界的共识。几乎每一个关心乡村振兴的人都清楚，推动乡村振兴，产业兴旺是重点、人才队伍是基石、乡风文明是灵魂、生态宜居是关键，基层组织是主导。

可是究竟从哪里入手呢？打赢脱贫攻坚战后，各地都在因地制宜地寻找解题思路和方法。这本书便是我们向实践学习，在乡村发展历史脉络和现实格局里提交的"解题方案"之一。

"解题"的理论假设是，伴随城市化的加快发展，在数字化转型的环境里，乡村振兴的抓手在人才。综合多个来源的数据，我们发现，相比2021年，2023年中国行政村的数量减少了近3万个，自然村减少了6万多个[①]，偏远村庄和城郊村寨的不断消失已是不争的事实。问题是：剩下的乡村又当如何振兴？我们认为，乡村是居住在乡村的人口的乡村，没有人，便没有乡村。乡村振兴是让乡村人丁兴旺，而让乡村人丁兴旺的前提是有人有能力经营乡村。

换句话说，如果说传统乡村只是人们赖以生存的乡村，那么，在经历了脱贫攻坚战之后，人们的生存已经获得保障，乡村便不再只是人们赖以生存的乡村，而是发挥人们创新能力从而进一步发展的乡村。可是，实现创新发展便需要关联资源，而乡村的基本资源原本就在那里，土地、房屋、山水，如何把乡村存量资源和可能的增量资源变成促进乡村产业兴旺的资源，则需要有人懂得在市场化和数字化大潮中把资源资产化，通过资

---

① 数据来源于国家统计局编《中国统计年鉴2023》（https://www.stats.gov.cn/sj/ndsj/2023/indexch.htm，最后访问日期：2024年3月13日）。

产运营促进乡村的产业兴旺。

其实，这不是一个新问题，也不是第一次涉及乡村资产经营。如果说乡镇企业是一次曾经的尝试，那么，在此之前还有资本下乡的尝试。资本下乡的逻辑是把乡村资产变成公司资产，把村民变成公司雇员。村民还在种自己的地，只不过不再是为自己种地，而是为公司种地；村民依然在打工，只不过是把走出村寨打工变成了在自己地里打工。资本下乡的后果是村民卖了资产再去劳动。

如今的尝试是，让乡村资产成为乡村居住人口的资产，通过自己运营资产来实现产业兴旺。在这个逻辑中，乡村资产经营者是关键角色。问题是：谁可以来扮演关键角色呢？靠村民？传统村民的受教育程度、从业经历、技能技术等都难以胜任，在数以亿计的农民工中，有经营才能的人在进城进厂务工中大多已找到适宜的岗位。靠城里人？有情怀的城里人的受教育程度、从业经历、技能技术等原则上都可以胜任，可是，少有城里人愿意到乡村去；即使愿意去，也难以坚持；即使去了，也不一定能经营好。原因是：如果不熟悉村情，仅凭教科书式的经营之道，不可能把乡村资源经营好。靠村里的年轻人？出生于乡村、成长于乡村，便有了对乡村生活的体验，有了理解乡村环境的基础；从乡村进入城市，便有了认识市场、认识数字化转型的机会。从村里出去的年轻人似乎是理想的关键角色的扮演者。问题是他们不一定愿意。此外，即使他们愿意且有能力经营乡村资源，还需要有能力处理与政府、村民、市场、技术等的关系。简单地说，经营乡村资源需要这样的人：有乡村情怀，理解乡村社会逻辑，识别乡村资源，有能力经营资源，有处理与经营关联的一系列关系的能力，等等。

要把这些能力汇聚于乡村经营者一身，并不像开一家小卖部那么简单。脱贫攻坚战为乡村资源经营创造了基础条件，却没提供与经营相关联的社会条件，如：乡村资源可以转化为怎样的产品？产品的市场又在哪里？参与经营的人在哪里？如何实现盈利？如果有收益，又如何分配？经营乡村资源其实面临着一系列的难题，需要经营者打开脑洞进行各种创新，还需要不同的社会主体参与其中，为经营活动提供政策支持、技术支持、资金支持、人力支持，更需要建立一个让参与者达成共识、有激励进而可持续的发展机制。

这本书试图在多样化的案例中观察和发现支持乡村经营的共性因素。书的第二部分提供了7个典型的案例，试图从一个特定的视角回应经营乡村资源面临的问题及其解决方案，希望为"千万工程"的实施提供可参考的经验或教训。在黄禾岩村，我们观察到了动员的力量，也观察到了各方参与的姿态；在来陆村，我们观察到了社会组织的价值，也观察到了仅有社会组织是不够的事实；在靖宁村，我们观察到了市场的导向性，更观察到了经营人才的价值；在桉富村，我们观察到了乡村的价值，也观察到了抓住城市市场的乡村机会；在云间花苑，我们观察到了行政区划不是乡村发展的障碍，也观察到了多村联动或许有更大的发展机会；在小瑶河村，我们观察到了乡村发展不是靠意愿就可以实现的图景，更观察到了内生发展才是可持续的乡村振兴之途；在达观村，我们再次确认了乡村振兴需要发挥乡村人口的主体性，还观察到了主体性不意味孤立性，主体需要多方其他因素的支持与激励。

书中提供的7个案例不是代表性案例，而是典型性案例，它锚定的是经营乡村资源中可能出现的典型场景，却不一定是代表性场景。为此，在书的第一部分，我们重点关注了两个要素：多主体与数字化。我们认为，一部分乡村之所以直到今天还处在有待振兴的状态不是单因素作用的结果，而是多因素联动的呈现，解决这部分乡村的发展问题，让合适人的去盘活乡村资源是关键的，却不是唯一的。在资源盘活中，关键角色离不开多方的支持，离不开多主体的合力，尤其是地方政府的主导。而在多主体合力中，数字化是提高合力效率和效能不可或缺的工具。

经营乡村是中国乡村振兴的主要举措，也是在乡村人口缺乏劳动力优势的环境下的策略迭代性选择，还是实现共同富裕的可能路径。我们希望这本书有助于奋斗在乡村振兴一线的人拓宽思路，因地制宜地创新乡村振兴的路径与方法。

书的第一章由"乡村职业经理人与集体经济振兴研究"课题组集体撰写；第二章的黄禾岩村案例由欧阳杜菲和周逸然（不分先后）主笔，课题组全体成员参与调研和写作；第三章的来陆村案例由李铮主持调研并主笔，欧阳杜菲和王博华参与调研与写作；第四章的靖宁村案例由宋远航主持调研并主笔，周逸然和李佳锦参与调研和写作；第五章的桉富村案例由李佳锦主持调研并主笔，宋远航和周逸然参与调研与写作，第六章的"云间花苑"案例由张蕴洁主持调研并主笔，李书齐参与调研和写作，第七章的小瑶河村案例由李书齐主持调研并主笔，张蕴洁参与调研和写作，第八章的达观村案例由王博华主持调研并主笔，李铮和欧阳杜菲参与调研与写作。

书中案例的调研工作获得了腾讯 SSV 尤其是相关部门负责人肖黎明的支持。陈晶晶、代秀辉参加了部分案例的调研。李国龙为案例调研的协调工作提供了帮助。中国农业大学国家乡村振兴研究院李小云团队在调研中给予了有力的支持。案例调研得到了当地县、乡、村的大力支持，还得到了乡村职业经理人的无私帮助。本书的出版得到了社会科学文献出版社的支持，编辑提供了诸多技术指导和帮助。谨此一并致以最诚挚的谢意。

文责自负，书中的错误由我们负责。

第一部分

导言

第一章 乡村经营中的"多主体合力"与"数字化赋能"

引 言

民族要复兴,乡村必振兴。党的二十大报告指出:"加快建设农业强国,扎实推动乡村产业、人才、文化、生态、组织振兴。"全面建设社会主义现代化国家,最艰巨最繁重的任务仍然在农村。乡村振兴已成为推动中国农业农村现代化的关键举措,也是各方社会主体参与乡村基层社会建设的首要任务。

"千村示范、万村整治"工程(以下简称"千万工程"),是时任浙江省委书记的习近平同志亲自谋划、亲自部署、亲自推动的一项重大决策,旨在推动农村人居环境整治和美丽乡村建设,有效缩小城乡发展和城乡居民生活水平差距。20年来,浙江推进实施"千万工程",不仅深刻改变了浙江农村的面貌,也探索出一条全面推进乡村振兴、建设美丽中国的科学路径。2023年6月,中央财办等部门联合印发《关于有力有序有效推广浙江"千万工程"经验的指导意见》,指导各地深化"千万工程"建设、建设和美乡村,高质量创建国家乡村振兴示范区,全面推进乡村振兴,着力补齐中国式现代化短板。

"乡村经营"是乡村振兴和"千万工程"再出发过程中的一项有效实践,也是实现"共富乡村"的有效路径。乡村振兴,关键是产业振兴。产业振兴是乡村振兴的重中之重,是实现村民和村集体增产增收的核心路径。培育乡村特色产业，推进农业生产与第二、三产业融合，打造多元经营业态，为乡村留住人才，实现乡村自主运营，避免乡村对外部资源的过度依赖，从而使乡村的发展从"输血"转向"造血"，推动乡村产业兴旺，增加村集体收入，还可让村民共享发展成果，实现乡村共富发展。资源是乡村产业发展的基础。乡村产业的兴旺发达，离不开对内外部资源的有效"经营"。乡村经营，既需要整合内部资源，也需要引入外部资源用以支持乡村建设。有效统筹内外部资源，在多类资源基础上打造特色产业，需要专业的经营人才。培养经营人才，满足资源运营和业态经营的需要，为乡村发展注入内生动力，是乡村振兴的必然选择。

人才是乡村振兴和"千万工程"再出发的关键，乡村职业经理人（以下简称"乡村CEO"）是近年来新兴的一类乡村经营主体，他们的主要使命是在村"两委"的领导下，对村庄的经营性资产进行盘活和有效利用，通过招商引资、自主经营、委托经营等方式经营乡村，壮大村集体经济，促进村庄产业振兴。2016年，小瑶河村[①]在农业大学高霄雨团队的建议和支持下，在乡村内部聘用经营人才，组建专门的合作社管理运营团队，高霄雨教授将其称为"乡村CEO"。2019年，人社部等多部门联合发布新职业，"农业经理人"首次被官方纳入职业分类中，"农业经理人"是指在农民专业合作社等农业经济合作组织中，从事农业生产组织、设备作业、技术支持、产品加工与销售等管理服务的人员。在人社部2019年发布的《新职业——农业经理人就业景气现状分析报告》中，提出农业经理人活跃在农业生产的各个领域，是高素质农民群体的领军人才，是促进农业规模化、集约化、标准化、品牌化发展的核心力量。2020年，人社部和农业农村部颁布了农业经理人的国家职业技能标准。2021年，中共中央办公厅、国务院办公厅印发了《关于加快推进乡村人才振兴的意见》，提出加快培养农业生产经营人才，鼓励有条件的地方支持农民合作社聘请农业经理人。近年来，云南、浙江、四川、天津等多个省市，展开了招聘使用乡

---

① 注：本书中的各级政府工作人员、村干部、企业家、乡村CEO、村民等均采用化名；除腾讯公司外，调研村庄、企业和机构的名称也均为化名。

村CEO的探索。例如，2020年浙江余杭以18万元年薪公开招募乡村CEO，2021~2022年云南昆明、曲靖、昭通等地陆续招聘乡村CEO，2023年四川、天津等地分别在《四川日报》《天津日报》头版头条报道了当地招聘乡村CEO的新闻……在本书中，我们希望探讨乡村CEO如何参与和影响乡村产业的可持续发展，乡村经营的思路如何在中国乡村的土地上得到实践、发展与创新。

"千万工程"始终贯彻共同富裕的价值原则，是"共富乡村"的先行探索，因此，从典型乡村挖掘实践经验，具有重大指导意义。中国的乡村振兴实践在产业基础、发展条件、参与主体和推进模式上存在极强的异质性。本书选取部分有代表性的乡村CEO及其所在的村庄，基于对多样化乡村经营实践的实地考察，尝试分析各个案例的优势与短板、现状与未来、机遇与挑战，目的是归纳不同的乡村经营路径，从中提炼出具有指导意义的建议。

2023年9~10月，课题团队前往七处特点不一、产业发展路径与成效不同的乡村开展调研，与乡镇政府干部、村"两委"成员、村民、乡村CEO以及参与乡村产业建设的企业和社会主体展开深入交流，实地观察与了解乡村多业态发展状况，思考多主体如何在不同的村庄中实现协同，进而激活人才与资源、链接技术与市场，因地制宜推进乡村产业发展与共富建设。本研究选择的七个调研地点分别为：黄禾岩村、来陆村、靖宁村、桉富村、"云间花苑"（三村联合）、小瑶河村、达观村。

本章将以乡村CEO与"共富乡村"实践为主题，以乡村产业振兴的挑战、反思、实践为线索，分五个部分探究乡村产业振兴面临的问题与挑战以及乡村产业振兴的反思与探索，结合具体案例探索乡村经营与乡村共富的有效途径，进而探讨"共富乡村"与中国式现代化的结合路径。

本章第一部分将探讨乡村产业振兴面临的问题与挑战，说明"共富乡村"实践中需要克服的痛点与难点；第二部分反思既往的由外部力量驱动的乡村产业发展路径，并探索内外资源链接的内生发展路径的优势；第三部分呈现具体村庄案例，归纳不同特点的乡村产业振兴与"共富乡村"实践；第四部分总结各个案例的共性特点，从"多主体合力"与"数字化赋能"两个角度提炼乡村产业振兴与"共富乡村"实践中的有效机制，剖析乡村 CEO 在共富机制中扮演的角色；第五部分探讨如何在中国式现代化的视域下理解和推进"共富乡村"建设，并将后者有机地融入中国式现代化的发展进程之中。

一 乡村产业振兴面临的问题与挑战

党的十八大以来，党中央把握发展阶段新变化，将共同富裕摆在更重要的位置。习近平总书记强调："共同富裕是社会主义的本质要求，是中国式现代化的重要特征。我们说的共同富裕是全体人民共同富裕，是人民群众物质生活和精神生活都富裕，不是少数人的富裕，也不是整齐划一的平均主义。"[①] 近年来，国家积极推动区域协调发展，大力促进基本公共服务均等化，打赢脱贫攻坚战，全面建成小康社会，已为共同富裕创造了良好条件。

但促进共同富裕，最艰巨最繁重的任务仍然在乡村。在长期的城乡二元结构中，城市是经济发展、文化繁荣、人口聚集的中心，大量的粮食、人口、资本从乡村向城市流动，使乡村成为支撑城市发展的粮食供应地、劳动力输出地与社会稳定器。随着国家大力推进城乡融合发展，巩固拓展脱贫攻坚成果与乡村振兴有效衔接，乡村要从脱贫迈向致富，产业振兴乃是促进乡村共同富裕的关键。而在既有的城乡二元结构中，乡村产业振兴仍面临人口外流、资源闲置、产业类型单一等一系列难题。

（一）人口外流，缺乏人才

在我国广袤的乡村地区，绝大多数乡村是人口净流出地。21 世纪的头二十年，我国的城镇化进程快速推进，城镇化率从 2000 年的 36.09% 上升为 2020 年的 63.89%。城镇常住人口从 4.56 亿人增至 9.02 亿人，翻了一

[①] 习近平：《扎实推进共同富裕》，求是网，http://www.qstheory.cn/dukan/qs/2021-10/15/c_1127959365.htm。

番；乡村常住人口则从 8.07 亿人下降为 5.10 亿人，减少了近 3 亿人。[①] 随着大量青壮年劳动力从乡村流入城市，中国农村基本完成了剩余劳动力转移，大部分农民基本实现了在就业和收入上挣脱乡土。

当以产业振兴来推动"共富乡村"建设时，乡村人才匮乏成为首要难题。由于大规模青壮年劳动力的外流，留守乡村的多是老人、妇女和儿童，乡村主要承担着老人赡养与儿童抚育的职能，而较少承担产业发展的职能。尤其是产业发展需要依靠具有市场眼光与经营智慧的经营人才，而这类人才大多在城市务工经商，极少留在乡村。此外，乡村既存的人才大多被吸纳到乡村的党组织与行政组织之中，被培养为治理人才，但他们忙于日益繁多的乡村治理事务，缺乏从事乡村产业经营的时间和精力。因此，乡村产业振兴的关键之一在于寻找和培养一批乡村经营人才，助力乡村产业发展。

（二）资源闲置，难以变现

乡村分散存在大量闲置资源。改革开放以来，随着城市化、工业化的快速发展，乡村人口大量外流，常住人口数量远低于户籍人口。这导致了原本村集体按照户籍人口数量分配的资源被大量闲置或未被充分利用。又由于乡村产业有限，留守村庄的常住人口未实现充分就业，拥有大量被动闲暇时间。总体而言，乡村主要存在土地、房屋、劳动力这三大资源的闲置。其一，由于在农村承包土地耕作的收益远低于在城市从事第二、三产业的收益，乡村出现部分土地抛荒或者懒耕懒种的现象。其二，虽然进城务工的农民苦心积攒，将很大部分积蓄用于在老家建房，但是青壮年农民大多只在每年春节返乡，乡村的房屋大部分时间被闲置。其三，乡村的留守老人与留守妇女，劳作以日常家务劳动和季节性农业劳作为主，有大量的闲暇时间尚未投入劳作，处于隐性失业的状态。

---

① 2020 年城乡人口数据可参见《第七次全国人口普查公报（第七号）》（https://www.gov.cn/xinwen/2021-05/11/content_5605791.htm）；2000 年城乡人口数据可参见《第五次全国人口普查公报（第1号）》（https://www.stats.gov.cn/sj/tjgb/rkpcgb/qgrkpcgb/202302/t20230206_1901984.html）。

乡村的闲置资源难以与市场需求充分对接，难以转化为经济效益。首先，土地的闲置，意味着需要有种植大户流转土地进行规模化经营，其中资金、技术、劳动的组织难度高于小农家庭经营，还面临更大的市场风险。所以，村庄自身往往难以产生种植大户，尤其是位于山区地带的村庄。其次，房屋的闲置，是由于半城市化的进程让家庭成员分隔在城乡两地，村庄内部缺乏利用闲置房屋的需求。最后，劳动力的闲置，既受到劳动力市场筛选作用与家庭照料需求的影响，又因乡村缺乏吸纳这部分人口的产业，而村庄既有的农业生产又由于劳动力的季节性投入而难以解决劳动力闲置的问题。因此，乡村需引入外部力量才能激活闲置资源、实现资源变现。

（三）产业类型单一，亟待丰富

中国绝大多数乡村产业以农业为主，类型单一。传统的种养业在市场中的附加值较低，对农民增收的作用十分有限。尤其是农民多依靠留守村庄的家庭劳动力从事种养业，生产规模小，难以抵御市场供需波动的风险。这也导致了农民发展产业的积极性较低，加剧了农村人口外流与资源闲置的状况。

乡村产业类型亟待丰富，需要从第一产业向第二、三产业突破，但乡村第二、三产业的发展面临诸多挑战。乡村的第二产业以农产品加工业为主，旨在利用离原料地近和村庄有闲置劳动力的优势，以提升农产品的附加值。然而，单个村庄往往难以建立完善的农产品加工产业链，需要在县域内进行统筹布局；而且农产品销售的大部分利润被中间环节攫取，农民实际增收有限。乡村的第三产业以旅游业为主，需充分挖掘生态宜居的优势，发展民宿、餐饮、康养等产业。但是，全国只有少数村庄拥有文旅资源，而且要打造文旅业态往往需要巨额的资金投入和专业的经营人才，为其配备景观建设、品牌宣传、项目体验等一系列相关业态与运营工具。因此，推进乡村第二、三产业布局，并与乡村既有的第一产业有机结合，远非农民仅凭自身的经济资本与人力资本能够实现。

二 乡村产业振兴的反思与探索

乡村产业振兴的关键在于引入外部力量激活村庄闲置资源，与市场需求相对接，促进第一、二、三产业融合发展。外部力量如何与乡村有效衔接，从根本上影响了乡村能否实现以农民为主体的共同富裕。我们深入推进"共富乡村"工作需要对既有的衔接方式进行反思，并在此基础上探索新的路径。

（一）反思外部力量驱动的乡村产业发展

随着各地城乡融合发展的推进，政府财政资金大规模反哺乡村，城市的工商企业资本也大量涌入乡村，推动乡村产业发展的典型方式就是"公司+农户"。政府将涉农项目资金与工商企业资本下乡结合起来，主动为企业进行项目配套，围绕着获取城市新增建设用地指标的核心目标，推动"农民上楼"，并建设现代化农业园区。公司这一外部力量的进入，对国家与农民的关系造成很大影响。第一，由于项目大规模向公司集中，公司代替村庄，成为一个横亘于国家与农民之间的实体，国家的各种惠农政策和专项资金全部被公司获取，农民未从中直接获利。第二，与土地指标无关、只关乎产业发展的企业进入村庄，仍会产生与民争利的问题。这类企业大多以谋利为目的，一方面承接了大量政府的产业扶持资金，另一方面又将村庄的优势资源在市场中变现。公司大规模流转农民的土地，成为村庄主导性的经营主体，而农民则从自主经营者变为公司雇员。最终，农民只获得少部分土地流转金和工资，而村庄产业的大部分利润被公司攫取。因此，"公司+农户"的乡村产业发展方式实质上剥夺了农民的主体地位，与乡村共同富裕的目标相背离。

（二）探索内外资源链接的内生发展路径

乡村是农民生活的家园，蕴藏着很大的发展潜力，而乡村内生动力的激发也需要外部力量的注入。在家本位的传统下，为了改善家庭的经济生活境况，农民外出务工，在城市形成了推动中国经济增长的产业大军；为了兼顾家庭的老人赡养与子女抚育，农民回流创业，在乡村成为产业振兴的后备力量。

在乡村产业振兴中，激活内生发展动力，关键在于确保农民成为自身资源与劳动力的受益主体。在 2016 年中央一号文件《关于落实发展新理念加快农业现代化实现全面小康目标的若干意见》中，首次明确了"农民主体"，把坚持农民主体地位、增进农民福祉作为农村一切工作的出发点与落脚点。"共富乡村"中的"农民主体"，具体是指无论是政府的财政资金注入，还是企业的市场资金投入，都要动员农民真正参与进来，成为建设主体、运营主体和受益主体。

此外，外部力量与农民主体的内部力量有效衔接需要一套组织机制，让政府、企业、社会组织等多元主体参与进来。乡村产业振兴以村集体为组织依托，村集体作为重要的组织连接点，连接起政府、企业、社会组织与农民。在资金对接方面，村集体承接了政府专项资金与社会捐赠资金，并将其转化为集体资产。在产业布局与运营方面，村集体可借助企业、社会组织对接市场需求，并充分动员村民参与建设和运营。最后，在利益分配方面，村集体在各级政府的领导下，充分考虑农民利益，制定出保护农民利益的联结机制。无论是充分动员农民主体，还是有效整合多元主体与内外部资源，都需要应用数字化手段，将其有效衔接。因此，在振兴乡村产业的过程中，亟须借力数字化发展，探索出一条能够促进内外部资源链接的内生发展路径。

三 多样化的乡村经营与"共富乡村"实践

本次调研的村庄具有不同特征，在"共富乡村"实践中，也处在不同的发展阶段。在乡村区位和资源禀赋方面，既有位于大城市近郊的都市驱动型项目（如靖宁村、桉富村），也有远离城市、藏于山林的边疆地区（如小瑶河村）。在乡村文化习俗方面，既有保存了少数民族特性的民族村落（如黄禾岩村、小瑶河村、达观村），也有内部文化特点并不突出的乡村（如"云间花苑"、靖宁村等）。在村庄规模上，既有多村落联合项目（如"云间花苑"、靖宁村），又有单一村庄发展项目（如来陆村、黄禾岩村等）。从发展程度与"共富乡村"运行效果来看，目前，部分村落凭借自身较好的资源禀赋和较强的资源撬动能力，已经能够充分与外部市场互动，具备良好的自我"造血"功能，村庄内生发展动力强劲；同时，也存在一些村落尚处于发展初期，内部发展仍依赖政府或其他社会力量的持续"输血"。不同村庄结合自身特点，发展出不同的乡村经营模式，展示出多样化的产业振兴与"共富乡村"实践。

（一）黄禾岩村："强势动员+多方共创"的共富样板

黄禾岩村有壮美的自然景观、悠久的村庄历史、瑰丽的民族文化、深厚的红色传统。在"共富乡村"项目开展前，其面临产业单一低效、人口外流严重、缺乏专业化人才等问题。对此，黄禾岩村的"共富乡村"实践包括了发展文旅业、盘活闲置资源、选拔并培育乡村CEO、壮大集体经济并建立完善利润分配机制等四个方面。

黄禾岩村在"共富乡村"建设上的特色之处在于"强势动员+多方共创"。黄禾岩村所在乡是市委办公厅乡村振兴帮扶集团定点联系的市级重点帮扶乡镇，而黄禾岩村是首个"共富乡村"示范点，其政策定位决定了黄禾岩村在资源倾斜上的优先地位。政府投入了超过3000万元的项目资金，并在人居环境整治、交通建设等方面奠定了黄禾岩村发展的基石。同时，区别于行政主导或政府包办的发展模式，黄禾岩村形成了多元主体的共创共建模式。2021年，县委县政府和腾讯可持续社会价值事业部签署乡村振兴战略合作协议。同年，县委县政府牵头成立了由地方党委政府、腾讯、农业大学三方组成的"共富乡村"项目专班，为多元主体的协作搭建有效的协调中枢与共创机制。

在"强势动员+多方共创"的基础上，黄禾岩村获得了多方力量的支持。在资金方面，腾讯以项目运营的方式，为黄禾岩村的发展注入1400万元的启动资金，有力促进了黄禾岩村闲置资源的盘活与集体经济的壮大。在知识方面，以农业大学为代表的高校，在"共富乡村"理念构建、机制设计、组织搭建等方面提供智力支撑。在技术方面，腾讯不仅为村庄产业发展提供了数字化工具，赋能品牌宣传、产品销售、利润分账等各个生产经营环节，还为村庄集体经济运营培养并输送了一批乡村 CEO。

对于黄禾岩村而言，要实现可持续发展，有以下挑战：在市场开放方面，从主要依靠政府、资本与高校的助力转变为主要依靠农民自身从市场中赢利；在人的培育方面，在推进招才引智、引进专业化经营人才的同时，提高村民素质和能力，健全村民参与机制；在关系理顺方面，处理好政府主导与农民主体之间的关系，以及集体经济中集体留存与农民分红之间的关系。

（二）来陆村：社会组织深度参与+差异化的农文旅业态

在开展乡村振兴建设前，来陆村的产业以农业为主，种植作物单一，且受市场价格波动影响较大。虽毗邻龙脊梯田景区，但来陆村村集体和村民未能分享到景区的门票收入红利，也未能围绕景区建设民宿、餐饮等经营业态。

与其他发展相对落后的村庄相比，来陆村有其独特的内部资源优势。来陆村具有开发梯田景观的自然地理优势，村内的年轻劳动力群体占全村劳动力的比例较高，且村民中具有作为非物质文化遗产传承者的"能人"。然而，来陆村的资源优势未能转化为实际的经济效益。

为激活村内闲置资源，实现来陆村的内生发展，来陆村形成了凤云县共富办主导、来陆村乡村振兴委员会托底、村集体合作社和村集体企业负责业态运营的组织格局，从而实现了来陆村建设多元主体的良好分工，保证了资源能合理参与到来陆村的乡村振兴建设中。依托村内的自然资源和人文资源，来陆村打造具有当地特色的差异化农文旅融合经营业态，实现与周边村庄和梯田景区的差异化竞争。同时，来陆村还举办了山海梯田音乐节，向外传递来陆声音，培育乡村夜经济。

为实现村民共富，来陆村以家户为单位，建立了村集体收入基本共富分配机制。来陆村将村内经营业态的毛利润，按 60%、10% 和 30% 的比例分别用于村内工作开展、突出家户奖励和村内全部家户红利分配。对于村内已初具规模的经营业态,来陆村为其提供了业态加盟的方式,在确定与村集体的收入分配比例后,允许其自主经营。

社会组织的深度参与是来陆村乡村振兴建设中的突出特点。来陆村形成了腾讯公司提供资金支持并进行乡村CEO培养、呼朋企业家乡村发展基金会负责村内建设、旗帜五七文旅公司负责村内业态运营的社会组织参与格局。各种类型的社会组织在参与来陆村乡村振兴建设时,重点关注乡村本土人才的培养,与当地政府和村集体共同探索出"陪伴式"、"派出式"和"在地式"的乡村人才培养模式,为来陆村乃至凤云县乡村发展持续提供人才。

经过各方努力,来陆村的发展已初见成效,但仍面临村民主体赋能不足、共富机制未经过实践检验、发展规划延续和落实等问题,来陆村还需在乡村建设的实践中持续发力,实现乡村振兴。

(三)靖宁村:人才撬动+多元业态的市场化运营

靖宁村靠近长三角经济带核心城市市区,耕地资源丰富,生态环境优美。由于基本农田保护要求,靖宁村的产业结构面临极强的约束条件,在单一的水稻种植产业结构、高达97%的耕地保护率、工业基础薄弱、劳动力外流严重、人才短缺等种种限制之下,靖宁村成功汇聚起来自政府与企业、市场与社会、城市与乡村、本地人与外来者的合力,以市场驱动力与自身经营努力为主,实现了传统产业的转型升级、业态的多元化、市场需求的持续发展,塑造了村庄兴旺发展的内生动力。值得一提的是,靖宁村在区政府的帮助下,大力招揽、选拔、培训专业的乡村经营人才,以人才为杠杆,撬动村庄的耕地资源、产业资源、环境资源、文化资源,打开了村庄资源禀赋促进经济增长的空间。

为充分利用村内闲置资源,靖宁村开展了人居环境整治、高标准农田建设、美丽乡村建设等项目,推动村庄环境资源、耕地资源、闲置民居资源的提质增效,为进一步实现其市场价值做准备;以村集体全资控股成立"稻花香里"村集体公司,推动村集体资产市场化运营、公司化管理,成功开拓稻米市场渠道,打造高端稻米产品,拓展衍生产品市场,推动第一、三产业联动业务发展;开展苕溪以北8村经济合作社"稻梦水乡"共富项目，实现 8 村的优势互补、集中运营的规模效应。村集体公司由全体村民共同参股，利得全部归村集体所有，但因发展需要暂未开展分红。目前，村民主要通过村庄旅游业发展带动私人经营业态（民宿、农家乐）、地租与房屋出租收入增加、村集体公司提供就业机会等方式分享发展红利。村集体公司的经营者——乡村 CEO 在村庄经济发展、村集体公司业务拓展中发挥重要作用，主要通过区政府与街道招聘选拔上任，与村委会班子权责分明、较为独立地运营村集体公司。

靖宁村通过激活村集体资产、培育村集体全资控股的市场主体，培养了做大做强村集体经济的内生动力，并通过合理的业务布局与产业结构形成了稳定的市场需求、可持续的发展前景。此外，靖宁村村委会与经营者之间良好的分工合作关系，为充分发挥人才贡献奠定了坚实基础。目前，靖宁村仍存在村集体公司效率与市场竞争力不敌私营企业、村庄各方利益主体存在观念与行动分歧、村民直接参与集体经济发展程度有限等问题，未来最大的挑战在于如何真正通过形成村庄各方主体的发展合力，打造村集体公司在所有制与经营形态上的独特可持续竞争优势。

（四）桉富村：都市驱动型村庄的产业升级探索

桉富村以蔬菜花卉种植为主业。过去，依靠得天独厚的水热土壤条件和邻近省城的交通区位优势，农户年人均纯收入可达 12000 元，村内 1800 多人中仅有 100 人左右在外务工。但单打独斗的粗放式经营和单一的产业结构使农户面临产业升级瓶颈，进一步实现乡村产业振兴和共同富裕缺乏突破口。

针对上述痛点，桉富村尝试推动第一、三产业升级。2016 年，全村重新进行土地确权与集中流转，规范承包秩序，提高土地租金，增加村民分红与福利。

2019 年，桉富村凭借完整保存的清代"一颗印"古民居及入选中国传统村落名录的品牌优势，被选为本市都市驱动型乡村振兴创新实验村，计划打造"桉富古村"，将文化保护与产业开发相结合，主要通过盘活和修缮闲置古民居，依托城郊区位优势，建设村庄文旅业态，村民共享集体发展收益，并鼓励农户参与第三产业经营、尝试激活内生动力。项目实施过程中形成了"政府主导-集体运营-社会共创"的模式：政府成立专班小组指导和落实项目建设，并提供1050万元专项资金和1401万元其他项目建设资金；村集体协助项目落地，成立旅游公司，着手产业经营，壮大集体经济，并鼓励农户自主经营第三产业；农业大学专家团队提供项目方案与建设指导；腾讯提供每年30万元资金和数字化工具支持，开展培训赋能乡村CEO。村集体公司公开选聘的两名乡村CEO，均为本地毕业不久的大学生，主要负责公司的财务、接待和宣传工作，为村集体产业经营注入新活力。经过三年建设，桉富村的人居环境旧貌换新颜，村集体公司一年半内营收160余万元，卫生、绿化、安全、交通、水电等公共服务和基础设施得到极大改善，不过村民分红尚未增加。

自然和区位优势、完整保存的文化景观，以及第一产业的兴旺为村庄留住的人气，是桉富村产业振兴的独特优势。但桉富村始终没能突破第一产业发展瓶颈，文旅业态也面临知名度较低、盈利较少的现状，产业振兴仍存在短板与挑战：粗放式个体经营的种植业对接市场难度大，农户集体经营意愿低；文旅产业缺乏专业经营人才，难以完成高层次的引流与变现；高度依赖政府资金，业态建设缺乏可持续性；村民从集体经济发展中直接受益少，未建立起公开明晰的分利机制，未激发农户自主参与乡村建设的主体意识。如何突破产业发展瓶颈，激活乡村内生发展动力，是桉富村"共富乡村"实践下一步需要探索的方向。

（五）"云间花苑"：多重运营模式+多村落联合项目

"云间花苑"位于四苹县克柔镇，是包含云谷村、唯吉村、小石龙村三个自然村，涵盖近180个农户的多村落联合项目。克柔镇所辖村庄在发展过程中存在以下问题：乡村振兴动力不足，建设主体单一；专业乡村经营人才不足；乡村发展需求不旺，产业不兴；农民利益受损；等等。对此，当地政府、镇属国有企业、村民、以农业大学为代表的社会力量合力探索乡村产业发展新模式，以"花间赏、云谷住、唯吉养、石龙忆"为主题试点打造乡村振兴示范园。

"云间花苑"三村联动，集中运营，优势互补，有效盘活农村闲置资源，建立以村民受益为主要目标的经营机制和利益联结机制。在项目的规划、落地、运营过程中，政府、高校、企业多个主体逐步进入，持续互动，由国有企业和两个村级合作社组建合资公司，负责园区的管理和经营，招聘乡村CEO负责市场经营。项目坚持"农民的村庄农民建设、农民管理、农民经营、农民受益"的原则，将农户的资产量化后交予村集体，再由村集体委托合作社自主经营，实现村集体利益最大化。在政府的深度引导和乡村CEO指导下，采取公司自主经营、合作社自主经营、合作社＋农户合作经营、农户自主经营四种模式，推动精品民宿、餐厅、研学基地、户外拓展基地、乡愁集市等经营业态在园区内运营。通过"智慧云间"小程序与统一收款二维码等数字化手段，实现分利机制与共富模式的有效运营，并在2023年1月实现初次分红。多村落发展中牵涉的利益机制复杂，诸多环节涉及政府、合作社或经营公司与农户之间的沟通与协调，这使得乡村CEO在项目建设、运营中，持续性地充当协调人或中间人的角色。

（六）小瑶河村："陪伴式成长"与亟待激发的"内生动力"

小瑶河村地处中老边境地带，为典型的热带雨林气候。全村共有57户人家202人，皆为瑶族（蓝靛瑶），其中18~60岁的劳动力人口有138人。小瑶河村地处山区，可耕种土地极为有限（共782.3亩），全村第一产业以种植橡胶、芭蕉、甘蔗等经济林木为主，水稻、玉米、蔬菜等作物大多只作为生活补充，不进行商品销售。

2015年初，农业大学高霄雨教授团队成立公益性组织"霄雨助贫中心"并开启以提升村落内生发展动力，消灭绝对贫困为目标的"小瑶河村实验"。协调东西部协作资金以及省、州、县、镇各级资金3000万元，动员全村群众进行村容村貌的全面整治。高霄雨教授团队驻村引导，协助小瑶河村开发"山里瑶阿妈的客房"嵌入式民宿作为集体经济新业态，并引入外部企业为小瑶河村发展提供公益性援助（如企业捐赠厨房），辅助小瑶河村拓展销售渠道（如联络外部游学团队）。与此同时，除提供民宿和自然研学服务外，还尝试通过"微店"进行"雨林鸡蛋"和"雨林蜂蜜"的售卖，拓宽农民增收渠道。集体经济新业态的发展使小瑶河村产生了中国当代最早的一支乡村CEO团队，他们负责新业态的经营、管理乃至利用互联网平台销售。

在"小瑶河村实验"中，"霄雨助贫中心"这一社会力量发挥了重要作用，村合作社也在不断探索和优化村民与村合作社之间的利益分配比例。在政府资金扶持、政策引导，以及高霄雨教授团队和小瑶河村村民的共同努力下，小瑶河村的户均年收入由2015年的21176元增加到了2021年的42802元，提升比例达102%，2023年1～10月，小瑶河村民宿、餐饮服务业共创造收入42万元，为每户带来增收5000～15000元不等。经过多年的建设，小瑶河村已经从过去一个比较闭塞的瑶族村落蜕变为一个面向世界展示中国扶贫故事的美丽山村。"小瑶河村实验"也为全国脱贫攻坚提供了宝贵的经验。未来，如何不断激发乡村内生动力，不使外部力量的"陪伴式成长"变为"家长式扶助"，成为小瑶河村亟须探索的核心问题。

（七）达观村：以农民为中心+政府力量强势推进

达观村位于滇川黔交界，拥有123户苗族居民，2015年人均纯收入不足3000元。2021年，农业大学高霄雨教授团队将达观村推荐为该村所在市的三个脱贫致富示范区之一，从而开启了当地的乡村振兴建设。通过前期投入1593万元，完成了第一期人居环境改善、生态景观建设以及一系列配套的民宿、餐饮、广场等设施建设，并于2022年5月1日试运营，7月15日正式运营。从2022年5月至2022年底，达观村的业态合作社实现了超过130万元的营收，村集体提取了13万元，用于群众分红，每户分红超过1000元。

达观村的发展优势在于其优美的自然风光、三省交界的地理区位吸引着基数庞大的自驾游群体，发展痛点在于发展信息不足、产业基础薄弱、人口外流等问题。为了解决这些问题，专家团队、政府和农民分别发挥了重要的作用。专家团队提供信息和指导，政府强势推进产业发展，农民则通过参与项目共建、经营业态共办、营收利益共享、村务共谋等方式，快速成长，成为乡村振兴的主体。三个参与主体中，政府发挥的作用最为突出，且其扮演的角色在项目推进过程中不断转变，恰如其分地扮演了引路人、主导人、陪伴人的角色。

四 案例共性："多主体合力"与"数字化赋能"助力乡村经营

尽管不同案例在资源禀赋、文化习俗、发展程度等方面各有不同，但各村在"共富乡村"实践中，均采取了用专门经营人才激活闲置的村内资源、通过发展集体经济挖掘村庄内生动力的方法，推动实现共同富裕。具体而言，各村实践存在以下三点共性：一是均引入了乡村 CEO 进行乡村经营，尽管在不同村落中，乡村 CEO 的来源、教育背景、岗位职能、运营能力和经验等方面存在差异，但通过乡村 CEO 的经营实践，村内资产得到了有效管理；二是各村均在探索盘活内部资源的新方法，推进产业融合发展，尤其是此次调研的村庄大部分存在一定旅游资源禀赋，故而多个村落均在尝试农文旅融合的产业发展路径；三是各村庄探索建立差异化的利益分配模式，积极培育以农民为受益主体的利益联结机制，在组织上成立或改造村合作社、村集体公司，有效鼓励农民参与，使得农民从产业发展中获利，充分调动村民积极性。进一步地，我们认为，"多主体合力"与"数字化赋能"是促成上述三点发展共性、实现乡村共富的有效机制。多样化的共建主体为乡村经营提供动力，而数字化工具则强化了不同主体之间、乡村内外的连接。

（一）多主体合力实现乡村共富

乡村产业振兴及其"共富乡村"探索将农村内部资源和市场、社会等外部资源有效衔接，由此步入内外资源充分链接下的乡村内生发展路径。在调研中我们发现，各村庄在其整体规划、建设、运营的不同阶段，均体现出"政府主导、农民主体、企业助力、社会共创"的多主体配合发展模式，乡村 CEO 在其中发挥着关键作用。

在"政府主导"方面，在绝大多数项目中，政府往往是"共富乡村"项目的引路人和主导者，在项目规划期间，通常由政府进行总体规划，并撬动多方财政资金给予支持；在项目建设期间，用于村庄"人居环境整治""基础设施建设"等的"第一桶金"大多数来源于政府或与其高度相关，同时，从筹建期开始，通常以政府为核心，联合各村或其他社会力量，搭建专班，在组织机制上确保项目建设；在项目运行中，政府角色的嵌入程度不同，有的政府仅扮演验收角色，有的政府则需要为项目的可持续运营提供长期指导，为其提供客户来源。

在"农民主体"方面，农民通过不同形式的利益联结机制，将自身利益与乡村产业振兴有效联结，村民既是经营主体，又是决策主体、建设主体和受益主体。受益于"农民主体"在乡村经营中的有效实践，不同村落在不同程度上吸引了村民返乡，返乡农户参与到乡村发展的过程中，进一步提升了村庄内生发展动力。

在"企业助力"方面，不同类型的企业以不同方式参与到乡村产业振兴过程中，例如，以腾讯为代表的企业，在乡村人才培养方面，带来积极效应，调研涉及的7个村落，均有乡村CEO参与过腾讯和农业大学共同发起的"乡村CEO计划"，与此同时，腾讯为部分村庄提供数字化工具并投入发展资金，通过数字化手段提升其链接内外资源的能力。除腾讯之外，也有其他企业在资金支持、客源输送、助力数字化运营等方面助力乡村发展。

在"社会共创"方面，以农业大学高霄雨教授团队为代表的学界力量，在乡村发展的理念与规划、机制设计、组织搭建与运行等多个维度上提供智力支持；其他公益慈善类、发展智库类社会组织也为村庄发展注入能量与活力。

乡村CEO作为职业性和专业性经营人才，在多方合作中扮演关键角色，发挥创新功能。相较于政府，其专门从事乡村经营活动，聚焦在农村集体经济领域，并能将市场经验与乡村经营有效融合，因此，需要政府给予乡村CEO探索空间，乡村CEO要充分发挥主观能动性，因地制宜探索创新方案。相比村民，他们拥有更加丰富的经营管理经验，善于打通从田间地头到市场终端的通道，善于整合资源、发展品牌，能够为乡村产业规范化、专业化运作提供重要支撑。相对于企业和其他社会力量，其"在地化"经验更加丰富，同时，通过企业与高校发起的"乡村CEO计划"，其自身也与企业和社会力量之间建立起具有创新性的行动网络，学习经营方法的同时也为企业和高校提供大量具体经验素材，为高校的理论创新和企业的数字化工具创新等做出贡献。

（二）数字化统筹与赋能多主体共建的"共富乡村"

1. 数字化赋能人才对乡村的高效经营

数字化工具激活乡村各方主体，为乡村经营人才赋能，通过"数字化+人才""数字化+多主体"的深度融合助推乡村经济转型升级。对于作为专业经营人才的乡村CEO而言，数字化工具为他们在乡村发挥自身经营才能提供了重要条件，为村集体经济的企业化管理、市场化运营的落地提供了技术上的接口。数字化工具，既有利于在村集体公司中建立起现代企业科学管理体制，又有利于村集体经济充分掌握和分析市场数据、及时利用市场信息，还能够帮助村集体经济更准确地对接市场、评估项目、控制成本、防范风险，提高资产运营效率。对于乡村中的其他主体，数字化工具不仅是提升效率的手段，而且为各主体创建了沟通交流、合作协同的平台，形成了多方资源与需求的对接渠道，构建了多主体共建乡村的理想场域。各式各样的"村务管理系统"不仅提高了村委会管理公共事务的效率，便利了村民的生产生活，畅通了村民与村委会之间动员、传达、议事、监督的渠道，而且为村民、村委会、政府、村集体公司、企业等多方主体提供了高效的沟通合作平台，从而在项目推进、资产运营、利润分配等方面更容易达成共识，形成合力。公众号、视频号、云服务小程序等数字化手段为多主体共建乡村打造了一个向外界开放的合作空间，通过品牌推广、精准营销、便捷接入等方面的努力吸引更多新型外部主体加入乡村建设与运营。除了消费者群体为村庄带来收入、就业岗位、人气、口碑之外，这些数字化工具还为乡村吸引了许多外部创客，他们有望为多主体共建乡村带来新的创意、活力与内生动力。

2. 数字化平台助力乡村资源整合变现

资源闲置、难以变现是乡村产业振兴和共同富裕面临的主要问题与挑战之一。将乡村中的土地、房屋、劳动力等资源与市场充分对接，尽可能地最大化资源价值与经济效益，是壮大农村集体经济、丰富农民收入来源、激发农户主体意识的重要一环。远离城市市场、缺乏对接市场的渠道，是阻碍乡村资源变现的关键堵点。例如，在黄禾岩村，种植有元、明、清三代都曾进贡皇室的优质贡米，但因对接市场渠道不畅，过去只能以3.5元/斤的批发价格销售给米业公司，土地和劳动力资源都无法实现高效变现。但数字化工具打通了农产品与城市消费者之间的市场渠道，"黄禾岩云稻米"小程序将核心梯田区的300亩贡米稻田搬上"云端"，以每平方米9.9元的价格开放认养服务，吸引了来自全国的近9000名客户参与稻田认养。借助数字化平台将乡村资源与远距离、分散的消费者市场相联系，直接对接需求方，减少了公司收购统一销售的中间环节，贡米销售收入可达约20元/斤，极大地提高了资源变现能力，也有助于鼓励农户采取规模化经营，进一步整合乡村土地与劳动力资源。

3. 数字化工具促进乡村多业态融合发展

数字化工具能有效链接乡村内外信息，将本村产业发展与外部需求有机结合，助力各建设、运营主体合理规划布局和高效引流，实现村内多业态的可持续发展。一方面，外部信息通过数字化渠道进入乡村，助力多主体结合本村的产业基础与特点，挖掘与外部市场互补的产业发展机遇，为合理规划乡村产业方向提供依据；另一方面，多样的数字化平台成为乡村对外展示的窗口，例如，微信公众号或视频号等数字媒介是宣传、展示乡村产业发展成果的绝佳平台，在提升村庄曝光度、知名度的同时，媒介反馈也给后续规划与投资以信心。

数字技术有效赋能乡村多业态融合发展。具体地，本次调研中，诸多村落在发展第一产业的同时，也在结合本地自然资源、文化特色发展乡村文旅业。在农文旅融合发展的过程中，第一，数字化工具承担了农文旅产业的管理运营职能，例如，乡村CEO、民宿经营者、村干部等主体可以通过企业微信来进行村内职能分配、紧急任务分拨，由此提升对多业态的管理运营效率；第二，数字化工具使得利益分配机制高效透明运行，例如，黄禾岩村、"云间花苑"等地，均在村内各业态经营处设置了统一的收款二维码，使得消费者可以直接扫码支付，收款后台可以直接按照既定的利益分配机制，将收入分配至不同的获益主体，这大大提升了利益分配的效率和透明度；第三，数字化工具能有效整合多业态融合发展、提升整体性服务质量，例如，多功能的"小程序"将乡村项目导览、住宿餐饮、农特产品销售等差异性的功能整合，有效提升了产业之间的连接效率，使得乡村供给的差异性业态能够共同服务于游客。

总的来说，在乡村振兴的具体实践中，数字化工具承担了乡村业态推广、连接外部市场以及村务治理三项主要功能。运用公众号、视频号等新媒体数字化工具能超越时空限制，实现各乡村发展特色成果的广泛传播，覆盖更多元的社会群体，为村内业态经营积累流量基础。数字化工具还可将村庄的发展置于更大规模的市场环境中，特别是为地理区位条件较差、周边市场规模有限的村庄提供潜在的盈利空间，吸引不同地区的游客前往乡村体验其特色业态，或通过线上渠道购买当地的特色产品，直接为村集体和村民带来经济收益。以企业微信为代表的数字化社交工具在乡村中的使用，在一定程度上改变了乡村社会的治理模式，加速了重要信息的流通，打通了不同层级政府之间、村"两委"与村民之间的信息交流障碍，也使得村"两委"可对有困难的村民家户进行精准识别，提升基层社会治理效率。

我们认为，数字化工具是串联建设主体、汇集乡村发展内外部资源的关键抓手。一方面，数字化工具通过为乡村经营业态提供特色产业宣传、收支财务管理和经营者技能培训等功能，弥补乡村产业发展的短板；另一方面，数字化工具还可为基层社会内部的资源赋能，通过将基层乡村与规模更大的外部市场相连接，为激活村内闲置资源创造条件，使乡村经营业态得以良性成长，推动乡村致富。数字技术可在更广阔的时空范围内连接不同类型的社会主体和资源，在参与乡村振兴建设时，数字化工具既可以有效解决乡村发展的核心产业和经营业态缺乏市场关注的关键痛点，又可以成为驱动乡村 CEO 等经营主体进行业态创新、运营创新和宣传创新的技术力量。同时，借助数字技术，可以让更多的人看到乡村发展的成果，提高试点乡村的影响力和知名度，间接吸引不同类型的社会资源，使有意参与乡村建设的社会主体有的放矢。

五 "共富乡村"与中国式现代化

习近平总书记在党的二十大报告中提出，"加快发展数字经济，促进数字经济和实体经济深度融合"[①]；2023年中央一号文件提出，"深入实施数字乡村发展行动，推动数字化应用场景研发推广"。一系列重要指示和重要部署，充分显示出全面推进数字乡村建设、以数字技术赋能农业农村现代化对于乡村振兴和共同富裕事业的重大意义。推动现代数字技术与乡村生产、生活、生态的深度融合，成为实现乡村振兴、城乡融合发展的重要途径。

"共富乡村"的出发点和落脚点仍然在于乡村振兴与中国式现代化，其核心在于"公平"逻辑而非"资本"逻辑。乡村振兴的立足点，是在城乡发展不平衡基础上，带动农村繁荣、农业发展、农民幸福，最终实现现代化。这里，"共富"首先体现在经济效能层面，即村庄产业发展、村民收入提升；其次体现在生活层面，既包括美丽便捷的乡村环境，又包括和谐融洽的生活氛围；最后体现在人的精神层面，即更广的视野、更高的站位、更优的审美等。这正对应于中国式现代化的三个方面，即产业现代化、生活现代化，以及人的现代化。而在数字化浪潮深刻改变生产生活的今天，产业现代化、生活现代化、人的现代化都需要通过与乡村数字化转型深度融合方能实现。数字化工具的创新应用，使数字技术充分赋能乡村建设，是今日"共富乡村"的题中之义。

（一）产业现代化：盘活闲置资源、产业提质增效

乡村产业是兴旺农村、富裕农民的引擎，不仅支撑了农村经济、提供

---

① 《习近平：高举中国特色社会主义伟大旗帜 为全面建设社会主义现代化国家而团结奋斗——在中国共产党第二十次全国代表大会上的报告》，求是网，http://www.qstheory.cn/yaowen/2022-10/25/c_1129079926.htm。

了就业岗位，更为农村招才引智、招商引资提供了窗口。乡村产业不仅指涉第一产业，还包括第二、三产业。产业现代化的要义，在于打破原先农村以农业为主的单一产业结构，以及高投入、低收益的产业运营模式，在数字化工具、数字技术的支撑之下探索更加丰富多元的业态、更加高效的经营形式、更加合理的产业结构。因此，乡村产业现代化的方向在于第一、二、三产业融合发展，在提升产品价值的同时，讲好乡村故事，打造乡村名片，以产业带动乡村经济社会的全方位发展，并在这个过程中充分发挥数字化工具在连接主体、对接市场、利用信息、提高效率等方面的优势。

在乡村产业中，农业是最核心的组成部分。由于种植分散、品种落后、技术欠缺、市场闭塞，传统农业经营往往难以产生良好的经济效益。基于此，农业现代化需要向集约化、数智化、市场化等方向发展。比如，同样是种植稻米，若采取小农户精耕细作的劳动密集模式，选用最基础的品种，并将稻米批发给外来公司，农户每亩地的年均收益仅在1000元左右。反之，若能因循生态农业、智慧农业、数字农业的发展理念，引进高质量品种，并以规模经营的方式统合水稻从种植到加工、销售的各个环节，以村集体为单位，利用数字化平台链接资源、拓宽渠道、打造品牌，便能产生成倍的效益。以黄禾岩村为例，通过新型数字化工具——"黄禾岩云稻米"销售平台，村庄稻米的销售渠道得以拓宽，产销直接对接，省去中间商"赚差价"，农民收益显著增加。

除农业外，也应积极开发乡村特色资源。对于拥有独特自然风光与民族文化的村庄，可以开发旅游业等多样业态，走第一、三产业融合的道路。公众号、视频号、云服务小程序等数字化工具，为建设乡村旅游品牌、加大品牌营销推广力度、拓展农文旅融合产业市场提供了前所未有的便利。借助数字化工具，乡村产业能凭借乡村特色资源发展兴旺，乡村故事也能凭借特色产业绽放独特魅力，有利于提升村民的自豪感、归属感、幸福感与获得感。

过去，乡村产业发展面临的主要问题是资金掣肘与资源闲置。当前，在乡村振兴的背景下，诸如黄禾岩村、桉富村、靖宁村等许多乡村获得了可观的项目资金与政策倾斜。在此背景下，村容村貌得到改善，闲置的资源被盘活，集体经济逐渐壮大，乡村特色的文旅资源也得到关注和挖掘。

随着乡村产业发展进入新阶段，新的问题也相继出现，比如，人才队伍有待壮大、市场渠道有待开发、服务质量有待提升、产业链条仍待完善、乡村名片尚未凸显等。这里的关键在于，如何从主要依赖政府订单转为依靠市场订单；如何从依赖组织渠道获取资源转为依靠社会渠道争取资源；如何在硬件设施日益完善的同时，优化服务质量与游客体验；如何实现村庄农业与文旅业的融合发展；如何在发展现代业态的同时，紧扣村庄文化基因、定制村庄特色活动、立牢村庄特色名片。村集体企业微信、村务管理系统、乡村公众号/视频号、文旅服务线上小程序等数字化工具，可能会给上述问题带来新的解决思路。

总之，城市化进程加快与消费者需求升级，既为乡村振兴带来新机遇，又对乡村产业兴旺提出更高要求。推进乡村产业现代化，不仅要求在生产、运营、销售等各环节运用先进的经营模式与技术手段，还要求乡村产业遵循数智化、生态化等先进的发展理念，创新数字化工具在乡村建设中的应用，探索共谋共建、共享共富的合作方式。

（二）生活现代化：优化生活硬件、更新生活观念

生活现代化，核心在于改善农民的生活条件，提升农民的生活水平，同时让农民接受、享受更优质的生活品质和生活理念。简言之，农民生活现代化主要体现为"硬件"和"软件"两个层面。

农民生活现代化的"硬件"，在于人居环境改善、基础设施建设以及公共服务提供。近年来，无论是美丽乡村建设还是人居环境整治，诸多政府项目进入农村，其意在于改善人居环境，在项目的资金注入与专业规划下，农村卫生条件极大改善，道路农舍更加整洁美观，村容村貌得到整体改善。从脱贫攻坚到乡村振兴，各地农村的交通邮电、农田水利、商业服务、园林绿化等基础设施与公共服务日益完善。在很多农村地区，城乡之间的基础设施差距已明显缩小。不过，农村在教育和医疗上的资源与服务仍有明显不足。因此，"进城陪读"与"接老人进城"仍然是农村人口外

流的重要原因。在这个意义上，农村现代化不仅要发展产业，让年轻人有机会创业致富，还要提升公共服务质量，实现生活现代化，尤其需要补足教育、医疗上的短板，使孩子能在乡村接受高质量教育、老人能在乡村获得优质诊疗，进而让乡村成为适应村民全生命周期的宜居宜业之地。除了这些传统"硬件"外，面对数字乡村建设的要求，还必须不断完善数字化基础设施的"硬件"建设。近年来，我国农村地区信息基础设施建设力度前所未有，但与城市相比，仍然存在较大差距，需提档升级。推动数字乡村建设高质量发展，必须加快在农村布局人工智能、物联网、光纤网络等新型基础设施，推动农田管理、农业生产、快递物流等环节实现数字化、智能化，不断加强平台建设与数据管理，建立数据共享机制、拓展数据获取途径，完善乡村数据要素市场和数据管理制度，推动数字技术与农村生产、生活、生态全方位深度融合。

农民生活现代化的"软件"，在于农民围绕生活形态、生活质量而形成的观念、态度、品位与要求。以乡村开展民宿经营为例，就是在乡村的自然与人文景观下，需要村民按照城市生活标准，打造适应城市消费者的生活环境，比如，每日清洗的床品、每日拖洗的地面、干净清爽的厨房、健康可口的饭菜、每日一换的桌布和洗漱用品、便利的消费场所等。另外，提升农民的"数字化素质"，使各种方便生产生活、村务参与、村集体经济建设的数字化工具在广大农民群众处达到"会用""想用""爱用""好用"的标准，也是农民更新生活观念、转变生活方式、升级"软件"的重要组成部分。

随着乡村产业发展，乡村越来越成为一个开放的社会经济体，村民与城市居民的往来互动日益增多，不同的生活观念也在交流碰撞，对于发展文旅产业的乡村尤其如此。村民在接受经营培训以及与城市居民打交道的过程中，也逐渐了解并接触到一种不同于他们的生活形态。这里，存在一个从了解到理解，再到交融的过程。农村与农民的现代化，不仅在于将农村改造为适宜城市居民消费、生活的场所，同时还要促进农民逐渐提升自身生活水平与生活质量，进而享受乡村振兴与城乡融合的发展成果。比如，让民宿整洁的环境不仅是为适应城市居民偏好而打造的产品，也是村民对于自己日常生活环境的期望与要求；让各种数字化工具不仅是美化产业发展成果而临时使用的摆件，也成为村民日常生活中不可或缺的帮手；让村内为迎接游客而打造的咖啡馆不仅是城市居民消费的场所，也是村民能够理解且愿意尝试乃至拥抱的一种生活方式；让村庄内的生态人文环境不仅是供城市游客猎奇打卡的人造景观，也是与村民生活水乳交融的构成要素，让村民能从中体悟自然与人文交织的生活之美。如此，村民生活质量的提升与对美好生活的期望，方能与乡村产业发展、数字乡村建设相得益彰、互促共进。当村民与城市居民具备同样的对美好生活的期望和对生活品质的要求时，城市与乡村之间的隔阂方能更好消弭。

（三）人的现代化：培育农民主体、激活内生动力

无论是产业现代化还是生活现代化，归根结底，还是人的现代化。在市场化和城市化的时代浪潮中，人的现代化意味着以下几个方面。

其一，村民需要具备主体意识，即将自己当作村庄的主人、资源的主人、产业的主人、生活的主人与环境的主人。首先，村民是资产和受益的主体。在"公司+农户"发展方式中常出现的情况是，农户的土地被外部公司控制，自身被排除在公司的经营决策外，只作为雇工或"佃农"获得微薄的收入。在此情形下，村民实际上处于供应链的底端，与生产资料和劳动产品剥离。其次，村民是建设和发展的主体。权利与责任是对应的，在让村民成为受益主体、资产经营主体的同时，也需要让村民成为责任主体，让村民对自己的事情和村庄的事情有担当和有责任心，对自己经营的产业负责，对自己的合作伙伴负责，对乡村的可持续发展负责。在以往"输血"式的帮扶模式中，部分村民会形成一种"乡村振兴是政府的事""搞产业、修房子是村干部的事"的观念。这其实折射了部分村民对政府或其他外部力量的依赖。随着乡村振兴进入巩固和深化阶段，无论是产业兴旺还是村庄建设，都需要激发村民的主动性，让原本"漠然""疏离"的村民积极参与到村庄的共建共享中，真正成为资源的主体、经营的主体、受益的主体，由此激发出村民对于村庄治理、资源盘活、产业发展、生活营造、环境维护的主动性和内驱力。

其二，村民需要具备市场意识，即面向市场组织生产、经营、销售，而不是以"等靠要"的姿态，通过"福利"或"帮扶"的形式获得所需资源。在以往乡村产业发展的过程中，常出现"官动民不动"以及"行政化"的现象，即乡村产业发展主要依赖政府行政力量介入生产、经营乃至销售的各个环节。这类乡村产业发展遵循行政逻辑而非市场逻辑，产业经营缺乏专业的技术与管理，导致产品同质化、低端化，缺乏市场竞争力。其后果是，产业只能依靠政府"输血"维持运转，而一旦政府撤出，产业则走向衰败。农民见无利可图，其合作也自然瓦解。因此，农村产业现代化，要求农民具备市场意识，面向市场经营产业，生产市场需要的产品，提供市场需要的服务，使产业能在市场竞争中，不断自我优化、自我迭代，进而保持产业的核心竞争力。

其三，村民需要具备开放意识，即包容接纳的心态和能力。当今，各种要素迅速流动，村庄不再是一个封闭的环境。同时，村庄发展离不开村外人才、资金、技术等方面的支持与注入。这就要求村民愿意并能够接受新思想、新技术以及新人才。比如，村庄旅游业发展，需要达到城市先进的技术、管理和服务标准；需要运用先进的数字化工具，实现智慧管理、智慧服务和智慧营销；同时需要借助多元化的数字媒体平台，讲好村庄故事，既能让村庄"走出去"，也能让客人"走进来"。同时，对于诸如乡村CEO的村庄新型经营管理人才，其作用的发挥离不开村民的包容与支持，这需要村民真正愿意接纳他们、理解他们、跟上他们，以"信任""合作"的方式而非"质疑""排外"的姿态与乡村新型人才共谋乡村发展、共享发展成果。此外，开放意识不仅是对"外面的人"开放，也是对"本村村民"的开放。这需要村民意识到，村庄的产业兴旺，不能仅仅依靠"一枝独秀"，还需要"遍地开花"。因此，村民之间需要精诚合作，营造互惠互促的良好氛围，这将有利于实现"众行远"的可持续发展局面。比如，通过行业联盟的形式，统一产品/服务标准与收费价格，并约束各个经营主体的短视行为。如此，方能实现在开发基础上合作，在合作基础上共赢，进而以人的现代化，带动产业现代化与生活现代化。

"共富乡村"是中国式现代化在乡村振兴领域的集中体现。产业现代化、生活现代化和人的现代化三个要素互为支撑、相互促进,在数字技术的支撑下,为"共富乡村"构筑基石。产业现代化为促进乡村繁荣、带动农民增收提供动力;生活现代化为提高农民生活质量、促进城乡融合铺平道路;人的现代化为赋能农民主体、促进乡村共富奠定基础。数字技术则为上述"三个现代化"的提质增效、相互促进提供了广阔平台。这不仅有助于全面推进乡村振兴,也为实现共同富裕提供了切实可行的实践路径。

第二部分

「共富乡村」实践案例

第二章 "强势动员"与"多方共创"的"共富乡村"实践——黄禾岩村案例

引 言

共同富裕是巩固拓展脱贫攻坚成果与乡村振兴有效衔接的重要战略目标，其中最繁重最艰巨的任务仍在农村，尤其是中国中西部的偏远山区农村。这些地区产业基础薄弱，人口大量外流，但作为中国社会的稳定器与蓄水池，乃是乡村振兴的重要阵地。腾讯公司秉承着"科技向善"的使命，一直在探索助力乡村振兴的新模式。2021年9月，腾讯公司联合农业大学国家乡村振兴研究院，首先选择了位于崇山峻岭中的乡村振兴重点帮扶县下辖的黄禾岩村开展"共富乡村"项目建设。

该县地处渝、鄂、湘、黔四省市接合部，辖区面积为5173平方公里，第七次全国人口普查数据显示，户籍人口为86万人，常住人口为61万人。该县属武陵山区，山岭纵横，耕地较少，当地人称其为"八山半水一分半田"。该县拥有丰富的生态旅游资源，森林覆盖率达64.1%，年平均气温为15.2℃，城区空气质量优良天数连续6年位居全市前列，蝉联"中国天然氧吧"荣誉称号，有1个国家5A级旅游景区和6个国家4A级旅游景区，以及2个国家森林公园和2个国家湿地公园，是"中国著名原生态旅游胜地""中国气候旅游县"。近年来，该县以农文旅产业融合发展为重要抓手，坚持从全局谋划一域、以一域服务全局，秉持生态优先、绿色发展的理念，更有效地把生态优势转化为产业优势、发展胜势。该县县委县政府、腾讯公司与农业大学国家乡村振兴研究院三方共同协作，选定黄禾岩村作为首个"共富乡村"示范点，重点探索以农民为主体的"共富乡村"新模式。

黄禾岩村距县城41公里，距乡政府所在地5公里。村庄依岩而生，村民大多姓黄，故村庄以"黄禾岩"为名。黄禾岩村辖区面积为15.5平方公里，其中耕地面积为7800亩，包含水田5400亩、旱地2400亩。黄禾岩村现辖20个村民小组，共有620户2188名村民，99.5%的村民为土家族与苗族。村庄青壮年劳动力大部分外出务工经商，外出人口有1000余人，常住人口有956人。常住人口主要为老人、妇女与儿童，其中80岁以上的老人有80余人，6岁及以下的儿童有80余人。

黄禾岩村水土肥沃，历史上以水稻种植为主，是著名的"贡米之乡"。村庄所产稻米饱满醇香，是历代土司奉进朝廷的贡品，据当地《直隶州总志》《州志》等记载，从元朝延祐七年（1320年）到清朝康熙十三年（1674年），历代土司向元、明、清朝廷纳贡32次。

黄禾岩村兼具自然风光与人文景观。村庄既有壮丽的梯田景观，又有溶洞、悬岩、石林等奇特风景。早在1993年，黄禾岩村就被评为"中国民俗摄影基地"，中国优秀摄影家吴胜延在《人民日报》上首次刊登有关当地梯田的图片文字报道。此外，黄禾岩村历史悠久，荟萃了土家族、苗族的少数民族文化，既坐拥始于明清的土家吊脚楼群，也传承了土家族和苗族的刺绣工艺。2014年11月，黄禾岩村被住房和城乡建设部列入第三批中国传统村落名录。

黄禾岩村还具有红色基因传承。此次黄禾岩村"共富乡村"的核心示范区即"拥军寨"，包括第十二和第十三村民小组。拥军寨分为上、中、下寨，共188户。拥军寨的命名渊源有三。第一，该县作为红色革命根据地，是所在省唯一苏维埃政权所在地，曾肩负起为中国革命供应粮食的使命。第二，在革命年代，黄禾岩村有众多村民因感念红军恩情，受红军理念感染而主动加入红军。自此，黄禾岩村一直延续着参军报国的传统。至今，黄禾岩村的现役和退役军人超过70人。第三，黄禾岩村曾有一名党支部书记名叫冉拥军，他在本地为村民做了很多实事，村民对他十分尊敬。

由此可见，黄禾岩村有壮美的自然景观、悠久的村庄历史、瑰丽的民族文化、深厚的红色传统。然而，长期以来，黄禾岩村农民收入渠道十分有限，以散户种植水稻为主，而优质文旅资源尚未开发。这进而导致了三个方面的问题：其一，青壮年劳动力外流严重，村内缺乏经营人才；其二，村内有大量土地、房屋、劳动力资源闲置，难以与市场需求相互对接；其三，村集体经济薄弱，村庄发展与村民共富缺乏组织化力量。

在脱贫攻坚时期，黄禾岩村成为市委办公厅定点帮扶的村庄，被注入了大量脱贫攻坚的项目资金。截至2020年，黄禾岩村共有脱贫户160户638人，监测户17户43人。在乡村振兴的浪潮下，对于黄禾岩村这样一个刚刚脱贫的村庄，如何走出一条富有地方特色、符合脱贫地区实际的现代化道路，实现大山深处的共同富裕，是其努力探寻的方向。

在2021年之前，黄禾岩村的产业扶贫主要依靠"公司+农户"的模式，发展贡米产业。2016年，曾有一家米业公司进入黄禾岩村收购和加工贡米。村内成立贡米合作社，组织村民耕种。秋收后，贡米绝大部分卖给这家米业公司。原本村内多为旱地，政府为了扩大贡米种植面积，提高农民将旱地改为水田的积极性，规定贡米最低收购价为3.5元/斤，由公司兜底收购。算上租金、雇工、收购、加工等成本，米业公司投入的总成本约为10元/斤。但公司仍然占据了绝大部分利润。一方面，该公司凭借打造的贡米品牌将最高标价炒作到88元/斤，产品出口日本；另一方面，在脱贫攻坚时期，该公司以"扶贫""助农"的名义，获取了大量的政府订单。这意味着公司成为该村产业扶贫的最大受益者。农民作为土地承包者和劳动者，却难以依靠自身力量使其资源变现。相反，在公司化、资本化的运作下，他们只能通过出让土地经营权，获取资源变现的少部分收益。在这个意义上，传统"公司+农户"的模式体现了"经济利益驱动"的运作逻辑，外部资本力量更多扮演汲取而非反哺、利用而非培育的角色。

而地方政府、腾讯与农业大学三方合作的"共富乡村"项目进驻黄禾岩村后，从根本上破解了黄禾岩村的发展困局。项目遵循"政府主导、农民主体、企业助力、社会共创"的基本思路，在培养乡村经营人才、盘活村庄闲置资产、壮大村庄集体经济、拓展乡村产业业态、引入数字技术赋能等方面开展乡村发展实践,并取得阶段性成果。2022年,黄禾岩村集体经济收入达479万元,比2021年翻两番,人均可支配收入达1.83万元,增长26%。2023年,该县将黄禾岩村"共富乡村"模式向15个村推广,涌现出了如江河村、盐集村等一批成效显著的"共富乡村"试点,为发展"共富乡村"新模式、促进乡村实现中国式现代化提供了宝贵经验。

本章将以黄禾岩村"共富乡村"试点项目为核心,结合江河村与盐集村的典型案例,展现"共富乡村"项目的实践机制。各部分的主要内容如下。第一部分系统介绍黄禾岩村如何构建"共富乡村"的决策组织、发展组织及其运行机制。第二部分深入阐述经营人才——乡村CEO的发掘、培养、行政吸纳与职业稳定性。第三部分呈现黄禾岩村在"盘活集体资产,壮大集体经济"的产业发展思路下,不同业态的合作形式、分利机制与技术赋能。第四部分重点凸显"共富乡村"的农民主体地位,分析如何让农民真正成为资产经营主体、村庄建设主体与受益主体。第五部分在总结"共富乡村"实践经验的基础上,以黄禾岩村为例,提出"共富乡村"可持续发展可能面临的挑战与对策。

一 "共富乡村"组织机制

组织建设是实现"共富乡村"的基础和前提。在腾讯联合农业大学于黄禾岩村开展"共富乡村"项目之前,黄禾岩村尚没有一个专门推进乡村振兴和共同富裕的组织。为了整合政府、市场和社会的力量,让农民真正成为自身资源和劳动力的受益主体,"共富乡村"项目的首要之举就是在黄禾岩村成立一个推进"共富乡村"建设的决策组织和动员村民参与的发展组织,于是,共富专班和共富合作社就应运而生,并分别承担了项目决策与实际经营的重要职能。

(一)共富专班——决策组织

1. 多元参与的组织架构

在腾讯与农业大学的专家团队联合展开了对黄禾岩村的调研后,2021

年9月17日，腾讯可持续社会价值事业部（以下简称"SSV"）和县委县政府签署乡村振兴战略合作协议。2021年11月9日，县委农村工作暨实施乡村振兴战略领导小组办公室下发《关于成立黄禾岩村"共富乡村"示范村建设领导小组的通知》，表明与腾讯、农业大学联合开展"共富乡村"试点项目，体现了县委县政府对此事的高度重视。

为推进黄禾岩村"共富乡村"项目建设，县委县政府牵头成立了由地方党委政府、腾讯、农业大学三方组成的"共富乡村"项目专班（以下简称"共富专班"）。参与共富专班的地方干部由县、乡、村三级构成，县委书记彭泽晖担任共富专班组长，县级领导还有一位县委常委、两位县政府部门领导，乡镇干部有乡党委书记、乡长、乡党委副书记，村干部有市委办公厅下派的驻村第一书记刘文韬、村党支部副书记黄磊、乡村CEO黄林等人。腾讯方的总责任人是SSV中负责"共富乡村"项目的李雨虹，常驻黄禾岩村的是为村发展实验室高级项目经理戴东霖、腾讯西南团队的方景琦等人。农业大学李晓民教授任项目总指挥，文绍光老师担任一线负责人，另一位老师作为协助人。由此可见，共富专班汇聚了地方政府、企业和高校三方力量，每一方都有明确的负责人和组织架构，可调动不同领域的社会资源。

共富专班中不同主体有着不同的职责分工。农业大学的专家团队提供村庄业态与机制设计的理念指导，腾讯项目组提供资金支持和数字技术服务，政府做出决策部署并督促执行落实。关系到黄禾岩村的业态布局、业态建设和利益分配机制等的重大事项都由共富专班成员共同讨论决定。其中，最为关键的是"共富乡村"项目建设应由哪一方来主导的问题，三方在开展具体工作的过程中不断磨合，逐渐达成了"政府主导"的理念共识。

2. 政府主导的理念共识

"共富乡村"项目建设是一个全新的探索，在共富专班推进的过程中，各方达成谁来主导的理念共识是首要的难题。

案例 2-1　达成理念共识的艰难过程

在"共富乡村"项目实施之初，组建项目专班的各方对什么是"共富乡村"、如何实现"共富乡村"的理解是不一致的。农业大学的老师建议这个项目由政府主导，他们考虑到腾讯作为一个外来主体，没有政府的支持很难进入村庄，组织和动员群众也会面临很大困难。腾讯项目组听取了这个建议，也希望"共富乡村"项目由政府来主导，认为自身只是乡村发展的共创者和数字化工具的提供者。然而，政府则认为既然腾讯是出资方，项目应由腾讯主导和执行，自身扮演好支持者的角色即可。三方理念的分歧导致了前期项目进展远比预期的缓慢。

随后，腾讯和各级地方政府之间经历了复杂的意见切磋过程。在县委下发文件后，腾讯等待政府主动找它们。县政府干部看腾讯没有行动，果然在一段时间后催促腾讯西南团队的方景琦说："县委已经下文了，你们腾讯怎么还不动呢？"于是，腾讯为村发展实验室的戴东霖和腾讯西南团队的方景琦每天晚上通话两个小时，沟通这件事，逐渐在腾讯团队内部形成一致意见，即这个项目应由政府主导。

政府主导的理念很快获得了县委县政府的认可和支持。腾讯与县委书记彭泽晖沟通后，他立马意会，并到黄禾岩村召开现场会议，表态说："这个项目是我们自己人的事情，我们一定会全力推动，扮演好执行主体的角色。非常感谢腾讯和农业大学，希望你们从自己擅长的角度来支持我们做好这件事情。"彭书记为此专门从县政府选派了两位领导来推动这个项目。

但是，落到乡镇政府的执行层级，腾讯仍需要做大量的说服工作。例如，项目建设的第一件事就是选择一家供应商进行业态的设计规划，究竟谁来决策选择供应商，悬而未决，这件事情一拖就是一个月。乡干部认为既然腾讯出资，供应商理应由腾讯来确定，或者既然农业大学的专家来指导，供应商也可以由专家来确定，待供应商确定后，乡、村两级再支持与配合供应商。但腾讯项目组和农业大学专家团队都认为这个应由地方政府确定，再由农业大学专家团队评估其资质能力，腾讯审核其开支用度。乡党委政府这段时间有很多干部调动，每来一位新的主管干部，腾讯就要和其沟通，说服他"共富乡村"项目应由政府主导。

时任乡党委书记周祺对因供应商迟迟不确定而影响项目的进展十分担忧，决定打破这种僵局。他在2022年1月的某一个周一晚上召开专班例会，商讨供应商问题，一直讨论到晚上11点。最后，周祺书记让共富专班成员表态，而无论是腾讯方的戴东霖还是农业大学的文绍光老师都反对由腾讯或者农业大学来定，坚持必须由政府来定。周祺书记不理解为何让他们来确定供应商有这么难，愤然离开会场。戴东霖见此情景，连忙追出去，给周祺书记解释为什么这件事由政府来定更合适。最后，凌晨1点多时，周祺书记在共富专班微信群里发消息说："感谢各位老师的支持，我们乡镇层级的专班一起开了联席会，最终确定了由某家供应商来负责设计。"这件事情成为调整共富专班各方角色的转折点，从那以后，所有的共富专班决策都主要由政府主导，工作推进也加快了许多。

共富专班达成"政府主导"的理念共识从2021年11月到2022年1月持续了近3个月，体现了在脱贫攻坚阶段与乡村振兴阶段相衔接的过程中政府与企业关系的根本性转变。腾讯与政府之间达成"政府主导"的共识之所以如此艰难，是因为政府沿袭了在脱贫攻坚阶段中的"企业主导，政府支持"的关系模式，该阶段政府较少直接参与企业帮扶的执行过程。而进入乡村振兴阶段，乡村振兴不仅仅是对村民进行物质帮扶，更在于激发村民共富发展的内生动力。外部力量要激发村民的内生动力，首先要融入村庄社会。而外来企业在社会融入方面面临很现实的困境，虽然它们带着大量资金和资源进入村庄，但是作为外来人，它们与村民在语言、风俗、观念等方面的差异使其与村民沟通存在障碍，很难融入当地乡村社会。此外，要激发村民的内生动力还要将村民充分动员起来，而外来企业既无组织权威，又无群众基础，会陷入"乡村运动，运而不动"的困局。而基层政府和村"两委"组织嵌入乡村社会之中，它们与村民同处于一个熟人关系网络。所以激发村民的内生动力，必须依靠政府既有的行政体系和群众基础来协调各方关系、组织和动员村民，让村民形成"共富乡村"的合力。

（二）共富合作社——发展组织

1. 组织基础

动员农民参与的"共富乡村"发展组织是在黄禾岩村既存的集体经济组织基础上产生的，延续了村庄集体经济的传统。根据《中共中央 国务院关于稳步推进农村集体产权制度改革的意见》，从 2017 年开始，中央农办、农业农村部组织开展了全国农村集体资产清产核资工作，摸清全国农村集体资产家底，健全集体资产的各项管理制度。截至 2019 年底，全国农村集体资产清产核资工作基本完成，每个村庄都成立了村集体经济合作社或联合社。村集体经济联合社作为一个既存的组织，黄禾岩村的"共富乡村"项目就是在这个组织的基础上展开的，它由村"两委"直接领导，让村集体经济的发展有了组织依托。早在 2012 年，黄禾岩村就成立了贡米股份合作社，下设贡米股份有限公司，法人是现任村庄副主任冉秉贤，注册地址是黄禾岩村第五村民小组。为促进黄禾岩村以第十二、十三村民小组的拥军寨为核心试点示范区的共富发展，2022 年 1 月，黄禾岩村又成立了黄禾岩乡村旅游股份合作社（以下简称"共富合作社"）。由此，贡米股份合作社与共富合作社共同组成了黄禾岩村集体经济联合社，受村"两委"的领导。

共富专班原本只是在黄禾岩村古寨坐落的第十二、十三村民小组做试点示范，仅这两个小组的村民可加入共富合作社，但黄禾岩村其他村民小组的村民希望共富合作社与整个村集体产生关联。当时为了避免资源分散投入，农业大学的专家团队坚持认为"共富乡村"试点项目只能涉及这两个村民小组，而不是整个黄禾岩村。但这不切合黄禾岩村村民的意愿，村民认为：村集体不只包含两个村民小组，而是整个黄禾岩村，"共富乡村"项目应该惠及整个村的村民，不能因为做试点，就把两个村民小组与整个黄禾岩村割裂开来。

为了平衡好试点示范和整村共富发展的关系，共富合作社进一步被纳入村集体经济，与整个村集体产生利益关联。2023 年 3 月，黄禾岩村共富合作社下成立了由村集体全资控股的黄禾岩文化旅游开发有限责任公司，用以整合发展黄禾岩村的农文旅业态。腾讯的项目资金全部投入这一家公司，换言之，项目资金并非流入共富合作社成员手中，而是由黄禾岩村集体承接。黄禾岩文化旅游开发有限责任公司跟共富合作社签订了一个很明确的合约：公司的全部资产都归属黄禾岩村集体，并全权委托共富合作社的乡村 CEO 来经营管理。因此，公司成为一个资产机构，共富合作社成为一个运营机构，二者表里一体。黄禾岩文化旅游开发有限责任公司相当于村集体的母公司，与早先成立的黄禾岩贡米股份有限公司平级。它的下面还可设立子公司，如苗绣工坊，用以发展黄禾岩村的苗绣生产与体验，村民们又称之为"共富工坊"。如此一来，黄禾岩村"共富乡村"发展组织已基本成形。图 2-1 为黄禾岩村集体经济联合社组织架构图。

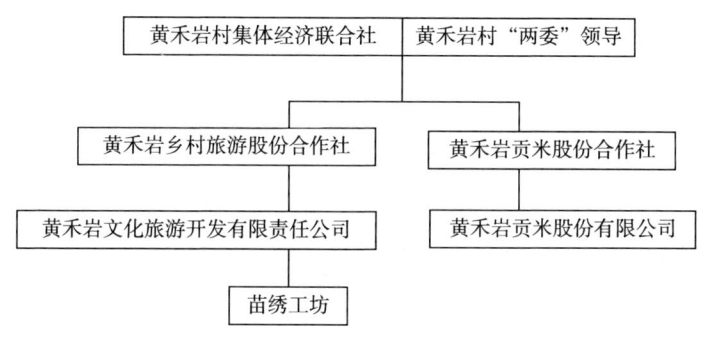

图 2-1　黄禾岩村集体经济联合社组织架构

2. 群众动员

"共富乡村"发展组织的生机活力离不开共富专班深入基层群众，动员黄禾岩村村民积极加入合作社，参与业态建设。"共富乡村"项目为黄禾岩村拥军寨定点规划了民宿、餐饮、咖啡馆、便利店、会客厅等多个业态。动员村民的方式大致分为两种。一种动员方式是向村民让利，让村民获得经营业态的实惠，充分信任专班。项目刚刚开始时，腾讯作为一个外来者进入，最重要的就是要取得村民的信任，让他们对业态有信心。

案例 2-2　咖啡馆改造的动员

专班找到了一栋最适合做咖啡馆的房子。这栋房子不仅地理位置合适，而且有大量的闲置房间，因其中长年居住着两位老夫妻，他们的两个女儿已经嫁到浙江，一个儿子在市区工作，无法常回家。为了动员老人和其儿子将房子入股合作社，并让他们同意一种全新的建筑设计理念，如将部分木墙壁改建为玻璃落地窗，合作社主动让利。腾讯在咖啡馆中总共投入30万元，按照投入比，合作社所占的利润分成原本应该过半。但最后合作社决定仅拿咖啡馆30%的利润分成，让他们获得70%的利润分成。

另一种动员方式是优先动员积极分子，形成示范效应。2022年上半年，专班优先动员改造了一家农家乐与乡村CEO黄林家的嵌入式民宿，例如，黄林家的二楼民宿原本价格只有30~40元/晚，经过腾讯投资7万~8万元装修改造，民宿明显提档升级，价格上升为288元/晚，入住率远超从前，形成先行者示范效应。这种示范效应甚至要胜过直接劝说的效果。

案例2-3　建设民宿业态的示范效应

有一处宅基地涉及父子两户，因地理位置优势规划修建一栋高端民宿。共富专班决定帮他们把原来的老房子拆了重建，并为他们留出房间。他们的规划获得了父亲的同意，儿子原本也没有意见。但等房子建到一半时，因为很复杂的利益问题，儿子开始不满项目的施工方案，要求盖成全木质的建筑，并加盖一层，否则就暂停施工。乡党委书记周祺和乡长一同前去劝说，却不被村民理解，反倒被村民打伤。于是，这个业态建设就被搁置了。2个多月后，专班已经调整了业态建设方案，先把其他地方的民宿都建完了，只剩下他家的民宿半途而废。这一户的想法逐渐改变了，他看到别的村民民宿都在营业增收，后悔自己当初和政府较劲，就去找当时市委办公厅下派的驻村第一书记刘文韬说情。他们一起喝了一晚上的酒，刘书记动之以情，晓之以理，他也推心置腹，悔不当初。随后，刘书记替他向周书记说明情况，周书记顾全黄禾岩村的发展大局，不计前嫌，仍然同意给他家建了民宿。

经过共富专班的反复动员，黄禾岩村共富合作社不断壮大，吸引了越来越多村民参与"共富乡村"项目。2022年，拥军寨共有46户村民加入共富合作社，涉及黄禾岩会客厅、智慧公厕、临崖咖啡馆、转角便利店、共建民宿餐饮等七大业态。截至2023年8月，加入共富合作社的村民增加至90多户，业态进一步扩大为15个，更大范围地调动了村民参与共富发展的积极性。

3. 利益联结

既要将共富合作社的村民整合为一个共富发展团体，又要将其归属于黄禾岩村集体，关键在于健全利益联结机制。共富专班制定的利益联结机制的核心是腾讯在黄禾岩村的所有资金投入都属于行政村的集体资金，这决定了共富合作社收入的基本分配原则。年末无论共富合作社是否有利润产生，共富合作社营业收入的10%都作为整个黄禾岩村的集体分红，剩下的90%的营业收入的纯利润才会留在共富合作社中重新分配。2022年末，黄禾岩村的每一位村民都前所未有地获得了50元集体分红。剩下的90%的营业收入中的纯利润按照3∶3∶4的比例再分配，其中30%作为共富合作社成员的年底分红；30%用于村庄的基础设施维护和公共服务，比如，修厕所、公用电费等；最后40%作为共富发展基金，用于村庄业态的后续发展。以上是黄禾岩村"共富乡村"项目最初的利益联结机制的指导方案。

2023年，共富专班拟调整共富合作社的利益联结机制，更加强调对共富合作社乡村CEO团队的激励，以及未来共富合作社的可持续发展。周祺书记提出"1136"的分配机制：首先，共富合作社所有业态营业收入的10%继续用作黄禾岩村全体村民的集体分红，在黄禾岩村的户籍人口中平均分配，这是为了让共富合作社的收益不仅惠及核心示范区的村民，还惠及全体村民，鼓励更多村民参与到共富合作社中；其次，剩下90%的营业收入中纯利润的10%用于加入共富合作社的成员分红；再次，纯利润的30%用于乡村CEO团队的奖金；最后，纯利润余下的60%用于共富合作社的再投入，让共富合作社运营从外部"输血"逐渐转变为内部"造血"。

二 乡村CEO培育

乡村振兴最需要的就是人才，特别是乡村经营人才。长期以城市为中心的现代化让乡村人才大量流失。在"共富乡村"项目建设之前，黄禾岩村 2100 多名户籍人口中大约有 2/3 流出，其中 18~40 岁的青壮年劳动力极少留在村庄。黄禾岩村"共富乡村"发展组织搭建之后，针对村庄缺乏经营人才的难题，腾讯公司同步为黄禾岩村选拔、培养乡村 CEO 团队，不断提升他们的眼界见识、经营理念和专业素养。经过一年多时间外派式和陪伴式的培养，黄禾岩村涌现出一批优秀的乡村 CEO，他们逐渐成为"共富乡村"的引领者，带动共富合作社村民乃至整村村民共同发展。

（一）经营人才的发掘

乡村经营人才蕴藏在乡村社会中，有待发掘。在黄禾岩村"共富乡村"项目启动之初，共富专班一方面采取公开招聘的方式招募乡村 CEO，另一方面优先发掘试点示范区拥军寨的本土人才。因为本土人才的社会关系网络嵌入村庄之中，易形成对家乡建设的认同感与使命感，加之他们对村庄自然地理、人文风俗的熟悉，亦有助于他们开展各项工作。黄禾岩村共富专班从回村创业者、回流大学生、留守妇女群体中找寻了一批潜在的经营人才，他们多有城市务工、学习的经历，眼界开阔，思维活跃，可塑性较强；同时，共富专班又动员虽身在外地，但心系家乡的致富带头人支援村庄发展，为"共富乡村"提供了生机蓬勃的人才力量。

1. 回村创业者

回村创业者是乡村 CEO 的首要人选。黄禾岩村共富专班发掘的第一位乡村 CEO 就是回村创业者——黄林。

> **案例 2-4　回村开办农家乐，勇当"共富乡村"领头人**
>
> 黄林，1980 年出生于黄禾岩村第十二村民小组，20 岁还未结婚时就外出务工，和村里十来个村民走南闯北去过十多座城市，从事过建筑业、家具制造业、鞋业等多个行业。他曾进入一家中外合资鞋厂做车间管理，有较丰富的管理经验。当谈及为何会回村创业时，他说："2017 年，我回来过年，村子里正在进行风貌建设，有一个外地老板来村里包工程，我此前就跟他认识。他要招一个人帮他做饭。我想反正出去也是打工，

我就（跟他）说去搞一下，试一下，给我和外面一样的工资就可以了。我想在外面不是长久之计，这几年回来，万一立住脚是更好的。"2018年，他预见到黄禾岩村有发展前景，就投资5万~6万元在自家开办了一家农家乐，名为"黄家苑"。这是黄禾岩村的头两家农家乐之一。虽然受新冠疫情冲击，客源波动，但"黄家苑"整体营收仍较为乐观，平均每年营收10多万元。

当第十二、十三村民小组所在的拥军寨被确定为黄禾岩村"共富乡村"试点示范区后，共富专班首先想到了推举这位回村创业者黄林作为拥军寨的领头人，让他参与共富专班会议。起初，黄林觉得自己没有文化，无法胜任领头人的重任。但时任乡党委书记蔡书记动员他说："你是有管理经验的，你加入进来，我们（政府）有专门的人负责，你搞不定了就让政府搞。"这意味着乡党委书记向黄林承诺，黄禾岩村的"共富乡村"项目是在政府的支持下开展的，黄林若遇到解决不了的困难，政府会帮忙协调解决。黄林转念一想，给蔡书记说："反正是为了家乡，我可以搞，只是如果搞不来了，我就不搞了。"

2021年末，村"两委"换届选举，黄林被选为村委，同时兼任第十二村民小组的组长，随后，他在项目启动之初的人居环境整治中发挥了重要作用。他先后动员村民拆了50多个家户猪圈，将牲畜集中安置在公共养殖区喂养，又动员40~50户村民迁坟，统一安置在公墓区，以便修建一条直通拥军寨的柏油公路。这些人居环境整治工作大都涉及村民的切身利益与固有观念，很难一蹴而就。黄林通过自己带头引领，动员亲戚朋友支持，又反复给不愿配合的村民解释，凡是向村民承诺的事情都一定办到，他逐渐获得了村民的信赖，打开了工作局面。人居环境整治为村庄业态的布局创造了良好的环境，并让村民形成了"共富乡村"的大局意识。

2. 回流大学生

在黄禾岩村90年代出生的年轻人中，受过高等教育的比例明显提高，这群受过高等教育又愿意回流乡村的年轻人成为乡村CEO的潜在发展对象。共富专班摸清了拥军寨的大学生情况，积极动员其中有回乡意愿的年轻人。拥军寨先后共有3位大学生加入乡村CEO团队，分别是黄洁、齐雅轩、黄澜秋。

案例2-5　放弃城市工作，助力家乡发展

例如，黄洁是拥军寨第十三村民小组组长的女儿，2018年毕业于黄禾岩村所在市的一所高职院校，学习酒店管理专业。她原本毕业后在市区一家酒店工作，因受疫情影响，酒店濒临倒闭。2021年8月，她回到县城，在一家青年民宿工作。腾讯的戴东霖得知后，专程前去青年民宿动员她回村里发展，起初她有些犹豫。后来县政府一位负责黄禾岩村的干部也来劝说她，给她工资保障，并承诺她可以在腾讯的乡村CEO中学到很多经验。黄洁的父母也很希望她能留在身边，帮助村里发展。于是，2022年上半年她决定回村加入乡村CEO团队。

再如，齐雅轩2022年毕业于陕西科技大学，学习会计专业，毕业后原本在中国建筑集团的一家子公司工作。经过共富专班的动员，2022年末，她辞职回到家乡参与"共富乡村"的建设工作。对此，她谈道："别人都说我是一个大山里的孩子，读书就是为了走出大山。但是我觉得现在的农村跟以前的农村不一样了，现在农村的发展是依靠更多像我们这样的年轻人回来，因为（村里）有很多的事情是依靠他们中老年干部没有办法完成的。我们学的知识多一点，对我们家乡的作用也比较大，因为现在讲究的是乡村数字化，需要我们这些年轻人来推动农村数字化的进程。"

3. 留守妇女

黄禾岩村还有一群为了照顾孩子、老人而留守村庄的妇女，其中不乏曾有工作经验、善于经营的人。共富专班有心从这个群体中寻找乡村CEO的人选，黄禾岩村的年轻儿媳——徐梦洛就是其中之一。

案例2-6　兼顾工作与抚育，融入村庄发展潮流

徐梦洛，1994年出生，2020年嫁入黄禾岩村。原本她和丈夫一同跟随黄禾岩村的乡亲在沈阳一个家具厂工作，丈夫做生产家具的工人，她做文员。在她怀孕后，丈夫就让她于 2022 年 3 月回黄禾岩村老家。正好黄禾岩村在各个村庄微信群里公开招募乡村 CEO，她看到村庄近年来变化很大，有发展前景，就积极报名加入了。对于徐梦洛而言，家中的经济收入主要依靠丈夫在外工作，她是为了照顾孩子才留在村庄的，因而并不十分在意乡村 CEO 的工资收入，只要能在工作时兼顾孩子的照料，这份工作就是令她满意的。

4. 致富带头人

在乡村 CEO 团队筹建过程中，黄禾岩村的致富带头人加入，为共富合作社人心凝聚与业态发展提供了后盾保障。

案例 2-7　联结乡里，回馈家乡

黄云飞是黄禾岩村拥军寨重要的致富带头人。2008 年，黄云飞在辽宁省沈阳市开办了第一家公司，2015 年又投资创办了第二家公司，他任职的企业有 8 家。黄禾岩村有很多村民在他开办的工厂工作，受过他的恩惠。从前几年开始，他每年都会回乡举办春节联欢晚会，联结乡里。因此，村民都认为他是黄禾岩村一位德高望重的乡贤。为推进黄禾岩村"共富乡村"项目建设，共富专班特邀黄云飞回村担任共富合作社的法人，兼黄禾岩文化旅游开发有限责任公司董事长。

黄云飞感到义不容辞，为"共富乡村"做了大量引领风潮的工作。2022 年，他带头将自家祖先的坟墓迁往公墓区，动员其他村民纷纷迁坟，从而开通了一条直达拥军寨的道路。后续会议厅、为村·明德书院、接待中心等大部分业态的收尾工作都是在他的管理下完成的。此外，他认领了共富合作社 50% 的股份，其他村民在他的号召下也分别认领了一部分股份。虽然黄禾岩村共富合作社由腾讯投资，黄云飞认领的只是名义股份，但如果共富合作社亏损，他也需要承担相应的责任。由此可见，他已将自身与黄禾岩村"共富乡村"的发展密切关联起来。

（二）乡村 CEO 的培养

乡村 CEO 的培养是让乡村 CEO 团队运转起来的重要环节。腾讯在项目进程中展开培养，采取外派式培养和陪伴式培养相结合的模式。这让各位乡村 CEO 从身兼多职向职责分工演化，薪酬制度也在探索中不断明晰。

1. 外派式培养

2021 年，黄禾岩村"共富乡村"项目推进的同时，腾讯与农业大学合作，启动了"农业大学-腾讯为村乡村 CEO 计划"（以下简称"乡村 CEO 计划"）。第一期在全国范围内选拔，为期半年，共培养了 54 名学员，形成了国内唯一成熟的培养乡村 CEO 的系统方案。黄林作为黄禾岩村第一位乡村 CEO 被选拔为第一期"乡村 CEO 计划"的学员，他对此十分积极，认为总能学有所获。他先后到广东深圳、浙江、北京多地参与了 5 次理论培训与基地实训，并获得了结业证书，极大地提升了经营乡村的能力。

黄禾岩村的其他乡村 CEO 虽然没有参加"乡村 CEO 计划"的系统培训，但基本在运营的过程中根据业务需要，由腾讯外派到各地学习。比如，黄洁在 2022 年前往浙江省绍兴市参加为村花筑店长实训，经过一周时间的实训，她回村后就正式启动了黄禾岩村各个民宿的运营。

2. 陪伴式培养

对于黄禾岩村乡村 CEO 团队中后加入的成员，腾讯主要采取陪伴式培养的模式。腾讯的戴东霖、方景琦等以及农业大学的文绍光等老师经常来黄禾岩村，现场指导乡村 CEO 团队的运营。在临崖咖啡馆建成后，腾讯的方景琦花了很大工夫在市区找到一位咖啡师来黄禾岩村现场培训乡村 CEO 团队制作咖啡，腾讯给咖啡师一万多元的报酬，约定在黄禾岩村培训一个月。刚开始时，徐梦洛、咖啡馆房东的儿媳、黄洁、黄澜秋等人都来一块儿学习咖啡制作，但当时村庄大多数业态仍在建设中，她们中大部分人学习一段时间，就被其他事情中断。几天后，共富专班询问咖啡师的意见，共同商讨决定让徐梦洛与咖啡馆房东的儿媳两人专心学做咖啡，向专业的咖啡师发展。

针对研学、酒店管理、数字化运营所需的各种业务能力，腾讯也邀请了各领域的专家、老师前来现场培训。比如，腾讯请来研学课程的老师，将齐雅轩、黄洁带到田野森林中，进行了为期3天的自然研学课程的培训。这让他们学会了如何接待研学团队，并组织讲授研学课程。此外，腾讯的专业团队还为乡村CEO培训数字化运营，包括文字写作、拍摄、剪辑等内容运营所需的各方面技能，让乡村CEO逐渐具备独立运营黄禾岩村公众号、视频号、小程序的能力。

3. 职能分工

经过长期的外派式培养与陪伴式培养，乡村CEO团队的不同成员也表现出在不同领域的特长和优势，加之年龄、专业、声望的差别，逐渐产生了团队内部的职能分工。例如，在"共富乡村"项目的筹建阶段，黄林是乡村CEO的负责人并担任共富合作社的法人，又因他曾从事过建筑业，而具体负责各个业态的建设工程。后来，随着业态的逐渐丰富，事务繁忙，黄林主动辞去了法人职务，法人改由黄云飞担任。黄云飞因常年在沈阳办企业，只在关键阶段协调关系和引进资源，不负责具体运营。年龄较大的黄磊是黄禾岩村的副书记、老党员，由他负责调解项目建设与运营中的纠纷。此外，乡村CEO团队中的年轻人多受过高等教育，他们根据所学专业和特长，从事与专业相对口的运营岗位。黄澜秋负责数字技术以及村集体财务，齐雅轩负责共富合作社的财务，黄洁负责民宿运营和管理，徐梦洛负责临崖咖啡馆的运营。由此，黄禾岩村的乡村CEO团队从一人身兼多职的临时运营阶段进入分工明确、权责清晰的常态化运营阶段。

乡村CEO的薪酬实行岗位制、月薪工资制和绩效管理。不同岗位的基本工资水平不同，其中咖啡师的基本工资最高，每月为3500元；民宿清洁的基本工资最低，每月为2500元。除了基本工资之外，还有全勤奖、目标奖（达到月营业额目标之后的奖金）、绩效奖。因此，薪酬制度的建设为乡村CEO团队提供了一定的激励体系。

（三）乡村CEO的行政吸纳

1. 村"两委"的组织建设

黄禾岩村的"共富乡村"发展不仅需要一支乡村CEO团队，还需要一支强有力的村"两委"班子，而村"两委"班子实际面临青黄不接的困境。其中黄禾岩党支委是在党支部中选举出来的，黄禾岩村党支部下设党小组2个，共有党员40名，党员老龄化现象明显，年轻党员很少。在"共富乡村"项目之前，村"两委"的干部年龄普遍偏大，多是50~60岁，年轻干部极少。这导致村"两委"的经营理念落后，较难适应"共富乡村"与数字乡村的建设需要。

乡党委为加强黄禾岩村组织建设，积极吸纳乡村CEO团队中的优秀年轻人进入村"两委"，及时解决村"两委"干部青黄不接的问题。在村"两委"换届中，黄禾岩村实行有组织意图的选举，吸纳优秀的乡村CEO进入村"两委"。黄禾岩村"两委"一共有7人，除了冉秉贤和冉友斌这两位原来的村"两委"干部继续留任外，其他干部岗位都由在"共富乡村"中发挥重要作用的乡村CEO担任。黄林、黄磊、齐雅轩和黄澜秋这四位乡村CEO因为在"共富乡村"工作领域中表现出色，被选举为村"两委"干部，从原来带动局部村民到带动全村发展。其中年轻人的加入，为村"两委"注入了新鲜血液。此外，乡党委还下派乡副书记林南兼任黄禾岩村党支部书记，林书记与其他乡镇干部组成5人驻村工作组来保障"共富乡村"项目的推进。

乡村CEO的行政吸纳充分保障了共富合作社受村"两委"的领导。村集体经济联合社下设的合作社组织实际负责人都是村"两委"的成员，从而让乡村CEO都接受村"两委"的领导，并最终向村党支部书记林南负责。在贡米股份合作社下设的贡米股份有限公司，村委会副主任冉秉贤兼任法人，并组织贡米的生产、收购和销售活动。在共富合作社下设的黄禾岩文化旅游开发有限责任公司，黄云飞担任法人、董事长，黄林担任总经理，日常的运营仍然由村委黄林负责。

2. 乡村CEO的角色分化

乡村CEO团队中部分成员被吸纳进入村"两委"的结果是乡村CEO内部的角色分化。一方面，被行政吸纳的乡村CEO逐渐向治理人才发展，这在黄林与齐雅轩两人身上表现得尤为明显。黄林原本是一位回村创业者，因善于经营农家乐而被选为第一位乡村CEO。他被选为村委后，主要负责的工作是"共富乡村"与环境整治。在拆猪圈、迁坟、动员村民发展新业态等一系列治理事务中,黄林逐渐领悟和掌握了做群众工作的本领。这些工作原本是得罪人的事,但他因为为人耿直,说一不二,答应别人的事情自己贴钱都要办到,村民颇为信服他。甚至除了"共富乡村"的事务外,村民家里人生病了、停电了这些急难愁盼的事情都会找他帮忙,他也乐此不疲。齐雅轩原本在一家国企工作,之所以回村也是打算创业的。她被吸纳到村"两委"后,除了负责共富合作社的财务管理外,将更多精力投入村庄数字化建设的事务中。比如,她积极调查村庄有多少脱贫户、脱贫监测户、孤寡老人、留守儿童等,对全村的户籍人口、脱贫户人口、留守人口和外出流动人口如数家珍,并将这些数据形成电子文档后上报给乡政府领导。因此,她与村"两委"领导、乡镇领导建立了较为密切的联系。

另一方面,未被行政吸纳的乡村 CEO 逐渐向经营人才发展,这在黄洁与徐梦洛二人身上表现得十分突出。黄洁因是酒店管理专业出身,刚进入乡村 CEO 团队时,就以民宿运营者来定位自己。她并不希望自己加入村"两委",而是希望做一个自由的创业者。她积极学习酒店营销模式,思考如何才能吸引更多客人,并计划在自家开办民宿,以稻米为主题,做出周边商品,促进民宿与咖啡馆的融合发展。徐梦洛虽是为了孩子而留在村庄,加入乡村 CEO 团队,但她善于经营,自主研发新的咖啡饮品,吸引许多游客前来打卡,平均每月的营业额能达到 1 万元以上。她注意到黄禾岩村的业态中还缺少便利店,而自家的房子就在村史馆对面,打算未来在自家开办一家便利超市,再在客流量高峰的夏季做一些饮品、小吃。由此可见,黄禾岩村对乡村 CEO 行政吸纳与否为不同人创造了不同的发展可能性。

(四) 乡村 CEO 的职业稳定性

黄禾岩村"共富乡村"项目聚集着这样一群以年轻人为主的乡村 CEO,他们大多从大山走向城市,又从城市回到大山,那么,他们是否会在此地久留呢?这是关系到黄禾岩村"共富乡村"可持续发展的关键问题。乡村 CEO 的职业稳定性受到家庭生命周期、村庄业态发展和个人生活预期等多重因素的影响,下面对这些影响因素一一进行分析。

　　首先,家庭生命周期是影响乡村 CEO 居住地与工作地的关键因素。乡村 CEO 团队分为已婚中年人、刚建立家庭的年轻人和未婚年轻人三类群体。对于像黄林与黄磊这样的已婚中年人而言,他们家庭的重心都在村庄,并拥有相对稳定的生计来源,因而能够长期扎根于村庄。对于像徐梦洛这样刚建立家庭的年轻人而言,因为生育孩子而留守村庄只是在特殊的家庭生命周期中的过渡状态,等到孩子长大些,她将会把孩子送入县城读幼儿园和小学,而自己也将去县城陪读。对于像黄洁、齐雅轩这样的未婚年轻女性而言,她们回到离父母近的家乡工作本就是人生的重要选择之一,未来婚姻将给她们的职业生涯带来一定的不确定性,她们可能因为嫁到外地而离开这个村庄。因此,乡村 CEO 团队中不同人因为所处的家庭生命周期不同而具有不同的职业稳定性。

　　其次,村庄业态发展也会影响乡村 CEO 的职业稳定性。对于在村庄中自家有餐饮、民宿等业态的乡村 CEO 而言,他们往往拥有相对较高的经济收入,并有更强的动力经营好村庄业态,更有可能在村庄中长期发展。而对于自家没有业态,仅从事共富合作社运营的乡村 CEO 而言,他们的经济收入主要取决于共富合作社的业态发展。如果出现外资撤离、内部经营不善的状况,他们就会面临失业的风险。因而,无论是黄洁还是徐梦洛,她们都在积极筹划发展自家的经营业态,既是为家庭创造更高的经济收入,又是更加融入"共富乡村"的业态建设中,让自己在乡村 CEO 的岗位上更加可持续发展。

　　最后,个人生活预期会影响乡村 CEO 是否选择长期扎根于乡村。尤其是对于刚大学毕业不久的年轻人来说,从城市回到乡村工作会产生一定的心理落差,需要长时间地重新适应与融入乡村社会。如果他们对自己未来的生活预期是过上城市中产阶层的生活,那么他们大多不会长期任职乡村 CEO,而会再次进入城市,谋求更丰富的发展机遇。但如果他们真心希望投身乡村振兴,带动更多村民共同富裕,尽管在物质财富上略显简朴,他们也仍会长期坚守在乡村 CEO 的岗位上,将城市现代化的发展理念与乡土传统相融合,为"共富乡村"积蓄蓬勃力量。

三　产业发展路径

自黄禾岩村成立共富合作社以来，黄禾岩村已经开发了会客厅、智慧公厕、临崖咖啡馆、转角便利店、为村·明德书院、观田小院·民宿会址综合体、共建民宿餐饮等十余种新业态。2022年，黄禾岩村共接待游客5.6万余人次，实现旅游综合收入800余万元。同时，村庄已建成核心贡米基地5000亩，"云稻米"项目初见成效。村集体经济实现收入479万元，较上年翻两番，村民人均年收入超过17000元。2022年，黄禾岩村入选"第二届重庆乡村振兴十大示范案例""2022重庆数字乡村创新案例十佳优秀案例"。

（一）基本思路：盘活集体资产，壮大集体经济

黄禾岩村产业发展的基本思路体现在"盘活集体资产"和"壮大集体经济"两个方面。其一，以"盘活集体资产"为抓手。在黄禾岩村，农户持有的资产，如土地、房屋大多因经济效益低下而被闲置或租让。在这种情形下，农民资产要么无法变现，要么在依托外来资本实现变现后，农户仅能以佣金、租金的形式分得少部分利润。基于此，黄禾岩村新型业态的发展，以盘活集体资产为抓手，具体体现在闲置土地、闲置房屋以及闲置劳动力三方面。盘活农民土地，意在推进该村水稻的集约化、标准化、高端化生产，力图打造该村的水稻品牌和村庄名片。目前，黄禾岩村已流转水田1500亩，占全村水田面积（5400亩）的近1/3。这1500亩水田由村集体公司（贡米股份有限公司）统一经营，涵盖从插秧、收割、烘干到包装、销售的全流程。

盘活闲置房屋，意在将农户房屋翻新改造为新型业态，使农民在作为资产所有者的同时，成为资产变现的主要获益者。在房屋方面，村集体已盘活农户闲置房屋25户50间，其中35间村集体盘活经营，另外15间由农民自主改造、自主经营。在项目资金的支持下，农户不必承担房屋翻修改建的高额成本，而能直接享受资产翻新增值带来的稳定收益。更重要的

是，由政府/集体出资盘活的资产，对于村庄有良好的示范与带动意义。

具体而言，一是设定标准。以示范催生模仿，进而提升行业整体水平。比如，在项目开展前，许多村民自发经营民宿。村内民宿的价格为一晚 40 元左右，其服务标准、卫生标准均在较低水平。在观田小院（定位为高端民宿）正式营业后，一方面，观田小院的高标准与高收益，促使当地民宿经营者在学习、竞争的过程中自发提升自身经营服务水平；另一方面，以观田小院为基点，集体/乡村 CEO 也主动组织民宿培训、牵头搭建民宿联盟，进而提升村内民宿服务质量、规范行业价格水平。

二是优化环境。黄禾岩村拥有良好的生态与文旅资源，长期以来却面临"难变现"的问题。其症结之一，在于村庄的基础建设与服务环境有待改善。比如，旅游景点未开发、服务设施不健全、卫生条件不过关等。在村庄盘活资产、打造示范点的过程中，整体村容村貌也在日益优化。比如，原先的牛棚变为咖啡馆；原先的"老破小"变为高端民宿；原先的"粮仓"变为村史馆。随着越来越多的资产被盘活，各类业态被挖掘开发，村内各业态也更易形成规模效应，从而有助于提升村庄的整体服务水平，吸引并变现更多客流量。

三是提升信心。当村民看到原先的闲置资产被盘活变现，并取得较大收益时，也会提升其在家乡创业致富的信心，这不仅有利于带动当地村民创业增收，也有利于吸引外来人口返乡创业。在这个意义上，信心是被开发创造的资源，而不是固有的禀赋。在项目组起初选择示范点的时候，仍有村民不愿意将自己的房屋作为示范点。但随着越来越多的村民房屋被盘活且初见收益，原先不愿意参与改造，或仍在观望的村民也纷纷效仿。以黄洁（乡村 CEO）家为例，正是看到村内越来越多的资产被盘活并取得良好收益，黄洁家也决定自主翻修家中闲置房屋，并将其打造为民宿。自 2021 年黄禾岩村"共富乡村"项目开展以来，已有近百名村民返乡创业。在一直留村的村民中，也有越来越多的人开始兴办农家乐和民宿。

盘活劳动力，意为鼓励村内闲置劳动力，尤其是老年群体参与劳动，并从中增长能力、增加活力，提升获得感与幸福感。

案例 2-8 苗族刺绣展销馆

2021年，黄禾岩村引入子月苗族文化传播有限责任公司。这家公司在2014年被市文化委评为"酉州苗绣产业基地"，在文化传承、非遗扶贫等方面发挥重要作用。该公司在黄禾岩村的分店，原本是一处闲置的房屋——房屋主人常年在外务工。在村集体的协调下，这间原先闲置的房屋被改造为苗绣生产、展销的作坊，不仅用于展览各类苗族刺绣作品，包括苗绣挂件、摆件以及首饰等，也用于对村民（以中老年妇女为主）进行苗绣培训，人数最多时，参与培训的妇女接近60人，且年龄最大的妇女已有88岁。对于这些中老年妇女而言，她们不仅可以利用闲暇时间获得收入，还能提升审美品位。对于村庄而言，其意义不仅在于"把老的传统搞成了作品，搞成了艺术"，还有利于打造村庄的特色名片，让村庄的传统与艺术走出国门，乃至走向世界。

其二，以"集体经济"为载体。在项目开始前，黄禾岩村并无集体资产，村内土地、房屋均在农民手中，其后果是，一方面，村内公共物品（如基础设施）缺乏有力的供给方，而分散的农户又难以依靠自身力量或村内合作实现公共服务的自我供给；另一方面，农户手中的资产，如土地，难以形成规模效应并产生可观收益。在上述两个因素的叠加下，村庄产业只能局限在小农户分散生产的农业形态，而外来资本对土地资源的整合，又以攫取大部分收益为代价。基于此，黄禾岩村以集体经济为载体，以集约经营整合农户分散土地，以集体注资助力农户盘活房屋，以集体供给优化村庄公共服务，以集体分红带动村民增收共富，充分发挥集体经济对于促进村庄产业蝶变，助推村民宜居宜业的关键作用。

2022年，村集体经济收入已达到479万元，纯利润超过100万元。这笔资金不仅用于村庄基础设施的建设，如电灯、道路修建维护，还用于全村村民分红——所有村民，无论是否参与业态经营，均可获得50元分红。截至2023年8月，集体经济已实现营收451万元，并预计在2023年底突破600万元。总之，集体经济的壮大不仅能起到示范带头的作用，还能发挥普惠共富的效应，在提供村庄公共物品，以先富带动共富方面扮演着不可替代的角色。

(二) 共富业态：合作形式与分利机制

根据"谁出资盘活""是否营利"，可以将黄禾岩村的业态分为三类。这三类形态涉及不同的"集体-村民合作模式"与"利益分配机制"。首先，按照"谁出资盘活"，可以分为集体出资和村民自筹两类。集体出资的业态经营者主要由共富合作社统筹安排，如乡村 CEO 承担主要经营责任，并优先给加入共富合作社的村民提供就业岗位。他们的薪酬由黄禾岩文化旅游开发有限责任公司给付，薪酬结构包括基本工资、奖金绩效两部分。村民自筹的业态经营者则主要为村民自己。

其次，在集体出资盘活的业态中，按照"是否营利"，可以分为营利性和非营利性两类，而这也决定了共富合作社和村民之间的合作与分利模式。其中，非营利性业态（如会客厅、村史馆），采取"租赁"的形式，即集体每年支付农户 500 元租金作为场地的使用费用。营利性资产（如临崖咖啡馆、观田小院），则主要采取"利润分成"或"租赁+利润分成"的形式。对于"利润分成"，各业态根据具体情况，集体和农户之间对纯利润采取不同的分成比例。比如，由集体盘活、村民经营的民宿采取四六分成，即农户占 40%，集体占 60%；由集体盘活、共富合作社统一经营的转角便利店采取一九分成，即农户占 10%，集体占 90%。此外，集体在盘活村民房屋时还会优先考虑给业主家庭成员提供工作岗位，并给予村民共富合作社成员身份，使其参与年终共富合作社分红。

表 2-1 黄禾岩村的共富业态

业态名称	业态类型	利益联结机制
黄禾岩会客厅	公共服务	每年支付场地租金 优先为业主家庭成员提供工作机会 吸纳为共富合作社成员共享年底分红收益
武陵家宴·火铺菜 何家院·农家菜 岩岩烤 Bar	餐饮消费	每年支付场地租金 优先为业主家庭成员提供工作机会 吸纳为共富合作社成员共享年底分红收益

续表

业态名称	业态类型	利益联结机制
临崖咖啡馆	餐饮消费	按出资约定收益分成比例 吸纳为共富合作社成员共享年底分红收益 农户参与经营
转角便利店	便利零售	按出资约定收益分成比例 吸纳为共富合作社成员共享年底分红收益 共富合作社统一经营
观田小院·星天外 观田小院·雨山前	住宿消费	按出资约定收益分成比例 吸纳为共富合作社成员共享年底分红收益
苓箐小宿·竹林里 苓箐小宿·瓦屋上	住宿消费	每年支付场地租金 优先为业主家庭成员提供工作机会 吸纳为共富合作社成员共享年底分红收益
临崖小舍·社林边	住宿消费	每年支付场地租金 优先为业主家庭成员提供工作机会 吸纳为共富合作社成员共享年底分红收益
智慧公厕	公共服务	每年支付场地租金 优先为业主家庭成员提供工作机会 吸纳为共富合作社成员共享年底分红收益
观田小院·稻 Meeting	会议服务	每年支付场地租金
为村·明德书院	文化培训	每年支付场地租金 优先为业主家庭成员提供工作机会 吸纳为共富合作社成员共享年底分红收益

资料来源：基于黄禾岩会客厅展示资料整理。

案例2-9 临崖咖啡馆的分利形式

以临崖咖啡馆为例，该咖啡馆原先为农户住宅，后由集体出资（这笔钱来源于腾讯项目资金）翻修改造，并由徐梦洛作为CEO运营。在翻修之前，此处原是农户家的牛棚，后来集体花费30万元，将牛棚改为咖啡馆。咖啡馆的收入由集体与农户分成。首先，咖啡馆每年毛利润的10%由集体提留，作为黄禾岩村全体村民的年终分红。其次，剩下的90%毛利润，在除去成本后，按照七三分成，即农户占70%，集体占30%。集体提留的这30%的资金，按照"334"原则使用。其中，30%用于共富合作社内成员分红；30%用于村内基础设施和公共服务；40%作为共富发展基金，用于村集体公司的业态发展。

> 现在，咖啡馆每个月的营业额在1万元左右，净利润可达数千元。由于集体出资装修，因此咖啡馆的使用不再需要向农户支付租金和水电费，主要的成本在于员工工资（徐梦洛的工资）和原材料采购两部分。咖啡馆采取扫码付款，每笔交易都统一收入共富合作社总账户中。共富合作社设有专门的财务人员，共富合作社内每名员工的工资与绩效，都由财务人员统一核算。

（三）技术赋能：数字化工具"四件套"

在人才引入、资产盘活的基础上，随之而来的问题便是如何将黄禾岩村的产品与服务更好地推向市场，如何实现村内经营管理智能化，如何确保利益分配透明化。基于上述问题，腾讯以数字化工具赋能黄禾岩村的产业发展。腾讯提供的数字化工具可概括为"四件套"，即公众号、视频号、企业微信与云服务小程序，旨在解决乡村文旅产业中的"引流""变现""留存"三大难题，即如何让游客"愿意来""愿意消费""愿意再来"。

其一，让人"愿意来"，提高村庄的曝光度与知名度。以公众号与视频号为载体，讲好黄禾岩村的故事，宣传黄禾岩村的自然风光与民族风情。通过曝光，获得关注与流量。目前，黄禾岩村公众号与视频号已获31万人次的曝光关注，用户留存率在90%以上。

其二，让人"愿意消费"，让慕名而来或偶然邂逅黄禾岩村的游客，能够领略黄禾岩村的特色与亮点，并愿意购买这里的产品与服务。游客可通过云服务小程序解决自己在黄禾岩村的吃、住、行问题。目前，云服务小程序已为10万余人次游客提供服务；累计消费者近200万人次。其中，在餐饮零售方面，扫码点餐收入近6万元，微信小商店实现营收17万元。在村庄民宿方面，腾讯联合花筑，为游客提供民宿预订服务，小程序上线一个月后，线上房间销售额近万元。此外，为加大贡米的品牌宣传力度、拓宽贡米的销售渠道，腾讯为黄禾岩村开通"云稻米智慧认养"模块。2022年，黄禾岩村6.6万平方米稻田上云，2022年实现云稻米认养收入

60 余万元，截至 2023 年 9 月，认养收入已达 40 万元。以下将以"云稻米"为例，呈现腾讯技术赋能对黄禾岩村产品推广的影响。

案例 2-10　黄禾岩村的"云稻米"

　　2022 年，在县委县政府指导、腾讯公司数字技术支持下，黄禾岩村的贡米开通了"云稻米"的网络销售渠道，贡米的售价为 1 公斤 40 元。同年，黄禾岩村推出"黄禾岩云稻米认养计划 2022 季"活动，通过数字化工具，将 100 亩稻田搬上云端，面向全社会进行云上认养。这些地块分布在黄禾岩村的核心水稻种植区，每平方米稻田按照 9.9 元进行认养，有来自全国的近 9000 名用户认养了稻田，共 52 户农户参与了黄禾岩云稻米的种植。此次云稻米认养，黄禾岩村共计收入 60 余万元，其中 11 万余元用在这次黄禾岩云稻米的加工、包装、物流上；30 余万元用于对参与种植管理的农户进行分红；剩余的 20 余万元存入全村共富基金，用于全村发展与年终分红。其中，最多的一户分红达到 1.8 万元。以参与本次黄禾岩云稻米种植的何易立为例，在过去家庭种植水稻的模式中，自家的 5 亩地仅能营收 1 万元。而参与黄禾岩云稻米的种植服务后，分红达到 1.5 万元。2023 年，黄禾岩村再次将 300 亩贡米稻田搬上"云端"，并启动"黄禾岩云稻米联名伙伴"计划，邀请社会各方共创，共同助力黄禾岩贡米的品牌提升和销售增收。该计划将黄禾岩村核心梯田区中的 300 亩稻田，划分为多个联名地块，由联名伙伴分别认领。每位联名伙伴可获得 1 块云认养稻田联名地块，参与认养推介分销。每平方米稻田依然按照 9.9 元进行认养。联名伙伴需要通过宣传或者活动等形式，对地块的稻米进行销售，所得收入利润统一归入黄禾岩村集体，在年底对全村村民分红，并用于黄禾岩村的共富发展事业。在联名伙伴的权益上，联名地块的诗句展示页标识出联名伙伴企业 LOGO；联名地块的用户认养凭证上标识出联名伙伴企业 LOGO；在黄禾岩云稻米专项策划活动中，联名伙伴或企业享有 LOGO 标识、发言、参与等权益。

表 2-2　2023 季黄禾岩云稻米联名地块

单位：平方米

联名地块	认养地块名称	地块面积
地块 1	采菊东篱下，悠然见南山	19980
地块 2	暧暧远人村，依依墟里烟	19980
地块 3	家住水东西，浣纱明月下	19980
地块 4	行到水穷处，坐看云起时	19980
地块 5	一畦春韭绿，十里稻花香	19980
地块 6	日出篱东水，云生舍北泥	19980
地块 7	犁锄负在肩，牛角书一束	19980
地块 8	开轩面场圃，把酒话桑麻	19980
地块 9	晨兴理荒秽，带月荷锄归	19980
地块 10	春种一粒粟，秋收万颗子	19980

资料来源："黄禾岩云稻米联名伙伴"计划招募令。

其三，让人"愿意再来"。在解决"销售"问题的基础上，若想让消费者"愿意再来""再消费"，则还需要解决"售后"问题。通过企业微信，游客或消费者可进行客服咨询。在企业微信的后台，乡村 CEO 可以实时看到游客或消费者的反馈或提问，并对此进行一一处理。目前，企业微信已助力 3 万余次的客服咨询，私域客户已积累 140 余人。除此之外，村庄内也插入了大量的"直通 CEO"的二维码，以确保游客在村内遇到困难或有疑问时，可以及时获得乡村 CEO 的帮助。比如，观田小院的房卡上就印有上述二维码，游客可以通过扫描二维码，直接联系到乡村 CEO。

此外，在产生收入后，还面临村集体与村民之间如何分账的问题。在线下，村内凡涉及利润分成的消费点，均已实现"一码通"。消费者在这些消费点扫码消费，该费用就会进入后端的"共富发展平台"。在这个平台内，系统会根据村集体和村民约定的利润分成比例自动分成。在线上，云服务小程序也已实现和"共富发展平台"的联通，消费者在云服务小程序上的下单数据，同样会被实时同步至"共富发展平台"。

腾讯不仅作为乡村发展的共创者和数字化工具的提供者，为村庄产业在销售、运营、售后、分利等环节提供技术支持，还作为共创资源的链接者，为其他共创团队参与村庄建设提供合作接口。比如，在云服务小程序上，腾讯联合花筑，为"线上民宿预订"提供更专业的技术平台支撑。目前，已有30多个共创团队参与到"共富乡村"项目。为协调不同共创团队的利益与诉求，新团队的加入须经过项目组的一致同意。这在一定程度上也对参与村庄建设的社会资本起到制约和筛选的作用。

四　农民主体地位

在长期以来的城乡二元体制下，部分地区的农业、农村、农民存在"先天不足"的结构性劣势。因此，为促进这些地区的农业兴旺、农村发展与农民致富，既要求外部力量赋予其启动资金，也需要激活农民主体的内生动力，赋予其可持续发展的机会与能力。为此，需要充分挖掘、培育、发挥农民的主体作用，使其成为村庄发展的资产经营主体、村庄建设主体与受益主体。

（一）作为资产经营主体

产业作为村庄发展的引擎，是带动农民增收、改善农民生活的基石。"共富乡村"项目注重从"授予鱼"向"授予渔"转变，让农民既作为资产的所有者，又作为资产的开发者和经营者。换言之，"共富乡村"项目强调村民不仅要作为资产主体，还要成为经营主体。让村民在"干中学"，不断提升自身的产业经营能力，成为现代化的市场主体，区别于在"公司+农户"模式中村民的"佃农"角色。比如，自项目开展以来，约40户村民已将自家闲置房屋改造为民宿；另有村民返乡创业，将闲置房屋改造为农家乐、小卖部。这些村民在盘活自家资产的基础上，自主经营、自负盈亏，既作为村集体成员共享村庄发展成果，又作为独立市场主体参与市场竞争。

然而，当农民成为资产经营主体和市场主体时，必然面临市场自发性的问题。比如，在项目推进过程中，黄禾岩村的餐饮价格曾出现暴涨，从原来30元一位上涨至50元一位。民宿价格同样也出现类似的情况，部分村民在村集体出资将其房屋改造为民宿后，便拒绝接受村集体定价。上述两种情况的出现，均是由于村民希望尽可能在最短的时间内获取最大的经济效益。然而，餐饮价格的上涨并未伴随质量的提升，价格的制定也并未根据行业内的梯度标准。长此以往，村民自发的行为便会导致全村旅游服务业的混乱，进而导致村庄口碑变差，其长远收益也会受到影响。

基于此，在项目组、村集体、乡村 CEO 团队的指导下，黄禾岩村成立了民宿联盟。由民宿联盟对各类民宿进行档次划分和价格调控，统一行业内不同级别民宿的收费标准和服务水平。同时，观田小院作为民宿联盟的标杆和示范，也发挥了带头和引领作用。比如，负责经营观田小院的乡村 CEO 黄洁，会在观田小院对其他民宿经营者组织培训。同时，黄洁也会根据客人需求，对其进行一定程度的引流、分流，即根据客人预期的收费标准和服务水平，将其推荐到相应标准的民宿中。

总之，黄禾岩村的发展以"造血"而非"输血"为宗旨，将农民培育成为资产经营主体，激励农民"自己的资源自己赚"，激发农民主体增收致富的内驱力。让村民作为资产的所有者和经营者，真正参与到村庄产业的发展中。

（二）作为村庄建设主体

让村民作为村庄建设主体，即鼓励并培育村民作为村庄的共建者和公共物品的提供者，激励村民"自己的事情自己干""自己的村庄自己建"，让村民真正参与到村庄的共建共享中。对于村民而言，如果产业解决的是"宜业"问题，其带动的主要是有意愿且有能力创业增收的村民，遵循的逻辑是"多劳多得"，那么基础设施与公共服务解决的就是"宜居"问题，其辐射的则是全村村民，遵循的是"公共品"的逻辑。

因此，为避免"搭便车"，需要鼓励村民参与到村庄建设和公共服务的提供中。如此，方能让村民更加爱护、珍惜村庄环境，使村民与村庄血脉相连、荣辱与共。更重要的是，要在共建中，探索多元主体共建乡村的体制机制，厘清多元主体在不同项目中的参与范围、合作机制与权责边界。下文以黄禾岩村修建的智慧公厕为例。

案例 2-11　智慧公厕的村民共建

　　智慧公厕是黄禾岩村项目组成立以来开发的第一个业态。起初，项目组牵头成立了一个 42 人的"共富施工队"。项目组最初的设想是，借助智慧公厕这一业态的修建，引导村民参与村庄建设，培育村民参与村庄建设的能力与意识。因此，项目组选择将这件"自己的事情"完全交由村民"自己干"，并不再考虑外聘专业团队参与公厕的修建。然而，由于村民技术能力有限，再加上后续接到上级视察的任务，公厕修建的工期被压缩，公厕最终的修建成果并不令人满意，在实用性和美观性方面均有所欠缺。比如，瓷砖贴得歪歪扭扭、墙壁粉刷不够细致等。最后的解决方案是，项目组从村外聘请了一名专业工匠接手公厕的改造和翻修。在专业工匠的操持下，公厕的美观程度与耐用程度均得到显著提升。不过，智慧公厕在翻修过程中特意保留了一部分最初的建设痕迹：有一面墙上的瓷砖正是最初由 42 名村民亲手贴的。相比由专业工匠贴的瓷砖，这些瓷砖虽然贴得不工整、不美观，却真实承载了村民建设村庄的心意与努力。

　　智慧公厕的意义不仅在于其建设成果，更重要的是在该项目的推进过程中探索出来的村庄共建机制。比如，在智慧公厕建设过程中，围绕"农民参与村庄建设的范围和边界是什么""哪些能力需要由农民学习、掌握""哪些事情应该由项目组说了算""哪些事情应该由乡村 CEO 团队/村民说了算"，项目组与乡村 CEO 团队、村民之间也曾有多次探讨与争论。

　　村民的意见主要集中于项目要求的建设标准过高，自身缺乏专业经验，且为迎接上级检查缩短工期，导致工程压力过大，因此难以满足项目组的要求。乡村 CEO 团队与项目组的矛盾主要集中于，项目组一方面强调政府主导，另一方面强调农民主体，那么在具体落实环节，项目的决策权、审批权到底应该放在项目组还是农民？这里的关键问题是，农民主体与政府主导各自的尺度与边界在哪；项目组与乡村 CEO 团队的权责如何划分。比如，验收标准由谁定；项目中水电网费的各项支出由谁审批；如果项目出了问题，应该由谁担责。

最后商定的结果是，在项目的特殊建设时期，涉及大笔资金的开支，须由项目组决策。随着项目推进，项目组逐渐放权给乡村 CEO 团队。比如，项目非特殊时期的日常开支，完全由乡村 CEO 团队负责决策和审批。

综上所述，此次项目的意义，不仅在于让村民切实参与到村庄建设中，还在于基于一项具体的实践，促使村庄建设的各个主体在共商共讨中，探索出多元共建的体制机制，明确了政府、集体、农民等主体在不同事项、不同阶段的参与范围与权责边界——既要发挥政府主导作用，又要体现农民主体地位；既要鼓励村民"自己的事情自己干"，也要兼顾"专业的人做专业的事"。这对于村庄发展的意义是长远而深刻的。

（三）作为受益主体

打造"共富乡村"，不仅要把蛋糕做大，还要将蛋糕分好。这里的关键，就是建立一套以农民为主体的分配机制，而这也正是区别于以往"公司+农户"模式的本质所在。

黄禾岩村集体经济实行"1136"的分利模式，该模式大致可分为两层。第一层，毛利润的10%用于全体村民分红。第二层，在扣除上述用于村民分红的部分以及各项成本后，净利润的10%用于共富合作社/集体公司成员分红；30%用于共富合作社/集体公司乡村 CEO 团队的绩效奖励；60%作为村集体留存资产，用于村庄公共服务与基础设施建设，以及村集体各项业态的运营发展（见表2-3）。

表 2-3　集体公司利润分配

单位：%

分利层次	资金	比例	用途
第一层	毛利润	10	全村村民分红
第二层	净利润	10	共富合作社/集体公司成员分红
	净利润	30	共富合作社/集体公司乡村 CEO 团队的绩效奖励
	净利润	60	村集体留存资产：公共服务与基础设施建设、产业发展

对于村民而言，他们有以下几种方式可以从村庄发展中获益。首先，作为资产所有者，若村民将其资产交付集体盘活（翻修改造），则可获取

租金或分红。具体而言，若改造后的资产用于营利，如咖啡馆、民宿，则村民可参与分红（部分可同时获得分红与租金）；若改造后的资产不用于营利，如书院、公厕，则村民可获得由集体每年支付的租金。其次，作为经营者或从业者，若农户在业态中负责经营或担任其他职务，则可获得工资收入（每月工资在2500~3500元），以及年终的绩效奖励。再次，作为共富合作社/集体公司成员，村民可在年终获得分红。最后，作为村民，即使他们未参与集体经济，也仍然能在年终参与分红（见表2-4）。

表2-4 村民获取利润的途径

身份	分利	备注
资产所有者	租金/分红	营利性：（租金+）分红；非营利性：租金
经营者/从业者	工资+绩效	任职：工资+绩效
共富合作社/集体公司成员	分红	集体公司净利润的10%用于分红
村民	分红	集体公司毛利润的10%用于分红

除了在经济收益上的受益主体外，村民也是能力提升的受益主体。这一点不仅体现在青壮年（尤其是乡村CEO）的能力上，更体现在中老年人的能力提升上。比如，苗绣展销作坊为中老年妇女提供苗绣培训，使这些妇女有机会精进自己祖祖辈辈传下来的苗绣手艺，提升自己的审美水平。这类美育和劳动，有利于激活村民旺盛的生命活力以及对于美好生活的殷切期待。长此以往，村民的精气神也会随之转变——从以前在田边地角为了一草一木争争吵吵，到现在大家比谁绣得更好，绣得更快，绣得更精致。

五 经验、挑战与对策

总的来说，"共富乡村"项目在黄禾岩村的实践取得了显著成效，沉淀了宝贵经验。在"共富乡村"项目开展前，黄禾岩村面临的问题主要体现在以下四个方面：其一，产业单一低效，以散户种植水稻为主，而优质文旅资源尚未开发；其二，人口外流严重，村民闲置资产有待盘活；其三，人才缺失，缺乏掌握技术与知识的专业化人才；其四，集体经济薄弱，村庄发展与村民共富缺乏组织化力量。

基于此，"共富乡村"项目的黄禾岩村实践在以下四个方面提供了解决方案：其一，发展文旅业，促进第一、三产业融合发展；其二，盘活闲置资源，因地制宜发展多种业态；其三，选拔并培育乡村 CEO，为村庄发展打造中坚力量；其四，壮大集体经济，建立并完善利润分配的共富机制。

新发展引发新问题，新问题呼唤新方案。黄禾岩村的发展既带来新的机遇，也迎来新的挑战。下文将总结黄禾岩村打造"共富乡村"的实践经验，并围绕村庄后续可持续发展面临的挑战提出对策。

（一）经验总结与比较

1. 黄禾岩村的经验

黄禾岩村的"共富乡村"建设特色体现在"强势动员+多方共创"上，作为市级重点扶持的乡村，黄禾岩村获得了首个示范点的地位，获得了政策和资源的优先支持。该村采取了一种独特的发展模式，通过引入政府、企业和学术机构的合作，形成了一个多元化合作的创新体系，成功汇聚了各方面的支持力量。

最终，黄禾岩村建设"共富乡村"的落脚点在于"农民主体"，而这也正是"共富乡村"的核心要义。在黄禾岩村的发展中，农民既作为资产经营主体，也作为村庄建设主体和受益主体。这既区别于传统"公司+农户"模式中农民的"佃农"角色，也区别于传统"输血"式帮扶中农民"等靠要"的姿态。农民主体并不是排斥政府和外来资本的力量，而是从顶层设计和机制建设的角度，让政府与外来资本的力量以合理的方式进入农村，以"造血"而非"输血"的方式，最终激发农民的自驱力和创造力，使乡村产业在外力撤出后，仍然能在农民的自主经营下走向市场。最终实现人才留得下去、产业嵌得进去、服务提得上去、产品走得出去、振兴稳得下去（见表2-5）。

表 2-5 黄禾岩村的发展经验

问题	产业单一低效	资产闲置	人才缺失	集体经济薄弱
解决思路	第一、三产业融合发展	盘活集体资产	培育经营人才	壮大集体经济
具体举措	云稻米、文旅产业	翻修闲置房屋、发展新业态	乡村 CEO 项目	资金注入+产业收益
发展特色	"强势动员+多方共创"			
政府主导	项目投入、政策制定、机制建设、监察验收			
农民主体	资产经营主体、村庄建设主体、受益主体			
企业助力	资金支持、数字化工具、人才培训、资源链接			
社会共创	高校智力支持、企业工具平台支持			

需要注意的是，黄禾岩村的发展经验，是在解决村庄具体问题、多方主体切实合作的实践过程中探索出来的。经验不代表典型，黄禾岩村作为"试点"，该模式的可推广性也需要衡量和商榷。

2. 江河村与盐集村的经验

在该县的其他地区，我们看到了和黄禾岩村具有相似资源禀赋的村庄。以该县江河村为例，河湾山寨建于明洪武三年（1370 年），至今有 600 余年历史，寨中摆手堂是渝东南地区现今保存最完好的土家族祭祀宗祠。寨内 200 余幢吊脚楼依山临水，呈阶梯式布局。因此，江河村被誉为"中国最美土家山寨"和"土家族发祥地"，并在 2014 年入选首批中国少数民族特色村寨。

江河村在振兴的起步阶段，面临和黄禾岩村相似的问题。长期以来，江河村并未得到有效开发，文旅资源未被挖掘盘活，人口外流与村民房屋闲置的情况较为严重。江河村户籍人口为 3027 人，其中青壮年有 1400 余人，但有 1100 余人在外务工。在对江河村的开发过程中，发展文旅产业、盘活集体资产，将村民的闲置房屋盘活为民宿、农家乐仍然是江河村实现"共富""振兴"的发展重点。不过，与黄禾岩村在起步阶段主要得益于政府与腾讯投入的发展模式不同，在江河村的发展过程中，社会资本注入发挥了独特作用。

> **案例 2-12　王义在江河村的投资**
>
> 　　来自贵州土家族的王义以个人名义投资数千万元，联合村内几十位平均年龄在 70 岁以上的土家族老匠人，采用传统工艺，历时 6 年，修建了目前全国唯一的土家族传统建造技艺博物馆，以及扶贫扶智的两河书院。这些建筑既传承了原汁原味的土家族文化，又熔铸了天人合一的中国传统思想，吸引了国内外众多团队前来参访学习。如今，博物馆和书院成为河湾的文化地标和旅游打卡地。王义以个人名义的注资，不仅为当地工匠带来了就业机会与收入——最多时，单日给付工匠工资总和超过 1 万元，还吸引了外来游客、团队进村参观，为村内民宿、农家乐带来客流量——最多时，单日接待近 200 人的研学团队。

　　在社会资本的带动与政府的支持下，江河村的文旅产业与集体经济已取得阶段性成效。目前，江河村已有 34 家民宿，并在近期自发成立了民宿联盟。其中，24 户村民加入了文化旅游专业合作社。2023 年上半年，江河村集体经济收益达 21 万元，收益按照 10% 归村集体、10% 留存合作社、80% 分给经营农户的分利模式进行分配。2023 年 9 月 20 日，河湾景区被确定为国家 4A 级旅游景区。

　　和黄禾岩村特殊的"示范点"地位，以及江河村独特的社会资本助力模式相比，盐集村或许更能代表中国大部分农村地区在未得到特别资源倾斜的情况下，所面临的问题以及乡村振兴的雏形。

　　盐集村辖区面积为 36 平方公里，共有 1348 户 4600 余人，青壮年人口为 2300 余人，其中外出务工人口近 2000 人，留在村中的劳动力仅 300 余人，其主要从事牛羊畜牧业。盐集村的资源禀赋，主要在于其梯田与木屋建筑，以及当地相对便捷的交通道路。在资源扶持上，盐集村的资金支持主要来源于两方面，即政府项目资金（人居环境整治资金近 300 万元）与鲁渝协作项目资金（年均 260 万元）。

　　目前，村内梯田景观已有所开发，村内的露营、农家乐、咖啡馆等业态也逐渐兴起。2023 年 9 月，该村人流量超过 2000 人次。村内有 2 家餐馆，其中有 1 家为"共富乡村"项目的盘活资产。两家餐馆在不到两个月的时间里创造了15万元的营业收入。其中,政府接待部分有5万元,其余10万元均来源于游客消费。不过,村内民宿的开发尚在起步阶段,下一阶段预计盘活村民闲置房屋7~8间。对于盐集村而言,闲置资源的盘活与村庄人才的培育,仍然是后续的重点与难点。

比较黄禾岩村、江河村、盐集村的案例,三个村庄的共同点在于,拥有独特的自然人文资源,但面临劳动力外流、村民房屋资产闲置,以及人才缺失等问题。在来自不同渠道、不同力度的外部力量的支持下,三个村庄均以文旅产业为发展方向,以盘活闲置资源为工作重心,在改善村容村貌与人居环境的同时,促进乡村产业发展、带动农民增收。在后续发展方面,三个村庄共同面临一些问题,比如,提高全年客流量,并将客流量转变为消费力等。

为使论述更为聚焦,下文将主要以黄禾岩村为案例,围绕"共富乡村"后续可能面临的挑战与对策展开论述。

(二) 挑战与对策

近年来,无论是"共富乡村"还是"美丽乡村",大量项目资金注入黄禾岩村,这在很大程度上弥补了黄禾岩村由地理、历史原因导致的"先天不足"。政府、企业、高校等外部力量的参与,在资金、人才、技术等方面为黄禾岩村的发展提供了坚固的基石。在多元主体的共建共创下,项目已取得显著成效,然而,随着项目建设接近尾声,"可持续"的问题便凸显出来。其中有三个关键问题:一是市场开发;二是人的培育;三是关系理顺。

1. 市场开发

对于黄禾岩村而言,要实现可持续发展,核心在于从主要依靠政府、资本与高校的助力,转变为主要依靠农民自身从市场中赢利。具体而言,基于黄禾岩村的"文旅"定位,其可持续发展的关键在于吸引足够的客源,并将客流量变现,既让游客愿意来,又让游客愿意消费。为此,黄禾岩村可采取如下对策。

其一,优化数字营销,提升爆款率。在互联网时代,信息更多依托网络媒介传播。而在"平台推荐+流量变现"的机制下，产品若能成为"爆款"，便能获得极高的流量加持与变现速度。山东淄博的烧烤便是一个成功的数字营销案例。黄禾岩村作为"乡村文旅"的后起之秀，目前在知名度和关注度上仍然欠缺，村庄内的客流量不足，民宿入住率不高。以观田小院民宿为例，目前一年的入住率仅为20%，且有近一半的订单直接或间接来源于政府。未来在数字营销上可以做的努力，便是从"曝光"到"爆款"，从"网红"到"品牌"。如此，或可在一定程度上突破市场开发瓶颈、拓宽渠道。

其二，提升服务水平，提高满意度。如果说，数字营销决定是否能将人"引进来"，那么服务水平则决定人们是否愿意"留下来"并"再进来"。如果说，数字营销是通过数字化工具提升村庄知名度，那么提升服务水平则是通过提高游客满意度来提升村庄美誉度。前者关涉"引进来"，而后者关涉"留下来"和"再进来"。正如招商引资中常采用的"以商招商"方法，对于黄禾岩村而言，"以客获客"同样是村庄获得长期、稳定客流量的关键。黄禾岩村发展文旅产业、发动农民群体的历史尚短，服务条件尚不完善。其中的关键，不仅在于基础设施的建设，还在于农民的观念转化和能力培育。由于当前农民和城市居民在生活理念和生活品位上存在差距，因此，关于什么样的服务适应消费者的需求，如何提供消费者满意的服务，还需要从转变农民观念、培育农民能力着手。

其三，开发特色资源，提升辨识度。在乡村振兴的浪潮下，黄禾岩村的文旅资源得到挖掘和开发，它是典型但并非特例，因此必然面临大量其他乃至同类旅游景区的竞争。黄禾岩村不仅要与既有的、成熟的旅游景区竞争，还要和其他同样在乡村振兴浪潮下被打造的"文旅度假村"竞争。因此，村庄特色的名片和品牌就变得尤其重要。比如，在目前的15类业态中，大多数仍然缺乏特色，也未形成品牌。目前相对成熟的模式主要是临崖咖啡馆和观田小院，但是这两类业态和其他地区相比，特色尚不突出。未来可尝试开发黄禾岩村的特色业态，使其与当地的梯田景观、民宿风情等自然人文环境紧密结合，比如举办民宿文化节、开发刺绣体验项目、打造生态康养中心等。同时，可打造黄禾岩村的特色文创产品，并将其与黄禾岩村的业态相互融合，使业态发展更具村庄的基因与特色。

2. 人的培育

乡村振兴，既需要有本领、有担当、有热情的人才带动，又需要有活力、有能力、有盼头的村民。基于此，人的培育可谓村庄可持续发展的重中之重，具体可分为人才培育和村民培育两部分。

在人才培育方面，推进招才引智，引进专业人才。从项目推进至今，黄禾岩村共有 8 名乡村 CEO。但在与村庄的融合与磨合中，大部分乡村 CEO 进入了村委会的队伍，即从专业型人才转变为综合型人才，从经营人才转变为治理人才，从经济精英转变为政治精英。目前，仅有 3 名乡村 CEO 实际参与集体经济的运营。其优势在于，当具备一定运营经验与专业技术的乡村 CEO 进入村委会班子后，不仅有利于理解、支持集体经济的运营工作，也有利于乡村治理水平的整体提升。但其弊端在于，留在村庄中从事业态发展的专业化人才相对减少。其潜在风险是，集体经济最终仍然要面向市场参与竞争。因此，现代企业管理制度的引入，以及现代化的企业管理人才，对于集体经济的长远发展是不可或缺的。若乡村 CEO 队伍中缺乏专业运营人才，或将不利于提升集体经济的市场竞争力。因此，需要引进并培育一批具有专业技能、综合素质、市场眼光以及社会资源的运营人才，助力乡村产业的升级蝶变。

在村民培育方面，健全参与机制，明确参与边界。对内，需要在实践中把握村民参与的范围、内容与方式。比如，对于年龄、经历、能力不同的村民，应对其参与村庄建设的范围进行适当区分。在多次和村民的合作与交往中，厘清哪些事情应该由村民自己完成，哪些则应该通过外包完成；不同类型的村民适合发展什么能力、在村庄的角色是什么。这要求在村庄发展过程中，为不同村民找到合适的定位与角色——让青年既能施展抱负，又能拥抱幸福生活；让老人既能老有所依，又能有机会劳有所获。真正实现村民的能力和幸福感提升与村庄发展齐头并进。

对外，既要通过招商引资、招才引智壮大参与力量，又要调控各方力量的参与比例和方式。随着社会共创团队的增加，以及村庄发展逐渐从依赖政府陪伴、企业陪跑到相对独立发展，村庄更需要处理好和多元主体的关系，尤其在分利机制的问题上，确保村民始终成为村庄发展的受益主体与共建主体。

3. 关系理顺

在黄禾岩村的发展中，政府、集体与村民发挥了核心作用。政府、集体、村民作为三个相互区别又紧密联系的建设主体，既共享村庄的历史与基因，也共享"共富乡村"的目标与成果。随着村庄快速发展，新的阶段往往面临新问题，三者之间的关系也需要进一步理顺，使三者之间的良性互动，为黄禾岩村的可持续发展注入"润滑剂"。

其一，政府与农民的关系，主要体现在政府主导与农民主体之间的关系。这里的问题是，政府应在多大程度上介入村庄经营与发展，农民在村庄经营与发展上，多大程度上拥有自主权。这里需要注意的是，政府主导，既不是政府"包干"，也不是政府"代跑"。政府应该发挥孵化和培育的作用，意在激活乡村内驱动力，培育乡村领跑人才。这里，政府和农民在村庄发展中扮演的角色存在阶段性和连续性。

在项目成立之初，基于村庄"先天不足"的劣势，政府的主导作用主要体现在资源投入、项目决策以及项目审批上。随着乡村CEO的引入与成长、村民的能力提升与观念转变，以及乡村各业态的发展逐渐起步腾飞，政府主导地位则更多体现在整体性把控、针对性支持方面，而应逐渐将部分决策权、裁量权、执行权下放至村集体或乡村CEO团队。与权力下放相对应，是对等的责任，即要求乡村经营主体承担起开发市场、提质增效、带动增收的责任。

在后续发展阶段，一方面，以乡村CEO为代表的乡村经营团队逐渐成为能够独当一面的经营人才与市场主体；另一方面，政府对于村庄建设仍然扮演"主心骨"的角色。这主要体现在政府对于村庄发展整体方向的把控，以及在村庄发展困难时给予必要支持等方面。质言之，乡村发展既不能没有政府作为"主心骨"，又不能过度"行政化"，需要加强政府与农民在对等基础上的权责划分，充分发挥两个主体在乡村不同发展阶段的优势与作用。

其二，集体与农民的关系，尤其是集体经济中集体留存与农民分红之间的关系。对于企业而言,其发展和蝶变往往需要前期较长时间的投入与积累。而对于集体企业,其属性决定了企业发展本身是为集体服务的。这里也就存在效率与公平的对立统一问题。长远来看,二者是统一的,集体经济的壮大等于将蛋糕做大,这样每名村民能分到的蛋糕自然更大。但从短期来看,若集体企业将更多的收益用于分红,那么用于企业未来发展、升级的资金便减少。我们常说"集中力量办大事",这句话对于企业发展,在一定程度上仍然是适用的。我们应该思考的是,集体经济在发展的不同阶段,其收益的分配和使用问题。

在黄禾岩村集体经济的起步阶段,外来资金的注入扮演了关键角色,这使集体经济能迅速从无到有,并能在第一年就实现营收并分红。然而,可以预期的是,伴随各个项目的收尾,后续的外来资金将逐渐减少。而村民分红、公共服务这类"普惠"性质的福利,往往具有"棘轮效应",即村民对于福利的心理预期往往是"只能多,不能少",否则容易产生信任危机。这对于集体经济,既可能是一种激励,又可能会成为负担。因此,需要特别注意集体与村民之间分利机制的健全与完善。既要让农民受益于集体经济的发展壮大,又要让集体经济的发展具有可持续性。

第三章 社会组织深度参与的"共富乡村"实践——来陆村案例

引 言

来陆村位于广西云甲凤云各族自治县祥脉镇。在开展乡村振兴建设前，村内的产业以农业为主，种植作物单一，且受市场价格波动影响较大，村民收入水平较低。来陆村虽毗邻祥脉梯田景区，但村集体和村民未能充分享受到景区旅游产业的发展红利，村集体经济发展缓慢，村庄整体发展情况落后。

在广东省和广西壮族自治区粤桂合作的背景下，为实现来陆村的乡村振兴，凤云县乡村振兴政府专班联合腾讯公司等社会组织，为来陆村提供多类型发展资源，培育乡村内部的运营人才，激发村集体和村民参与乡村发展的动力，逐步在村内打造具有来陆村特色的农文旅融合业态，并通过开展来陆村山海梯田音乐节等活动，不断扩大来陆村的社会影响力。现如今，来陆村已成为多类型社会主体参与乡村振兴实践的典范。

本章将分四个部分对来陆村的乡村振兴实践进行讨论。第一部分将对来陆村的地理区位、人口结构和产业发展等基本概况进行介绍，总结来陆村在致富发展过程中遇到的关键痛点。第二部分将主要介绍来陆村如何开展乡村振兴实践，对其资源运用、组织保障、经营业态以及共富机制的情况进行详细描述。第三部分将从来陆村的乡村振兴实践中总结出其发展的独特之处，即社会组织的深度参与；还将从建设资金支持、数字化工具引入、乡村业态规划建设以及乡村运营人才等方面,对社会组织在来陆村乡村振兴中的作用进行讨论,同时对社会组织能否有效融入乡村生态这一关键挑战进行思考。第四部分将根据对来陆村的调研结果,呈现来陆村实现自主发展还需解决的问题,并提出解决相应问题的发展建议。

一 来陆村概况及发展痛点

(一) 来陆村概况

来陆村位于广西云甲凤云各族自治县县城东南的祥脉镇境内。来陆村的村名取自壮语,意为召唤大家来开田的地方。来陆村由7个自然村组成,全村家户共计130户565人。村内以壮族人数最多,其次为瑶族,来陆村是一个典型的多民族混居村落。来陆村的劳动力人口分布相对均衡,村内男性村民和女性村民各占一半,村内老年人群体和年轻人群体比例相当,外出务工和留守的人数较为接近。与其他同样发展相对落后的村庄相比,来陆村选择留在村中的青壮年劳动力数量较多,占到总数的一半以上;且该群体中男性和女性人数相对均衡,因此满足当地推动农业与文化、旅游、教育、康养等产业融合,发展创意农业和功能农业等多类型业态的需要。

在来陆村的产业发展方面,农业是来陆村的主要产业。来陆村有水田450亩,旱地400多亩,其中有300余亩的梯田属于典型的高山高寒性梯田,当地以种植业为主要产业。来陆村的主要作物包括水稻、罗汉果和辣椒,尤其是来陆辣椒,已成为当地祥脉辣椒中的优质品种,并已荣获国家地理标志产品的认证。祥脉地区林木葱郁,来陆村更是背靠锅底塘山,拥有得天独厚的毛竹林资源,因此被称为"竹木之乡",但由于地处高山、交通不便,木材外销困难。为了充分发挥林木资源的优势,当地发展了具有浓郁民族特色的精美房屋建筑艺术,以及竹编、根雕和造纸等精湛的传统工艺。来陆村的木雕和竹雕工匠享有盛誉,村中许多居民掌握了制作精美木雕和竹雕的技艺,他们的作品多次被选送至海外进行交流展览。除了丰富的林木资源,来陆村还蕴藏着丰富的金石资源。当地特有的奇石,在经过一系列精细的工艺处理后，可用于制作精美的石雕。来陆村的奇石不仅孕育了一代又一代的石匠，来陆村独特的石雕技艺也已成为当地著名的非物质文化遗产。

（二）来陆村发展的关键痛点

来陆村作为一个以第一产业为产业基础的村寨，面临缺少优势经营业态、产业升级乏力等问题，这些问题严重制约来陆村的发展。具体而言，来陆村的发展存在以下关键痛点。

一是地理区位邻近知名旅游景区，但未能分享旅游红利。来陆村毗邻祥脉梯田景区，该景区附近的村落依托梯田景区丰富的游客资源，集中成片打造了民宿、餐饮等经济业态，实现了村民致富。来陆村距祥脉梯田景区不过20分钟的车程，且村内也具有景色优美的梯田景观，但该村未对村内梯田等自然景观进行深度规划，还存在乡村旅游基础设施不足、文旅业态数量有限等问题。因此，来陆村的知名度并不高，前来游玩的游客较少，村民和村集体的收入来源单一且长期处于较低水平，没能吃上"旅游饭"。

二是产业结构单一，种植业收入受市场影响大。来陆村未能依托附近知名旅游景区带来的游客红利，实现乡村服务业的发展。来陆村的村民以农业种植和畜牧养殖为主要收入来源，产业结构较为单一，村民人均年收入为1万~1.3万元，且家庭经济来源依赖外出务工。留在村庄的村民仅能通过直接售卖或由外部企业集中收购的方式对外销售农产品，收入微薄。目前，村内暂不具备将农产品进行二次加工，以延长农产品产业链并提升其附加值的能力。

此外，来陆村的农产品种植类型较为固定。当地村民的主要种植作物为罗汉果、水稻和辣椒。特别是罗汉果产业，受农产品市场供求变化影响较大，村民每年的收入波动较大。

案例3-1 来陆村的罗汉果种植

罗汉果的生长需要良好的光照和排水保肥条件，故多在中国西南山地环境进行种植。广西云甲市凤云县是中国罗汉果的重要产地，罗汉果也成为来陆村村民种植的主要农产品。2022年，市场对罗汉果的整体需求量较大，来自凤云县的企业来到来陆村对罗汉果进行统一收购，收购价格高达每个罗汉果1元，有村民仅凭罗汉果种植就获利近十万元。来陆村村民发现了种植罗汉果带来的丰厚回报，纷纷决定扩大自家罗汉果的种植规模。但因为罗汉果目前以药用为主，用途相对局限，以罗汉果为原料的加工产品类型较少，市场对罗汉果的需求趋于饱和。来陆村村民对罗汉果种植规模的整体扩大，使得罗汉果的供给激增，同时受到相关产业市场波动的影响，2023年罗汉果的收购价格急速下跌，每个罗汉果的收购价格跌至0.1~0.2元。来陆村不具备将罗汉果加工成其他产品的条件，村内大量罗汉果滞销，村民收入受到严重影响。

三是村内大量适龄劳动力资源未能得到充分利用。据当地干部介绍，与多数落后村庄以老年和儿童为主要居民的情况不同，来陆村有近一半的适龄劳动力留在家乡，且男女比例相对均衡。然而，村内的年轻劳动力仍以农业生产为主要的谋生手段。这主要是因为村内不具备除农业外其他产业的经营业态，未能为村内的年轻劳动力提供非农业的就业渠道，这也导致近两年来陆村年轻劳动力外流的趋势越发明显。

来陆村的村民并非仅具备农业生产技能，村内诸多村民具有文学创作、根雕制作等特长，有些村民甚至是非物质文化遗产的传承人。然而，对于当地居民而言，相关技能仅作为他们的个人爱好，来陆村也未向具有一技之长的村民提供发挥其技能优势的渠道和环境。因此，来陆村未能将当地的非物质文化遗产资源转化为实际的经济收益。

综上所述，来陆村在村内自然环境和年轻劳动力资源两方面都具备优势。与其他资源禀赋严重缺乏、发展状况相对落后的乡村相比，来陆村发展的关键问题在于其资源禀赋与当前主要经营业态之间的不匹配。当地落后的发展状况已经证明，以农产品种植和销售为核心的产业发展方向不能实现村民和村集体的致富，也无法充分激发来陆村全部优势资源的发展活力。

二 来陆村的乡村振兴实践

（一）来陆村乡村振兴发展中的内外部资源

合理运用乡村基层社会内外部资源，是实现乡村振兴和"共富乡村"的基础。乡村发展缺乏活力，村民生活水平难以得到提高，原因往往在于缺少实现有效发展所必需的资源禀赋，或是没能充分发挥既有资源的效能。在以往乡村振兴的发展建设实践中，针对乡村内部发展资源缺失的情况，通常需要引入外部资源加以改变。合理运用外部资源确实能有效弥补乡村社会中可利用资源的薄弱环节，提供乡村发展过程中难以依靠自身环境孕育的生产要素。但过度依赖外部资源的助力，从长期来看，可能会导致乡村社会难以实现独立发展，应对外部风险的能力较弱。因此，乡村振兴发展需要汇聚乡村内外部的发展资源，实现内外部资源的合理分工，为乡村多样化经济业态的营造和实现村民共富奠定基础。

1. 村内闲置资源的激活

在任何村庄的出现、发展和趋于稳定的过程中，都会形成造就当前状况的发展路径，并积累一定的发展资源，即使是发展相对滞后的村庄也不例外。乡村内部资源运用的差异，在一定程度上导致了各村庄不同的发展结果。与发展较好的村庄相比，待发展的村庄在运用内部资源时常会面临两种困境。其一，乡村内部资源的运用方式过于单一固化。村庄当前对主要资源的运用方式已被落后的发展现状证明难以实现乡村振兴，因此需要不断探索已有资源新的发展路径。其二，乡村发展的潜在资源被忽视。由于观念、能力和基础设施等条件的限制，部分乡村尚未意识到村内可能存在其他可被整合和利用的资源，这限制了乡村对发展路径的选择。因此，创新乡村内部资源的运用方式，持续激活乡村闲置资源，是推动乡村获得内生发展动力、实现长远发展的关键途径。

在乡村振兴的发展规划和实践中，来陆村逐步探索并激活了乡村内部的"沉睡"资源，主要包括以下三类。

一是对当地自然环境资源的重新规划，以打造美丽乡村景观。来陆村多是山地环境，村民多在梯田上耕作。因此，来陆村具备发展梯田景观得天独厚的资源优势。然而，来陆村的村民多以家户为单位开展劳作，村内可耕作梯田的使用缺乏整体规划。来陆村通过开辟新的农业用地，并说服大多数村民种植观景水稻，逐步形成环绕村居的稻田梯田景观。

二是对闲置村居房屋空间的改造，将其改造成文化业态和民宿。随着城乡人口流动越发频繁，来陆村的部分村民离开家乡前往乡镇或城市定居，其在村中的老屋或屋内部分空间因此闲置。来陆村统筹规划村内民居，推行村民民居的"嵌入式"发展：对于已无人居住的房屋，通过整体改造，按发展规划将其修建成全新的经营业态；对于村民屋内的闲置空间，根据其房屋条件和地理区位，结合屋主个人情况和优势特长，打造来陆村特色的乡村文化业态。

三是激活乡村内部的人力资源，鼓励乡村本土人才参与来陆村乡村振兴实践。乡村内部任何类型资源的运用与维护，都需要人才的参与和支持。来陆村持续关注对乡村人力资源的"激活"，通过培养村民的生产技能，为乡村本土人才创造施展才华的发展空间，不断吸引外出人才返乡创业。在乡村振兴实践中，来陆村涌现出如叶田雨、金元莹、王文等乡村人才，他们逐渐成为来陆村乡村振兴建设的中坚力量。

案例3-2 叶田雨——来陆村的农民诗人

叶田雨（笔名雷神）是来陆村有名的农民诗人，如今已65岁的他仍坚持笔耕不辍。作为来陆村的文艺工作者代表，他多次到祥脉镇与其他文艺工作者开展交流学习活动，他还是村内诗歌协会的核心成员之一。

求学期间，叶田雨在语文老师的启发下，曾尝试撰写人物报道和社会调查报告，这激发了他从事文字工作的兴趣。年轻时叶田雨曾在乡镇小学和中学担任过三年的语文代课教师，在此期间他逐步建立了良好的文字写作功底。在返回来陆村务农之后，曾做过语文老师的经历使叶田雨成为村民信赖的"有知识"的人，村民遇到有关文字工作的难题都会寻求叶田雨的帮助。在日积月累的工作中，叶田雨对文学创作的兴趣越发浓厚，慢慢开始了自己的诗歌创作生涯。

叶田雨的叔叔是来陆村诗歌协会的创始人之一，也是叶田雨从事诗歌创作的引路人。叶田雨的叔叔年轻时同样做过老师，还出任过当地的副乡长，退休后返乡主要从事诗歌创作。丰富的人生阅历为其积累了宝贵的创作素材。受到叔叔的影响，叶田雨也开始尝试进行诗歌创作，他最早从山歌写起，由浅入深，从山歌创作中体会诗歌创作的共通之处。家乡如画的风景和村民朴实的精神品质也为叶田雨的文学创作提供了灵感，结合来陆村的梯田自然景观和基层群众生活，叶田雨创作出其诗歌代表作《梯田村韵》。

叶田雨既是村内的文艺骨干，同时又是来陆村乡村振兴实践的参与者。在来陆村不断推行乡村振兴建设的过程中，来陆村的乡村振兴专班和村"两委"得知叶田雨具有新闻写作和诗歌创作的经验，决定将其吸纳进村乡村振兴工作的宣传小组，给予叶田雨展现其文学才华的平台。叶田雨撰写了一系列展现来陆村发展成果的新闻报道和诗歌，其介绍来陆村发展的文学作品多次被刊登在凤云县的报刊上，相关文章通过来陆村的微信公众号广泛传播，并被多次转发。叶田雨还与村内另一名乡村诗人金骏琪（笔名月朦胧）合作创作了来陆村的村歌《来陆之声》，该歌曲成为展现来陆村村民精神风貌的重要文化成果。

叶田雨也积极参与村内业态经营，在多年的土地种植过程中，叶家储藏了品种多样的农作物良种，其中一些良种已难以在市场上购买到，具有一定的收藏价值。因此，其家宅已被规划为来陆村种子博物馆，并已基本完成主体建设，未来将作为来陆村农耕文化的重要展现，融入来陆村特色农文旅融合业态之中。

来陆村的三类资源在其乡村振兴的实践过程中逐步融合。不同类型资源的融合，不仅可以直接作用于乡村产业发展，还可推动乡村的基层文化建设，丰富村民的精神文化生活，增强村民的凝聚力，促进村民对家乡的认同。

案例 3-3　来陆村村史传习馆

在来陆村的梯田之上，有一座独具民族特色的建筑格外引人注目，其内部别有洞天，这便是来陆村的村史传习馆。来陆村村史传习馆是来陆村乡村振兴建设中修建的第一个建筑，集中展示了来陆村的历史沿革、人口构成、村民日常的生产生活以及乡村振兴与"共富乡村"的建设规划等方面。起初，由于村史传习馆无法为村集体和村民直接带来经济收益，其修建遭到了诸多质疑。但在凤云县乡村振兴专班的努力下，村民了解到村史传习馆修建对凝聚来陆村的集体认同和向游客展现来陆村风貌的重要意义，他们的态度也从反对和质疑转变为理解与支持。

来陆村村史传习馆是该村综合运用村内三类资源的范例。村史传习馆特意选址于来陆村梯田附近，从馆内即可欣赏到壮丽的梯田风光。村史传习馆的建筑源自村民闲置的房屋，经过精心修缮，保持了原有的民族风格，使村史传习馆本身成为来陆村文化建设成就的一部分，也成为游客前往来陆村的打卡地之一。没有人比来陆村的村民更了解来陆村的发展历程。村史传习馆内的展品主要得益于来陆村村民的支持，许多村民捐赠了家中具有纪念价值的传家宝供展览之用，村内的诗词创作者也为村史传习馆等来陆村乡村振兴业态的修建题诗作词，村史传习馆内还记录了建设过程中做出突出贡献的村民的名字。村民最为自豪的是，在凤云县乡村振兴专班和村"两委"的动员下，村民纷纷贡献出来陆村的故事，并邀请村内文艺工作者汇编成书，来陆村因此拥有了第一部完全由村民自主编纂的村志《我们的来陆》。这本汇集了村民智慧和劳动成果的村志在村史传习馆内展出，成为最受游客欢迎的展品之一。

来陆村村史传习馆的建设汇集了村内多种资源，它潜移默化地改变了村民的观念，不仅使来陆村的村民认识到乡村振兴不只是政府和社会组织的责任，也让他们意识到自己在乡村振兴中的贡献和价值，从而激发了村民参与村内乡村振兴建设的积极性。

2. 乡村外部发展资源的支持

外部支持性资源在乡村振兴实践中同样不可或缺。合理运用外部资源不仅可有效弥补乡村社会发展的资源短板，还可助力乡村内部资源更充分地发挥作用。

首先，村集体缺乏足够的资金支持。开展改造升级建设前，村集体账户上可支配资金仅有1.2万元，难以满足乡村振兴建设的各项需求。其次，大多数村民长期依赖农业种植，缺乏经营其他增收经济业态的能力和经验。最后，来陆村年长村民坚持传统的农业致富观念，而年轻村民则过度依赖外出务工，将其作为收入增长的途径。因此，来陆村村民缺乏改变当前乡村发展状况的思维和意识，也难以制定实现基层共同富裕的可行发展规划。

面对资金、能力和运营思维方面的挑战，来陆村内部难以自行产生解决这些问题的生产要素。为此，来陆村通过引入外部资源，弥补自身发展的资源不足，解除发展中的资源困境。来陆村引进的外部资源主要来源于两个方面。一是根据广东省与广西壮族自治区的对口帮扶政策，深圳市南山区为云甲市凤云县提供了总计超过5000万元的建设资金，这些资金专门用于当地基础设施建设和村居环境改造。其中，来陆村获得了441.41万元的资金支持，将这些资金用于村内偏远村寨的道路建设、全村污水管网改造以及村委会前旅游停车场的修建，一系列建设项目为打造来陆村特色农文旅融合业态奠定了良好的乡村环境基础。

二是企业、公益团体等社会组织向来陆村提供的帮助，包括项目建设资金、村民技能培训和乡村产业扶持等方面。在来陆村的乡村振兴实践中，社会组织扮演了重要角色。来陆村的乡村建设中引入了腾讯公司、呼朋企业家乡村发展基金会、旗帜五七文旅公司等企业和公益团体，并根据它们各自的优势和特长，对社会组织进行了合理分工，以实现多类型社会主体共同参与乡村建设。

（二）来陆村乡村振兴的组织保障

乡村的振兴发展离不开基层社会内外部资源的合理运用。为了使各类型资源在乡村充分发挥作用，需要乡村内部提供有效的组织保障。构建科学的乡村内部组织结构，可以实现各类型资源在乡村发展的不同时间节点和不同经营业态中的有序流通。

在乡村振兴建设实践中，来陆村逐渐构建了由政府专班引领、村民自治组织托底、村集体和村企业共同运营的组织结构（见图3-1）。通过不同组织之间的专业分工合作，为村内良好业态的建设经营打下坚实基础。

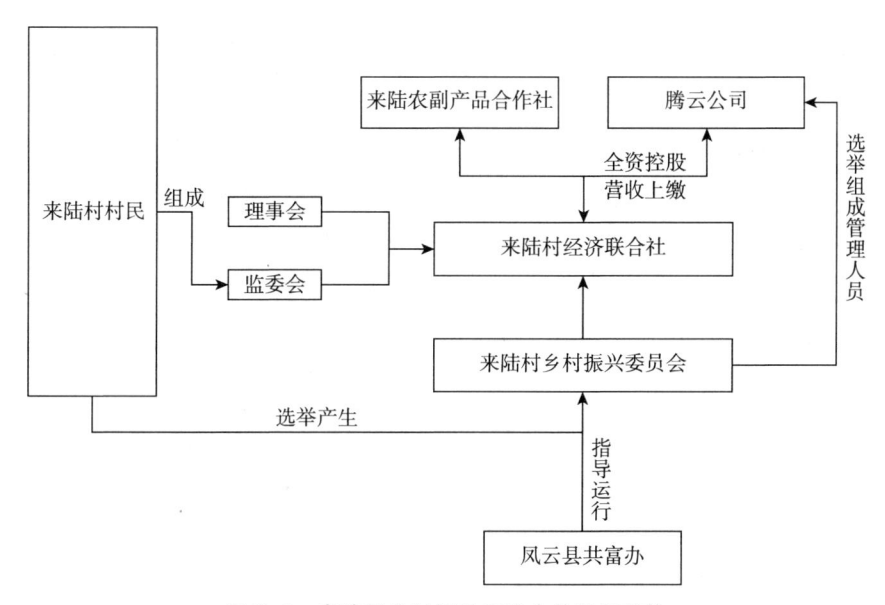

图 3-1 来陆村乡村振兴实践中的组织结构

1. 政府专班引领：凤云县共富办的架构和职能

乡村振兴的各项工作千头万绪，涉及村内治理、经济、文化和自然生态等诸多方面。面对乡村振兴实践过程中的多重挑战，仅凭基层社会的单一政府部门或村"两委"的力量，有较大的局限性，难以应对乡村社会生态中复杂多变的发展状况。因此，从各个政府部门抽调人员成立专班，专项负责乡村建设发展工作，已成为当前推动乡村发展事业的主要组织形式。为更好地推动乡村振兴的各项工作，凤云县成立了"共富乡村"建设示范项目工作专班综合办公室（以下简称"凤云县共富办"）。凤云县共富办总领县域内乡村振兴的各项工作，并在来陆村乡村振兴的各项工作中扮演引领者的角色。

> **案例3-4 来陆村乡村振兴的专班建设**
>
> 凤云县共富办是凤云县负责开展乡村振兴工作、实现基层群众共富的政府专班组织。作为负责来陆村乡村振兴工作的主要政府组织,凤云县共富办规划了来陆村乡村振兴工作的开展路径。在来陆村的发展实践过程中,凤云县共富办负责协调多类型政府部门,合力推动来陆村建设。例如,在打造来陆村精品民宿时,由于村内多为山地环境,除去必要的农业生产用地外,建设用地有限。凤云县共富办通过与政府国土部门和住建部门的良好沟通,按法律规定将部分农业用地转化为建设用地,解决了来陆村民宿建设用地短缺的燃眉之急。同时,作为来陆村内外部生产资源互通的桥梁,凤云县共富办统筹利用多方资源,汇聚助力来陆村发展的多元动力。同时,凤云县共富办还作为来陆村内外部资源链接的关键节点,汇总参与乡村振兴建设的社会组织的各项需求,形成项目方案上报给上级政府。
>
> 与其他负责乡村振兴和"共富乡村"的专班相比,凤云县共富办具有两大特点。其一,机构名称中明确将实现乡村共富作为专班组建的任务目标,这在全国的乡村专班中都属前列;其二,凤云县共富办不仅由当地政府工作人员组成,还邀请了腾讯公司、呼朋企业家乡村发展基金会等社会组织的负责人参与。这些负责人作为专班成员,直接参与到来陆村的建设和运营中,共同为来陆村的乡村振兴出谋划策。

引入社会力量,共助乡村发展。凤云县的乡村振兴政府专班不再局限于调动各级各领域政府部门的力量,还通过引入企业、公益组织等市场主体,提高基层服务水平和统筹协调能力,为政府组织参与乡村振兴工作提供了新尝试和新思路。

2. 村民自治组织托底:来陆村乡村振兴委员会

激活乡村内外部资源,推动乡村振兴和基层共富建设,这些举措势必会改变乡村原有的社会生态以及村民的生产生活习惯。在推动乡村社会发展振兴的实践过程中,如果完全依靠基层政府或由政策指令强制性推行各项措施,难免会引起村民的反感,最终事与愿违。因此,在乡村振兴的实践中，不但需要政府组织充分发挥引领作用，而且需要运用村民组织的力量，让广大基层群众接受乡村振兴的发展理念和规划方案，让发展的思维深入基层社区，在乡村社会的土壤中落地生根。来陆村高度重视基层群众组织的作用，通过村民自治组织紧密联系村民群众，消除了村民对于发展规划的疑虑，解决了诸多发展难题。

案例3-5　来陆村乡村振兴工作筹备委员会

在开展乡村振兴建设工作之前，来陆村缺乏定期议事、商讨乡村发展的基层群众组织，村民代表大会也仅在村"两委"换届时才发挥作用。为了更好地向村民介绍来陆村的建设规划，争取村民支持，动员村民参与来陆村的各项建设工作，凤云县共富办在来陆村牵头成立了来陆村乡村振兴工作筹备委员会（以下简称来陆村乡村振兴委员会），该组织由村民组成，并负责对村内要开展的各项建设工作进行决议。

来陆村乡村振兴委员会是一个由村民代表组成的自治组织，其成员并非由上级政府直接指派，也不全是村"两委"成员，而是贯彻落实村民主体的观念，以家户为单位，每5户推举一名村民代表。现如今，来陆村乡村振兴委员会共有成员27名，他们既有在村内具有影响力的乡贤，也有从外地返乡的村内业态经营者。

在来陆村的建设过程中，来陆村乡村振兴委员会通过发挥村民代表的作用，成功地将与村民相关的问题解决在家庭层面。过去，由于罗汉果种植收益较高，大多数村民将自家梯田上的水稻改种为罗汉果。然而，大量种植罗汉果，不利于来陆村梯田景观的营造和维护，且罗汉果市场价格波动大，村民收入锐减。为改善村内的梯田景观，需要说服村民将罗汉果改种为观景水稻。种植农作物的调整关乎村民全年收入的多寡，处理不当可能会引发群体性事件。为此，来陆村乡村振兴委员会将工作化整为零，由委员会成员挨家挨户向村民介绍种植观景水稻的益处和村内的补偿方案，分阶段地完成了来陆村梯田景观的重建工作，避免了潜在的干群矛盾。

> 此外，来陆村乡村振兴委员会还联合村内其他群众组织，共同为来陆村的乡村振兴建设出谋划策、贡献力量。在宣传来陆村的发展建设成果时，来陆村乡村振兴委员会联合动员来陆村诗歌协会，邀请协会成员根据来陆村建设的前后变化创作诗歌，并通过当地报刊、微信公众号等媒体工具对外传播，展现来陆村深厚的文化底蕴和积极向上的精神风貌。

由村民选举村民代表，由村民代表形成村民自治组织，再由村民自治组织讨论决定村内建设的各项议程，是来陆村乡村振兴实践中贯彻"村民主体"发展意识的体现。

3. 来陆村"合作社+企业"的运营组织结构

乡村业态的经营需遵循市场运营的逻辑，由专业的组织进行运维，这需要村办企业承担起业态经营的责任。村集体企业的实质是村民在业态经营领域的代表，还要将提高村民收益作为村集体企业发展的核心目标。为保证这一理念的落实，村集体组织需要确保村集体企业的决策符合村民利益，并对村集体企业的运营过程进行监督。来陆村通过"合作社+企业"的运营组织模式，实现了村里的业态由村民自己决定，村里的企业由村民自己掌控。

案例3-6 来陆村的"合作社+企业"的组织运作架构

为兼顾乡村经营业态的发展追求和确保村民主体参与的原则，来陆村建立了"合作社+企业"的业态运营组织体系。来陆村股份经济合作社联合社（以下简称"来陆村经济联合社"），其中包括来陆村各村寨全部的130户家庭，是来陆村推动村内产业发展、开展各项经营业态最核心的村集体组织。来陆村经济联合社内部设有理事会，理事会成员由村民代表选出，由村党支部书记担任理事长。目前，参与来陆村经济联合社运作的共计7名村民，成员中除来陆村的4位村委外，另有3名普通村民构成合作社监委会，负责监督合作社的日常运转。

在产业运营方面，来陆村经济联合社建立了两个重要组织。其中一个是凤云来陆农副产品专业合作社（以下简称"来陆农副产品合作社"），主要负责来陆村农业、畜牧业的各项工作，目前有3名成员参与日常运作；由于村集体合作社不能直接参与市场经营，来陆村成立了凤云县腾云文化旅游股份有限公司（以下简称"腾云公司"），注册资金为30万元，由来陆村经济联合社全资控股，专门负责村内新发展业态的运营和村民分红工作。腾云公司目前有6名管理人员，均由来陆村乡村振兴委员会成员选举产生。

在上述组织的运作模式方面，来陆农副产品合作社主要负责农业、畜牧业的生产和资源采购。村内各产业、各类型业态的运营收入，统一纳入腾云公司的账目进行管理。腾云公司负责将全年收入上交到来陆村经济联合社，由后者完成利润处置和村民分红工作。

"合作社+企业"的业态运营组织结构，体现了乡村社会生态与市场运作逻辑的有机结合。一方面，来陆村的村集体企业作为村庄参与市场竞争的对外窗口，主要负责来陆村特色农文旅融合业态的经营工作，实现由专业的市场组织做专业的事；另一方面，来陆村的村集体企业的人员构成、运营模式与利润分配均由村集体合作社监督，确保了企业的发展与村民和村集体的紧密联系，使村集体企业成为村民和村集体参与市场运作的代表。

（三）来陆村差异化的农文旅融合业态

乡村的经营业态是乡村资源发挥作用的直接体现，也是村民和村集体提高收入的关键。对于一些发展相对落后的村庄而言，发展以景观旅游为核心的文旅业态，并辅以发展餐饮和民宿产业，是乡村振兴实践中较为常见的发展策略。但如何在众多发展乡村文旅产业的村庄中脱颖而出，则是每个村庄在发展乡村旅游业态时不可回避的关键问题。

1. 沉浸式乡村特色农文旅融合业态

来陆村邻近著名的祥脉梯田景区，具备将祥脉梯田景区的庞大客流量吸引到本村的潜力。然而，如果继续沿袭梯田景区的传统规划理念，难以和运营体系成熟、管理经验丰富的祥脉梯田景区相竞争。为此，来陆村深入分析了村内产业、文化、人才等资源的现状，总结出可在来陆村发展且具有来陆村特色的潜在经营业态。同时，明确提出要建立反映来陆村村民生产生活的农文旅融合沉浸式体验业态的发展方向，以实现与周边景区的差异化竞争，探索一条具有来陆村特色的文旅产业发展新路径。

> **案例3-7　来陆村的农文旅融合沉浸式体验业态**
>
> 　　来陆村拥有优美的梯田景观，其在规划和营造村内经营业态时，并未一味依赖村内的梯田景观打造新的旅游景区，而是立足于村内的自然和人文优势，持续探索差异化的农文旅融合业态，实现与祥脉梯田景区的差异化竞争。目前，来陆村已逐步走出一条以当地生产生活为主题，为游客提供沉浸式文化体验活动的综合业态之路。通过利用村内的闲置民居空间，弘扬传统文化习俗和非物质文化遗产，来陆村为游客提供了丰富的乡村文化体验活动，营造了乡村生产生活的沉浸式环境。截至2023年9月，来陆村已建成古法造纸体验馆、"减法——蒙焕春木雕生活馆"与半山书吧等经营业态，种子博物馆、竹木体验坊和酿酒工作坊等经营业态也已规划完毕并开始建设。在收入方面，来陆村并未选择向访村游客直接收取参观门票费用的方式，而是通过提供村内游览导游服务和造纸、根雕制作等沉浸式文化体验服务来收取费用，以此增加村集体收入。
>
> 　　来陆村附近的祥脉村属于祥脉梯田景区的一部分，但村集体并未将主要经济来源完全依赖于景区收入的分红。祥脉村是一个主要由壮族同胞构成的村落，为了挖掘和展示民族特色，村里修建了壮族生态文化博物馆，并围绕壮族的传统活动，如房屋模型搭建、服装设计和美食制作等，制定了丰富的研学课程。自2023年3月以来，已有十多个研学访问团到访祥脉村，2000余人体验了当地的研学课程。

　　立足村内特色文化，在实现差异化竞争的同时，还能有效保存来陆村优良的传统文化风貌。如何让乡村传统文化资源具备变现能力？这是来陆村的各类社会主体在设计来陆村特色农文旅融合业态之初，重点关注和思考的问题。

来陆村特色农文旅融合业态强调保护、保存、展示自然和文化遗产的真实性、完整性和原生性，以及人与遗产的活态关系。在保留原有文化风貌的基础上，进行文化挖掘和创新，将传统文化融入乡村业态，让村里的文化在传承人手中生花，推动乡村传统文化的现代化转型，最终实现乡村传统文化的繁荣复兴。

2. 山海梯田音乐节——来陆村的新名片

如何让更多的人看到来陆村的发展变化，感受来陆村村民的精神风貌，从而吸引更多的游客到来陆村体验当地的特色农文旅融合业态，是实现来陆村可持续发展所面临的关键问题之一。为此，来陆村从当地的民族文化特色出发，结合年轻人群体喜爱的音乐节形式，打造了"山海梯田音乐节"品牌项目。同时，借助数字化工具，让更多的人看到来陆村，了解来陆村。

案例 3-8　来陆村"山海梯田音乐节"

选择音乐节作为提高来陆村知名度的方式，是在综合考虑来陆村既有经济业态和当地民族特色的基础上做出的决策。来陆村结合当地"民族夜宴"的经营业态，充分发挥少数民族同胞能歌善舞的特点，打造了"山海梯田音乐节"这一品牌项目。将音乐节办在梯田上，既是来陆村的原创，也是全国首创。早在 2023 年 5 月，来陆村就尝试举办"来陆梯田音乐季"，邀请各个乡村合唱团在稻田放歌，这得到来陆村村民的参与和支持，赢得社会各界的广泛关注。"来陆梯田音乐季"的成功举办，增强了村集体和村民开展具有来陆村特色文化活动的信心。2023 年 9 月 14 日，为庆祝来陆村升级建设工作开展一周年，来陆村的村集体和村民联合腾讯"为村"项目团队等社会各界主体，共同举办了"山海梯田音乐节"。音乐节得到广西云甲凤云县政府和深圳南山区政府的大力支持，邀请到知名歌手以及来自全国各地的优秀音乐团队，其汇聚于稻香梯田之上，共同举办了一场融合民族特色的乡村音乐盛会。数字化工具的应用使得更多的人听见"来陆声音"。来陆村"山海梯田音乐节"通过在腾讯 SSV、QQ 音乐、为村共富乡村等多个视频号上同步直播，全网观看直播突破 260 万人次，带动来陆村的微信搜索指数从 8 月中旬的 7 万增至 746 万，成功实现来陆村的"出圈"。

来陆村"山海梯田音乐节"不仅向社会各界传递"来陆声音"，提高来陆村的知名度，还直接吸引了来陆村及周边乡镇居民在来陆村开展经营活动。仅在音乐节当天，由乡镇居民参与的来陆村市集共展出农文旅创意新产品 65 个，三小时+销售额近 16500 元。此外，通过满足参加音乐节观众夜宿来陆村的需求，村内 80 间民宿实现全部入住，当地村民实现增收。

通过开展来陆梯田音乐季和山海梯田音乐节，来陆村持续营造具有当地特色的"来陆 IP"，这是来陆村尝试打造乡村夜经济典型案例的有益尝试，也是乡村文旅产业发展业态创新的有益探索。

(四) 来陆村的共富机制规划

1. 多劳动渠道提高村民收入

村民实现富裕，乡村实现共富，绝对不能"等靠要"。依靠外部资源的补助，只能实现短期内村民收入水平的提高，从"摇摇晃晃的脱贫"变为"周期性的致富"。因此，让村民参与劳动，拓宽村民就业渠道，增加村民收入来源，是实现村民共富的基础路径之一。来陆村仍处于乡村振兴实践的建设初期，村内的各个特色农文旅融合业态还需要建设和完善。在这一过程中，来陆村注重以村民为建设主体，通过吸纳村民参与村内业态的建设工作，为村民提供多种参与劳动和获得收入的方式。

在村内各业态建筑的建设阶段，呼朋企业家乡村发展基金会负责规划和实施建设方案，来陆村村民可通过参与建筑建设，获得相应的劳动报酬。来陆村的村民还可参与村集体合作社主导的农业经营业态，通过付出个人劳动获得收入。例如，来陆村在推行祥脉辣椒的集体化种植过程中，对于无法入股但有意愿参与劳动的村民，村集体合作社为其提供劳动机会，雇用村民对辣椒田地进行耕种和维护，每名村民每天可得到 200 元的报酬。

2. 来陆村共富机制设计

以集体为单位发展乡村经济，可综合利用村内的各类优势，实现规模化经营，提高村集体整体收入水平。将村集体收入与村民收入挂钩，实现"村富民富"，则需村集体合作社与村民之间建立合理完善的共富分配机制。来陆村针对整村业态的收益，设计了一套兼顾村集体发展、村民获利公平以及村民参与激励的基础共富分配方案。

案例 3-9　来陆村基础共富机制设计

对于村集体特色农文旅融合业态的收益，来陆村制定了一项基本的集体利润分配机制，进而推动实现村民共富。按照规划，腾云公司作为来陆村各特色农文旅融合业态的市场经营主体，其利润收入将上交到来陆村经济联合社进行重新分配。

分配的具体规则为，运营收入在去除运营成本后得到全年各业态运营的毛利润，将毛利润的 60% 留存村集体作为村庄公益金，用于村内公益活动和公共支出。毛利润中另取 10% 作为村庄的奖励基金，对做出突出贡献的家户给予贡献股，在年终时向相关家户进行奖励性质的分红。其中还包括原先户口在来陆村现已迁出户口的家户。相关家户成员通过帮助来陆村发展链接各类资源、为来陆村争取发展项目以及参与来陆村辣椒节、山海梯田音乐节等大型活动的方式，获得由村集体提供的奖励性股份。最后，毛利润的 30% 作为村集体的收入，向来陆村全体 130 户村民进行分红，这意味着，无论村民家户是否在来陆村特色农文旅融合业态经营的核心区域，都可以共享村内业态运营得到的发展红利。

来陆村的基础共富机制并非一成不变的，而是根据业态的特点和运营的情况，在基本共富机制的基础上，调整股份设置和分红比例，以适应特定业态的发展需要。来陆村在推行祥脉辣椒这一特色农产品的集体化种植过程中，针对前期启动资金不足的问题，在基础共富机制的基础上，引入资金股份这一新机制，解决了业态发展初期的资金难题。

案例3-10 来陆村特色辣椒种植及其分红机制

祥脉辣椒是云甲知名的农业特产，凭借其优良的品质广受市场青睐。来陆村的气候和土壤环境极为适合祥脉辣椒的生长，大多数村民在自家田地中或多或少种植了一些祥脉辣椒，用于自己食用或在市场中销售。来陆村集体合作社计划以祥脉辣椒为产业切入口，拓展致富新渠道。但是，来陆村以家户为单位进行辣椒分散种植，难以保证祥脉辣椒的品控，无法实现通过规模化种植获得较高的市场报酬。为此，来陆村经济联合社重新规划了数十亩闲置土地，结合村民土地和集体用地，总计一百亩土地，以村集体为单位，进行祥脉辣椒的规模化种植。

祥脉辣椒种植作为来陆村集体运营的特色项目，来陆村为其制定了专项分红机制。村民在这一项目中可选择基础股、资金股和贡献股三种类型。基础股为村民共有，以家户为单位，每家每户都有一股，可参与祥脉辣椒集体种植收益的分红。在祥脉辣椒种植的早期，村集体经济较为薄弱，基础股分红暂未完全实施，启动资金主要依靠村民的投入，村民可根据个人的实际情况投入资源换取资金股。资金股的价格为每股1000元，并限制每户最多可购买14股。2023年，全村共计10余户认购祥脉辣椒的资金股，为村集体汇集资金13万元。相较于其他两种股份而言，资金股的认购投入较多，风险较大，需要认购家户共负盈亏。为鼓励村民参与，来陆村村集体计划在2024年，对于新加入的家户，将资金股的价格提升至1500~2000元每股，而首期参与的家户认购价格保持不变。贡献股则是按村民参与来陆村祥脉辣椒的种植和经营的贡献进行划分，根据村民贡献的多少，按0.1、0.2、0.5的份额对股份进行分配。目前，除固定的基础股外，来陆村祥脉辣椒项目包括资金股130股，贡献股20股，二者合计150股。未来，来陆村将以家户为单位，根据各户持有的不同类型股份总数进行分红。

来陆村针对村内特色业态，集体种植祥脉辣椒，这一举措是对共富机制的一次积极探索。村里根据不同经营业态的特点，灵活调整共富机制，避免了全村业态分红设计的"一刀切"，使共富机制的实施更加精细和高效。

3. 既有业态自愿入股：来陆村民宿经营的加盟制

针对村内由村民自主运营且已初具规模的经营业态，来陆村根据业态发展的实际情况，为相关家户提供不同的共富模式选择。在发展过程中，来陆村并未强制要求所有已存在的经营业态必须加入由村集体合作社主导的村集体企业中，而是鼓励村民通过家庭加盟的方式，共享发展成果。以家庭为单位运营的民宿是来陆村践行这一共富理念最为突出的经营业态。

案例 3-11　来陆村的民宿加盟制

来陆村是一个风景宜人的美丽乡村，乡村旅游产业是其持续发展的主要服务产业类型，而民宿行业是其重要组成部分。目前，村里许多居民利用自家的闲置空间开展乡村民宿业务。在以村集体为主体的民宿经营中，来陆村并没有强制这些民宿加入腾云公司，而是允许村民通过"加盟"的方式，自愿参与民宿业态的共建。

来陆村针对加盟和非加盟的家户民宿出台了相应制度，对房间评级、定价标准、运营方式和收入分配等方面制定了细致规定。对于非加盟民宿，腾云公司不会干预其具体运营，仅在年终时向其收取营收的 5%~10% 作为管理费，并缴纳到来陆村经济联合社。针对加盟民宿，腾云公司首先评估各民宿的硬件设施，并提供每个房间最高 5000 元的建设资金以改善基础设施。根据民宿的地理位置、装修档次和服务设施，腾云公司会重新对不同类型的房间定价。具体定价分为四个区间：没有独立卫生间且装修投入较少的房间，每晚 50~80 元；没有独立卫生间但有一定装修的房间，每晚 60~120 元；有独立卫生间且软硬件设施较好的房间，每晚 70~140 元；装修完善、设施齐全的精品房间，每晚 80~160 元。

其中，加盟民宿的客源由腾云公司进行统一分配。腾云公司会在定价的基础上适当提升民宿价格，超出定价部分的收入将作为腾云公司的利润，其余收入全部返还给开办加盟民宿的家户。在这一过程中，游客预定村内民宿必须通过来陆村的小程序，这一做法既实现了腾云公司对客源的统一管理，又确保了利润分配的公平与透明。

三　来陆村乡村建设的特点：社会组织的深度参与

(一) 社会组织助力乡村振兴

与其他村庄的乡村振兴实践相比，来陆村的乡村振兴发展具有社会组织深度参与的特点。具体而言，在来陆村乡村振兴的建设中，以腾讯公司为核心，呼朋企业家乡村发展基金会和旗帜五七文旅公司等社会组织为辅助的多类型社会组织，根据各自在经营领域积累的丰富经验，充分发挥其经营优势，在生产资源、先进工具提供，经营业态的规划和建设，以及乡村运营人才的培养方面，为乡村振兴提供关键支持。

1. 社会组织的资源投入：业态发展资金和数字化工具

在来陆村的建设过程中，社会组织通过提供外部资源，解决了村庄内部缺乏且难以独立开发的特定资源问题，特别是当地的业态发展资金和数字化工具最具代表性。

(1) 来陆村发展的社会资金

对于发展状况相对落后的乡村而言，仅依靠既有产业收益进行乡村业态建设已不再可行，因此，需要外部资金的投入实现村内业态的拓展。腾讯公司作为互联网领域的知名企业，凭借其多元的经营范围和领先的行业地位，积累了丰富的资金优势，为来陆村的乡村振兴建设提供了足够的资金支持。同时，腾讯公司引进了专门从事乡村建设工作的微利企业到来陆村，这些社会组织具备相对充足的资金使用经验，能够实现乡村建设过程中资金的合理配置。

在来陆村的"共富乡村"建设实践中，腾讯公司计划出资 3000 万元，用于来陆村示范村的项目建设。在上一年度，腾讯公司向来陆村提供了 700 万元的建设资金，主要用于翻修和重建村内经营业态所在建筑。其中，对来陆村的农业开发投入 40 万元，对当地民宿改造和精品民宿建设投入 100 余万元，对经营业态"半山书吧"投入 200 余万元。

为了确保项目资金更好地用于来陆村的乡村建设，腾讯公司的项目团队制定了"三年计划"，即在每个年度结束时对上一年度的建设情况进行评估。根据评估结果，决策下一年度的资金投入数额和在乡村建设各方面的投资比例。腾讯公司及其项目团队不直接参与来陆村的村居环境改善和各类经营业态的建设，而是委托在乡村振兴建设中具有丰富经验的呼朋企业家乡村发展基金会承担村中各项建设工作。对于村内各业态的运营，腾讯公司项目团队购买旗帜五七文旅公司的相关服务，聘请该公司的工作人员专项负责来陆村的业态经营活动。

以腾讯公司在来陆村的资金投入为主线，腾讯公司为村项目团队、呼朋企业家乡村发展基金会以及旗帜五七文旅公司均被纳入来陆村乡村振兴和"共富乡村"建设的实践之中，形成了各司其职、合理分工的社会组织参与格局。

（2）来陆村数字化工具的使用

开发和应用数字化工具，提供专业数字化服务，是腾讯公司的专长。为了便捷村集体应用数字化工具，腾讯公司不断简化数字乡村平台的使用流程，努力使村民能够自主运营村级数字化平台。现如今，腾讯公司已打造了包含村庄经营小程序、企业微信、乡村视频号和乡村公众号的村庄数字化经营四件套。

在参与来陆村建设的过程中，腾讯公司通过发挥其在数字化工具领域的独特优势，凭借数字技术具备跨越时间和空间，实现更广泛社会主体连接的特点，为来陆村村集体和村民提供数字化赋能，推动来陆村发展。来陆村现已全面深度使用腾讯的村庄数字化经营四件套。在来陆村，数字化工具已成为乡村业态运营的重要组成部分，承担了来陆村外部市场连接、特色经营业态宣传和村级事务管理等多项职能。

来陆云服务小程序、来陆小商店等数字化工具直接作用于来陆村农业和文旅业态发展，服务来陆村的到访旅客和当地农产品销售，实现来陆村发展由数字化向数智化转变。腾讯公司还将村庄的特色农业与数字化工具相结合，推出"云认养"服务，使得更多的社会群体可以随时随地在线认养和购买农产品。来陆村及周边村庄通过腾讯"云认养"服务对外销售当地的罗汉果和百香果，直接为村集体和村民增收。腾讯公司还在来陆村当地培养了熟悉数字化工具运作的专业人才，推动数字化工具与乡村社会生态的融合。数字化工具的应用,提高了来陆村的知名度和影响力。通过数字化工具开展农产品"云认养"活动和对山海梯田音乐节进行线上直播,提高了来陆村的影响力和知名度,这为吸引更多的游客体验来陆村特色农文旅融合业态创造了有利条件。

数字化产品还可作为乡村治理工具,提高乡村治理效率。在来陆村推广使用企业微信后,村民浏览村集体通知的行为将留下记录,这为村民行为提供了可查询和依据的痕迹。同时,村干部还能通过这一平台及时掌握重要通知的传播和执行情况,实现精准识别和管理,提升行政效率。

2. 社会组织的建设参与:乡村业态规划的全流程

来陆村各类型经营业态的建设可分为"调研""规划""协调""建设""运营"五个环节。除"协调"环节主要依赖于凤云县共富办协调各级政府部门外,社会组织几乎全程参与来陆村各类型经营业态建设的各个环节。在乡村经营业态的"调研"和"规划"环节,腾讯项目团队与呼朋企业家乡村发展基金会对来陆村130户家户全部进行走访,考察调研各家户村民居住的房屋状况、家庭资源类型以及家户成员的特长技能等情况,确定家户的条件是否可以进行特色业态建设。对于具有业态发展潜力的家户,需要明确其可以打造怎样的经营业态。在乡村经营业态的"建设"和"运营"环节,来陆村的发展主要依靠呼朋企业家乡村发展基金会和旗帜五七文旅公司承担相应职责。

由此可见,来陆村发展过程中的社会组织参与,绝非依靠单一组织,社会组织之间、社会组织与政府之间也需要良性互动。通过企业、公益组织和政府部门形成联系紧密的组织网络,实现各组织间的有效分工,保证来陆村各项经营业态建设工作的落实。

3. 社会组织的业态运营:乡村落地化运营人才的培养

不同类型的社会组织在其自身所在领域,具有丰富的运营经验。通过向村庄中的各类人才传授运营知识,实现对乡村内部运营人才的培养。

腾讯公司与农业大学合作,共同打造了关注乡村运营人才培养的"乡村CEO计划",通过向乡村潜在经营人才传授运营知识,为各村培养可以承担乡村业态运营任务的人才,最终实现村庄的自主经营。除腾讯公司举办的乡村 CEO 专业项目外，其他社会组织也参与到来陆村当地运营人才的培养工作中。其中，腾讯公司的项目团队与凤云县共富办共同负责选拔来陆村内可成为乡村 CEO 的潜在运营人才，并向其传授各领域运营知识，呼朋企业家乡村发展基金会的团队则在来陆村的乡村建设过程中充当实践导师的角色，在实际的建设和运营工作中帮助乡村 CEO 成长。

来陆村的乡村 CEO 培养模式可分为陪伴式、派出式、在地式。陪伴式的培养模式是指专业的运营团队与乡村 CEO 共同参与业态经营，在实践过程中对乡村 CEO 进行指导。派出式的培养模式则指将具有运营潜能的人才派往运营经验丰富的乡村实践基地，学习当地先进的运营经验。在地式的培养模式与陪伴式相类似，乡村 CEO 无须离开来陆村，就可获得来自专业团队的指导，在实践中学习技能，在建设过程中锻炼自己的能力。

案例 3-12 来陆村的乡村 CEO 培养

王文是来陆村在地式培养乡村 CEO 的代表。2005 年，18 岁的他外出务工，在云甲从事建筑行业的工作。一两年后，他又在祥脉大寨景区金坑梯田做农家乐。在当地的旅游旺季（3~10 月）时，王文会继续经营自己的农家乐，而在淡季（11 月至来年 2 月）时又会去做建筑工。2014 年，王文携妻子返回来陆村从事家禽养殖工作，后来也陆续从事食堂承包工作，但都未能长久。

在腾讯项目团队选拔来陆村的运营人才时，因为王文具有在建筑行业工作的经验，腾讯项目团队鼓励王文负责来陆村的项目建设工作。通过跟随呼朋企业家乡村发展基金会建设团队学习，王文逐步了解到乡村业态建筑建设的各项工程环节，并开始领导来陆村的各项业态建筑的建设工作。目前，王文已能主导来陆村全村的民宿项目改造升级，逐渐成为一名优秀的乡村 CEO。

金元莹既是来陆村在地式培养的乡村 CEO，同时也作为村内运营人才的优秀代表，被多次派往苏州市吴江区参与"为村共富乡村-粤桂数字农文旅计划"培训项目，学习当地民宿的管理经验，是派出式乡村 CEO 的代表。在返回来陆村从事乡村运营工作之前，金元莹外出打工，一直从事餐饮行业的相关工作，她从最基础的服务员做起，通过自己的努力，一步步做到餐厅的经理。有感于家乡发展需要人才，金元莹于2022年返回家乡，正式参与到来陆村乡村振兴的业态发展工作。在餐饮行业工作积累的经验帮助金元莹快速参与到村内民宿业态的运营当中，腾讯公司项目团队和呼朋企业家乡村发展基金会团队对她的培训，也帮助她逐渐建立了相对完善且科学化的民宿运营知识体系。如今，金元莹作为来陆村村集体公司副总经理兼文旅运营经理，主要负责来陆村精品民宿"梯田山居"的运营以及到村游客的吃住行和讲解接待工作。

虽然来陆村的一些村民并不属于正式的乡村CEO团队，但当地的社会组织仍会对他们进行运营思维培养和技能培训。村民金朱洁家以自己家居住的房子作为民宿开展经营。腾讯公司项目团队和呼朋企业家乡村发展基金会团队在进入来陆村后，为金朱洁一家重新规划了民宿房间的建设，培养其应对城市游客复杂需求的能力，帮助其使用数字化工具进行民宿收入管理。金朱洁一家的民宿"来陆家宴"现已成为餐饮和住宿的综合经营业态，是政府考察团队、学界调研团队和外来游客吃饭休憩的优先选择之一。

社会组织对乡村经营人才的培养，不仅可使相关人才负责村内的业态经营，还可使其参与到外部的市场竞争中。由凤云县三位乡村CEO组建的云驾文化旅游开发有限公司（以下简称"云驾公司"），为拓展乡村CEO的经营组织类型、经营范围和经营模式提供了示范。

案例3-13　云驾公司与三位乡村CEO

在腾讯公司为村项目团队与农业大学共同培养的第一批乡村CEO中，来自广西云甲凤云县的学员就有三位，他们分别是杨光园、杨福兴和马士羽。三位学员来自不同的村庄，返村经营前的工作经历各不相同，既有驻扎边境的边防战士，也有做过基层干警的乡村干部，还有在镇政府工作并返回家乡创业的乡贤。通过层层选拔，三位学员最终被凤云县共富办推荐成为乡村CEO培训项目的首批学员。经过一年的学习、实训和在岗锻炼，三人不仅开阔了乡村产业发展的眼界，还提高了数字化工具的使用能力，并夯实了现代化企业管理和创新创业的知识。最终，他们顺利完成学业，并被评为优秀学员。

与其他乡村CEO发展不同的是，三位优秀学员在完成培训工作后并未只是回到自己的村庄，负责村内的业态经营。在凤云县共富办的引领和腾讯公司为村项目团队的帮助下，三人共同成立了云驾公司。他们与各自村庄集体合作社签订合作协议，并协商分红比例，共同负责几个村庄农产品的统一收购、加工和对外销售。云驾公司未来还将拓展更多的乡村运营项目，将公司发展与凤云县乡村振兴的整体发展进程相结合。

云驾公司作为凤云县村庄对接外部市场的对外窗口之一，在一定程度上改变了过去依靠外部企业运营的发展格局，努力实现乡村业态运营全过程依靠村民力量，发展红利为村民所享。

（二）社会组织参与的关键挑战：如何融入乡村生态

腾讯公司等社会组织作为第三方社会主体，在进入乡村基层社会过程中，势必会对村庄原有的社会生态产生冲击。如何融入乡村社会生态，成为社会组织在参与乡村振兴工作中面临的最大挑战。如果社会组织不能妥善处理和基层社会各主体之间的关系，可能会导致融入失败，进而使社会组织对乡村振兴的努力功亏一篑。

社会组织可能因不被乡村基层群众信任，而使各项活动得不到村民支持，最终导致融入失败。社会组织参与乡村产业生态的发展，首先需要改变村民的发展思维。一方面，要打破村民过去相对落后的发展观念，让村民相信新的发展路径可帮助他们实现致富。乡村业态从建设到获得收益需要时间，如果短期内村民看不到回报，社会组织可能面临不被信任的风险。另一方面，要让村民相信社会组织参与乡村振兴建设的最根本目的不仅是企业盈利，更是承担企业的社会责任，为乡村振兴的整体格局贡献力量。

社会组织可能因与基层政府在发展理念上的分歧而难以融入村内社会生态。在来陆村当地经营业态的建设中，社会组织与来陆村村集体和凤云县共富办在具体运营规划上出现了分歧。在来陆村重要的经营业态"稻香餐厅"的建设过程中，负责建设的呼朋企业家乡村发展基金会团队将餐厅定位为服务村民参与业态运营的食堂，因此在内部装修规划和餐厅设施选择上，均依照食堂标准进行了设计。然而，凤云县共富办的干部与来陆村乡村 CEO 团队成员则认为，建立村民食堂不符合当地实际情况。他们主张将稻香餐厅定位为精品餐饮业态，以服务外来游客和考察团队。两方就稻香餐厅的定位问题仍有争议，当地干部对呼朋建设团队颇有微词。

四　来陆村发展的潜在问题和对策建议

（一）来陆村发展的潜在问题

在凤云县共富办的带动、腾讯公司等社会组织的深度助力以及村集体和村民的共同奋斗下，来陆村已经逐步探索出一条具有当地特色的农文旅融合发展之路。来陆村的村容村貌也已经发生了翻天覆地的变化。但在对来陆村的学习调研过程中，课题团队发现了来陆村在乡村振兴发展和"共富乡村"建设中需要解决的问题。

1. 村民主体缺乏赋能

除腾讯公司和凤云县共富办在地式培养的乡村经营人才外，来陆村的其他村民对村内业态经营的参与有限。村内的便利店，其日常经营也由旗帜五七文旅公司的专业人员完成。这一现象可能由两个原因造成：一方面，来陆村的常住村民以农业种植和牲畜养殖为生，平时繁重的农业劳作使他们没有时间参与来陆村新建设的文旅业态经营；另一方面，村民在运营农文旅融合业态的理念和能力上存在不足，难以承担业态经营的各项具体工作。

由专业的社会组织负责来陆村特色农文旅融合业态经营，可以在短期内使新业态迅速投入运营，从而为村集体增产增收；但从长远来看，村民自主经营特色业态是实现来陆村长远发展的必由之路。如果不对广大村民进行培训赋能，来陆村新建的经营业态可能会过度依赖社会组织的帮扶。然而，社会组织无法永久负责乡村运营，一旦它们逐步退出乡村业态经营，可能会导致来陆村特色农文旅融合业态面临闲置的风险。

2. 经营业态运作的挑战

来陆村正在快速建设各种特色农文旅融合业态，并处于蓬勃发展之中。特色农文旅融合业态的发展是来陆村乡村振兴的核心，其进展直接关系到乡村振兴的目标能否实现。在不断推进来陆村特色经营业态建设的过程中，需要关注以下几个方面的问题。

首先，来陆村正在修建的经营业态，并非全部是为游客提供乡土社会生产生活体验的项目，因此这些业态无法直接带来经济收益，需要避免因业态营收能力不同而导致的资源分配不均。

其次，来陆村特色农文旅融合业态的目标用户是来自城市或乡镇的游客，这一群体对当地服务的要求和期待较高。当地的乡村运营人才对所提供的服务质量表达了担忧，对当前服务业态是否能够满足城市游客的需求存在疑问。

最后，旅游业的发展受节假日和季节影响较大，如何应对旅游业的高低周期，实现持续吸引游客前往来陆村体验农文旅融合业态，并在来陆村消费，也是当地业态发展需要重点关注的问题。

3. 发展规划可延续性的风险

凤云县共富办是来陆村乡村振兴的核心引导力量，负责统筹村集体、村民和社会组织协同共建。来陆村作为凤云县一个相对灵活的乡村振兴试点，其发展路径规划和资源引入主要依靠凤云县共富办的协调，与凤云县政治生态的联系相对较弱。

凤云县共富办名义上是通过抽调县级各单位的近百位工作人员组成的专班，但在实际工作中，全程参与的成员仅有三四位。相对精简的组织规模使得凤云县共富办能提高行政效率，及时应对来陆村发展初期遇到的各种问题。随着各村乡村振兴工作的推进，凤云县共富办有限的人力资源已难以承担县域内诸多村落多样的乡村振兴发展工作。此外，凤云县共富办的各项工作主要由来自外地的挂职干部和凤云县文旅部门的干部负责领导推进，但二人均面临任职的调整，这可能影响凤云县共富办的工作方向，并最终影响来陆村发展计划的落实。

因此，未来承担风云县共富办工作的政府干部和其他负责来陆村发展的政府部门，能否延续当前的发展路径还有待考察。乡村经营业态的建设需要充足的资源投入和时间成本，频繁调整发展规划和建设思路，不利于乡村内产业生态的良性发展，也会打击村民、村集体和社会组织参与当地乡村振兴工作的积极性。

4. 共富机制的潜在不足

为了实现村民共富这一长远目标，来陆村制定了相对细致的村集体收入分配规则。但由于来陆村的乡村振兴和"共富乡村"建设工作仍处于初期阶段，建设资源投入量大，特色农文旅融合业态的发展还不够成熟，当前营收远低于投入的成本，未能真正实施制定的共富机制。同时，来陆村还有许多核心特色业态尚未完成建设，难以预测全村业态投产运营后能将村集体收入提升至何种程度。根据目前的发展规划，来陆村计划将未来几年的业态营收作为村集体和村内业态的运营资金，不进行家庭分红，这可能影响村民对共富机制的信任。

因此，来陆村共富机制的潜在不足包含两个方面。其一，来陆村共富机制的基础设计风险。来陆村共富机制的核心在于对特色文旅业态运营得到的盈利进行合理分配，因此共富机制实施的前提是来陆村能通过经营村内特色业态实现持续盈利。如若来陆村未来仍依赖外部资源投入或通过借债来维持业态运营，那共富机制的设计只能是空中楼阁，村民也会逐渐丧失对乡村振兴发展的信心。

其二，村民股份分配方面的潜在风险。为兼顾发展公平，吸引更多村民支持来陆村发展，来陆村将村内全部130户村民纳入基础股的分红体系中。但目前一些偏远地区的村寨，如如居、文居，还未规划明确的经营业态。对所有家庭实行统一的分配比例可能导致核心业态区域村民与非核心业态区域村民的矛盾。另外，为了调动村民参与的积极性，共富机制设立了贡献股和资金股，有能力的家庭可以选择认购。这两种类型的股份要求村民具有一定的闲置资金，而对于那些有意参股但基础条件较差的家庭来说，认购相应股份可能存在困难。为避免村内出现"富户恒富"的现象以及富裕家庭与普通家庭之间的矛盾，来陆村应当向村民详细解释不同类型股份的特点，消除村民对共富机制设计的误解。

（二）来陆村发展的对策建议

对于来陆村未来发展中可能面临的关键问题，研究团队认为可从以下几个方面提前布局，防患于未然。

1. 建立"帮扶式"培养方案

对于当前村民对经营业态的有限参与和赋能不足的问题，来陆村可以考虑实施针对基层村民的"帮扶式"培养计划。来陆村负责业态经营的社会组织可在村内招募村民运营团队，特别是关注村内的年轻劳动者群体，通过日常运营逐步引导村民参与业态经营，在实践中逐步为村民赋能，以期村民未来能实现独立运营村内的多元业态。针对村内每个业态，将村民组成专门的团队，以团队为单位进行培养，以避免因外出务工、农业劳作等因素导致的人才流失和培养资源的浪费。

2. 分阶段打造利润再分配的村内经营业态

在来陆村，各特色农文旅融合业态的建设周期长短不一，投入运营的时间存在先后。因此，来陆村可实施先期运营业态带动后期运营业态的策略，高收入经营业态转移支持低收入经营业态甚至无收入经营业态。来陆村还可以根据各寨的分布，重新对各业态进行分组，确保每个小组内部既包括有直接盈利的服务型业态，又包括不直接产生经济收益的文化展示型业态，以促进业态小组内部各业态之间的协作发展。

同时，来陆村还应按季度对各业态小组的游客数量和收入状况等方面进行评估，确定哪些经营业态更受游客欢迎、哪些经营业态的经济效益更为显著以及哪些经营业态需要调整甚至是替换。通过明确导致各业态游客接待量和收入存在差异的原因，确保来陆村特色农文旅融合业态持续吸引游客。

3. 优先家户分红的共富机制实践

由于来陆村建设投入较大，早期的业态运营难以实现盈利，现有的共富机制设计短期内难以落实。如果长期无法实现家庭分红，可能会影响村内大多数家户参与家乡建设的积极性。为此，课题团队建议，在来陆村业态投入运营初期，不必严格按照目前设定的60%、10%和30%的毛利润分配比例，而应适当调整用于村内建设和村民分红的比例，如调整为各占50%，以便让村民直接感受到乡村建设带来的经济收益，从而赢得村民对来陆村建设和共富机制的支持。此外，在实际实施共富机制后，还应根据分配过程中出现的问题对共富机制进行相应调整。

第四章 "市场导向+人才赋能"的乡村经营之道——靖宁村案例

引 言

靖宁村曾是区里的经济薄弱村，2017年村级经营性收入仅有28万元。自2018年起，靖宁村立足于本村传统的水稻产业，启动"稻花香里"项目建设，2018~2021年，短短几年时间里，村集体经营性收入从57万元提高到315万元，村民人均收入从34786元提高到56920元；靖宁村一跃成为市里的"首批共富村"、省里的"美丽乡村特色精品村"。在靖宁村的发展过程中，在区政府指导下探索出的"乡村CEO"机制，也在全国掀起了效仿的潮流。靖宁村何以实现如此骄人的发展成绩，乡村CEO在其中发挥了怎样的作用？靖宁村的乡村CEO、村干部与村民携手在"共富乡村"道路上做出了怎样有益的探索，其经验是否能在其他村庄实现复刻？靖宁村的未来还面临哪些困难与挑战？本章希望借助实地调查与访谈材料，对上述问题做出尝试性的梳理与回应。

一 靖宁村产业兴旺的痛点与突破口

（一）痛点：产业结构单一，发展空间受限，资产资源闲置

靖宁村有着地处长三角经济带、靠近核心城市的区位优势，却仍然陷入"经济薄弱村"的发展困境。究其原因，村庄面临一系列发展上的痛

点，包括产业结构单一、发展空间受限、资产资源闲置等问题。

首先，靖宁村的产业结构过于单一。该村庄以水稻种植为主要产业，而其他产业发展受到严重的制约。这一现状主要是由于耕地保护红线的划定，靖宁村耕地97%为基本农田，土地的经营用途受到限制。尽管水稻种植产业在该地区有悠久的传统，但其利润空间有限，无法满足经济增长的需求。据测算，在村集体公司成立前，单纯种粮综合收入约为2755元/亩，种粮综合成本约为2200元/亩，亩均收益只有555元左右。另外，村庄内原有的工业企业由于污染问题逐渐搬迁至区内的工业园，导致本地产业结构的升级空间受到限制。这一搬迁过程降低了靖宁村的经济多元性，使其过于依赖传统产业。产业结构单一不仅限制了经济增长，还使村庄面对外部冲击时更加脆弱。

其次，靖宁村的产业结构缺陷造成的"斥力"，与邻近市区的经济吸力之间形成了显著的不平衡。市区的经济发展吸引了大量村庄居民特别是青壮年劳动力外流，因此尽管大量外出工作的人口仍居住在本村，但仍免不了村庄人才的"空心化"。这进一步削弱了靖宁村的产业和经济发展基础，阻碍了村庄资源向发展动力转化的过程。

最后，随着劳动力从乡村向城市的流动，靖宁村的耕地和房屋等资产出现闲置，各种村庄资源不能得到充分开发利用。由于无人经营，且找不到对接市场、产生效益的渠道，原本可以用于增加村民与村集体收入、推动新产业发展、促进村庄业态升级的资源被白白浪费，经济增长的潜能无法充分实现。

总之，靖宁村只有解决产业结构单一、发展空间受限、资产资源闲置等痛点，才有可能突破经济发展中的瓶颈，焕发出新的活力。良好的地缘位置与一定的产业积累为靖宁村的发展提供了有利的外部条件，但真正的破局仍需要来自村庄内部、来自人才与资源的内生动力。

（二）突破口：平衡粮食安全与经济发展、耕地保护与乡村振兴

耕地保护是靖宁村产业发展最严格的限制条件。因此，靖宁村的发展难点主要涉及如何平衡粮食安全与经济发展、耕地保护与乡村振兴的要求。在努力守住耕地保护红线的同时,村庄需要盘活闲置资源,创造更高的经济效益,同时也需要在以水稻种植为主的现有经济形态下,拓展产业发展空间,建立多样态、全链条的产业发展模式。另外,建立可持续的乡村经营人才培养机制,构建乡村经营人才储备库也是靖宁村发展破局的重要途径。

1. 盘活闲置资源,更好发挥现有资产的经济效益

在耕地保护红线的约束下,靖宁村的可经营资产相当有限,但村民及村集体的闲置房屋以及村里的场地、道路、农田景观等仍有开发利用的空间。靖宁村充分利用靠近市区的区位优势,通过人居环境整治、农民住房翻新、"稻花香里"核心区建设、品牌运营等手段,使村庄闲置资源以民宿、公共文化设施、旅游景点项目等多种方式得到开发运用,极大地提升了资产的经济效益,为村民带来了切实的利益,也为村庄带来了新的面貌与发展活力。通过盘活闲置资源,靖宁村实现了"戴着镣铐跳舞",找到了村集体经济新的增长点。

2. 拓展水稻产业发展空间,打造多样态、全链条产业发展模式

水稻种植是靖宁村的传统产业和主要产业,面临利润空间有限、价格波动较大等问题。要在既有的产业结构中寻求经济发展的突破口,就必须以创新思维发展农业,沿着产业链的横向与纵向进行拓展,从而打开更大的市场空间与利润空间,同时增强对外部市场风险的抵御能力。围绕着本地的水稻产业,靖宁村在各个方向上进行了探索,并与周边同样以农业生产为主的村庄进行合作,打造了多层次、多条线、跨地域的产品与服务网络:以高、中、低端三种米类产品投放不同市场;开发一系列稻米衍生品;建立农产品加工和销售的全链条模式;与周边各村产品互补、联动销售;开发稻田文化相关研学与文旅项目等。传统的低附加值产业,借助数字化赋能,在生产、销售、营销、服务等各个方面实现转型升级,市场效益得到显著提升,为曾经产业结构单一、经济增长乏力的村庄注入了新的经济发展动能。

3. "先找人,再做事"——建设具有经营能力的乡村人才队伍与可持续的人才培养机制

人才是乡村振兴中最重要的资源。盘活乡村资产、激活乡村经济发展

动能，离不开具有市场化、现代化经营管理能力的人才，更离不开一套可持续的乡村经营人才培养机制。在区政府的指导下，靖宁村以极大的诚意与决心"招才引智"，将一批具有现代经营知识与市场头脑的人才招揽到乡村中来，使其成为激活乡村资源、谋划乡村发展的中坚力量。这批被称为"乡村CEO"的建设骨干在村集体经济的资产盘活、渠道构建、品牌运营、长期规划等方面发挥了核心作用，为靖宁村在乡村与城市、农田与市场、传统文化与现代科技之间架起桥梁，畅通了靖宁村经济的生命线。目前，随着"千名乡村CEO培养计划"等项目的开展，乡村CEO的相关经验与能力将随着人才输送与模式输出向全国各地的农村传播，同时这也将帮助靖宁村构建乡村经营人才储备库，为靖宁村经济发展注入长期的可持续动力。

总结而言，面对平衡粮食安全与经济发展、耕地保护与乡村振兴的多重难点，靖宁村通过资产的有效盘活、明智的产业布局、人才的招揽培养，在乡村振兴的战场上打了漂亮的"翻身仗"。靖宁村在"共富乡村"建设方面的成功突破，启迪农村不断寻求农业固本与产业发展之间的平衡，引入多元化的产业发展形态，积极拓展产业发展空间，培养乡村经营人才，以此为基础，推动乡村探索创新发展道路，建立可持续的共富模式。

二　靖宁村"共富乡村"建设实践

（一）靖宁村基本情况

靖宁村毗邻长三角经济带核心城市市区，邻溪与市内科技城相望。2003年农村规模调整时由三村合并而成，下辖7个网格支部、30个村民小组、28个自然村，有884户3069人，村域面积为7.09平方公里。土地约为5400亩（其中基本农田5259亩，耕地保护率达97%），全部种植水稻；另有水域984亩，林地96亩。靖宁村拥有久远的水稻种植历史，1989年，本村一粮食专业户因种田售粮获全国劳动模范称号。靖宁村属基本农田保护区，无工业污染，绿化率在80%以上，溪水穿村而行，原生态环境优美，空气清新怡人。村庄距离市区内的著名科技城、实验室、工业园区等约20分钟车程。

2018年，靖宁村集体经营性收入为57万元，村民人均收入为34786元，是区里的经济薄弱村（见表4-1）。到2022年，靖宁村集体经营性收入已跃升至505万元。近两年，靖宁村先后获得省级美丽乡村特色精品村、美丽乡村风景线、省AAA级旅游村庄、省五星级文化礼堂、市首批共富村、市级最强党支部、市优秀基层党组织、好稻米金奖、区首批中小学生劳动实践教育基地、区现代农业发展先进单位等荣誉称号。

表4-1 靖宁村2018~2021年乡村运营关键指标变化情况

指标	2018年	2019年	2020年	2021年
运营公司营业收入（万元）	0	120	1690	2250
村集体经营性收入（万元）	57	73	150	315
村民人均收入（元）	34786	42322	47189	56920

目前，靖宁村的年轻人大量在市区工作。由于村庄有着离市区、工业园区车程较近的区位优势，再加上人居环境整治、农民住房翻新改善了农村居住条件，在外工作的人口也基本上住在村里，不在村庄居住（如出省、出国）的人口很少。此外，由于村庄交通便利、居住环境较城区更好、租金便宜（12平方米的租金大概为600元/月），有不少在市区企业上班的外村人也租住在村里。目前长时间留在村里的居民中，60岁以上人口较多。部分村民以200元/天的工资受大户雇用种地。环境整治项目开展之后，一些年纪较大的村民还受村集体公司雇用从事绿化、清洁等工作，轮流分段负责核心区集体资产（大礼堂、游客中心、体验房、办公室、集体民宿等）的室内清洁以及室外绿化，可拿到3000余元的月工资。

靖宁村世代种粮，以水稻种植产业为主，另有少量养鱼、种茶等产业。随着村集体公司的成立与乡村CEO的加盟，村庄围绕着水稻种植产业开发了一系列衍生产品与服务项目，增加了村庄业态的多样性。

靖宁村全村有5400亩左右耕地，目前全部流转到村集体，其中约4400亩由村集体统一流转、发包给种粮大户进行种植，余下1000亩作为企业认养田地以及集体使用土地。十年前，土地租金为250~300元/亩，且土地不能种植经济作物，只能种植水稻，租金与水稻种植净收入基本持平。在这种情况下，人们大多不愿继续种田，年轻人大多在外工作，甚至不认识自家的田地，年龄较大的村民在种田上逐渐心有余而力不足，这极大地阻碍了耕地产量的增加与农业经济效益的实现。2015年，分管农业的村党支部副书记杨福兴开始引进种粮大户，以村民小组为单位动员农民签订三方协议统一流转土地，将共1500亩流转土地交给种粮大户进行统一种植，租金达到1200元/亩，比老百姓自己流转拿到的租金（当时为600~700元/亩）高出一倍；种粮大户统一种植1500亩土地只需8~9个劳动力，能够更好地实现农业机械化，极大地提高了生产效率。鉴于这种做法能够提高劳动效率、盘活未得到充分开发利用的耕地资源、提高农民土地租金收入，靖宁村开始着力推动土地统一流转，到2017年，已有90%的土地流转到村集体，再由村集体统一签订合同交给种粮大户进行种植。7个专业种粮大户，户均耕种700~800亩地，雇用部分本村村民耕种。近年来，村民得到的土地流转租金不断提高，2017年，每亩土地租金分给农民1400元，另有100元由村集体用于农用电费与公共环境维护；目前，每亩土地租金已达到1700元。由于种植规模较大，靖宁村稻田目前已基本实现自动化和机械化，使用无人机、收割机、插秧机进行耕作；目前村里正在与某头部科技企业合作开发试验田，探索开关水自动化技术，解决灌溉、排水等水稻种植过程中的关键问题。

在成立村集体公司之前，靖宁村集体资产不多，主要包括400亩左右的土地、鱼塘、老砖瓦厂，以及历史遗留的仓库、大会堂、办公楼等建筑；集体所有的土地常需用于水沟、道路的修建，用地在100亩左右。村民大多居住在本地，村里空置房屋很少。因此，从各个村户与整个村庄来看，除了土地之外，可盘活的资产非常有限。由于环境污染问题，从1998年开始，村里不准开办工业企业，村企统一招商搬迁到区里的工业园区；老砖瓦厂也在2007年被政府要求关停，之后每年拨付补贴80万元，投入整村的美丽乡村建设项目。如此，靖宁村仅存的一些工业根基也被清理，使得集体经济的发展基础更加薄弱。

在村集体公司成立前，村集体收入主要依靠鱼塘、关停前集体工业企业的收入、关停后的政府补贴，有600万~700万元存款；如需承担村内环境维护、道路修建等方面的大额开支，就需要依靠街道补助。在成立由村委会全资控股的"稻花香里"村集体公司之后，村集体收入显著增加。此外，村庄还进一步盘活闲置资源，激发经济效益，通过村级留用地额度置换房产，将5亩村级留用地额度置换为700平方米房产，增加年租金收益20余万元；利用闲置资金购买楼盘商铺，累计增加年租金收益35万元。村集体收入的一部分用于基础设施建设、环境维护等方面的费用，但由于村庄开支较大，许多项目建设依然要依靠政府资金支持。具体包括2010年开始的通村公路项目与2011年开始的联网公路项目，前者由街道和交通局承担全部开支，后者由农户出资承担2/5，街道和村里共同承担3/5；"美丽乡村建设"庭院整治项目每户补贴30元/平方米；垃圾分类项目每户补贴100元（实际上村里与街道仍需付出更多的补贴金）；规划中的大米加工厂与综合大楼，预计需要政府资金支持3000万~4000万元。因此，尽管村集体与村民收入都有了显著的增长，但在重大项目建设方面，来自政府的资金支持仍然十分重要。

（二）靖宁村项目实施情况

极高的耕地保护率造成村庄经济以水稻种植产业为主的单一结构，村民与村集体可利用的闲置资源不足，村办企业的早早迁离又留下了薄弱的工业化基础——曾经的靖宁村成为区里的经济薄弱村。近年来，经过一系列乡村项目的推进，靖宁村不仅在村容村貌上有了显著的改善，而且逐渐积蓄了强劲的发展动力。

人居环境整治项目。靖宁村近年来集中力量开展人居环境整治，2018~2020年共拆除违章建筑199宗，拆除面积为12463平方米，对全村17家低小散企业进行关停取缔，拆除违法建筑16750.66平方米，平整场地30余亩，重要道路两侧复耕复绿面积为3000平方米。

"高标准农田示范区建设"项目。2018年，市农业农村局在全市范围内推出"高标准农田示范区建设"项目，靖宁村作为第一批试点被列入其中，投入资金约1000万元；通过将土地全部集中流转到村集体，再由村集体发包给种粮大户，靖宁村已实现"统一品种、统一技术、统一管理、统一包装、统一销售"的"五统一"，由1%的人承担100%的种粮任务。目前，靖宁村已初步建成"智慧稻田"，田里架设各种监测设备，耕、种、收等环节均已实现"机器换人"，制定了全程机械化、标准化、专业化的粮食种植、生产作业流程，而且通过扫描农产品"农安码"就能追溯粮食生产质量。通过数字化监测管理手段可以实现对粮食种植各环节的实时监控，提高了靖宁村的生产效率、农产品品质与安全性。

"美丽乡村建设"项目中心试点。应"美丽乡村建设"与"稻花香里"核心区打造需要，靖宁村于2017~2018年推进村庄基础设施建设，区里支付项目资金1000万元，由街道补充200万~400万元。项目资金中800万~900万元用于打造靖宁核心区，中心地段改造、搬迁农户主房16户，拆除辅房21户，共计37处。目前，全村已建成公厕7座、停车场3个、文化礼堂1座、健身点6个、农家乐8家。

"美丽乡村建设"子项目——"稻花香里"。2017年，农村旅游刚刚兴起，区农业局针对靖宁村集体经济薄弱、水稻种植面积广大、富有水稻种植景观资源等特点，提出发展"稻花香里"项目，利用水稻种植景观发展农文旅产业，以增加旅游收入、带动农产品销售。在综合考虑地理位置、村民生活实际与思想意识等因素后，"稻花香里"项目选在两个村民小组先行打造中心试点，核心区按照每户两万元的标准注入资金，最初注资约600万元，村里与街道分别出资30%与70%；2018年，核心区村民小组建设完成，在党员推动下，另外28个村民小组已全面开展项目改造建设工程。

"稻梦水乡"共富项目。2018年以来，街道启动"稻梦水乡"共富项目，在核心区靖宁村打造未来乡村样板，同时在街道牵头下，由8个村经济合作社组建联合体，共同出资入股，引入乡村CEO统一运营。"稻梦水乡"项目目前正在探索统合八村共同发展的途径。

"未来乡村示范带"项目。当前，响应省农业农村厅建设"未来乡村"的号召，靖宁村正在规划建设"未来乡村示范带"：在核心区块建设成果的基础上,进一步打造辐射带区块,建设稻香综合体、米多之家、稻上鱼塘等项目,在闲置民居基本用尽的限制条件下继续拓展靖宁村的经营空间。同时,加强村庄数字化赋能、一老一小服务配置等软件方面的建设,全面提升靖宁村的发展水平。

总之,靖宁村通过一系列精准定位、执行高效的整治与发展项目,在外在的村容村貌与内在的经济增长动力上都取得了长足的发展,为"稻花香里"村集体公司的创设、乡村经营专业人才的引进提供了良好的环境与发展基础。通过"未来乡村示范带"等项目的持续推进,靖宁村正朝着建设高产高效样板区、融合发展引领区、数字农田先行区、共同富裕实践区的目标迈进。

(三) 市场化运营、公司化管理——"稻花香里"村集体公司

为进一步做大做强村集体经济,促进集体资产盘活,推动市场化运营,从 2019 年起,靖宁村即开始筹建自己的"强村公司"——稻花香里农业科技有限公司(以下简称"稻花香里"村集体公司)。在"美丽乡村建设"子项目"稻花香里"建设成果的基础上,村党支部书记、村委会主任赵树邦在征得街道同意之后与村委会班子着手筹备成立公司的前期准备工作,邀请第三方公司设计项目(如亲子乐园、文化广场等),依靠村集体存款与街道资助开展相关建设工程。另外,开始探索稻米认养业务,形成了以 10 亩土地为单位、按 8 万元价格认养稻田的基本模式,并在村党支部书记、街道和商会的引介帮助下发展了 26 家认养企业。2020 年下半年,通过区政府招聘,陆杨作为乡村 CEO 成为"稻花香里"村集体公司的总经理。随着规划、资金、人才悉数到位,"稻花香里"村集体公司开始走上发展的正轨,并在两三年内带领村集体实现了收入翻几番的辉煌成绩。

1. 股权架构——村民共富,集体先行

"稻花香里"村集体公司由靖宁村集体全资控股,股东由约 3100 名村民共同构成,股利按照人口平均分配。公司赚得的利润记入村委会账上,账目由街道统一监管。目前,由于村集体公司仍在发展阶段,公司暂未对村民进行分红,公司收入用于扩大经营规模与村庄公共服务开支,二者之

间的具体比例不固定，视实际情况而定。

"稻花香里"村集体公司由村集体全资控股，保证了公司的性质是村民共富的途径，公司以村集体经济繁荣、村民的共同富裕为根本目标。但由于发展的需要，目前的利益分配机制仍然以公司与村集体经济建设为重心，尚未形成惠及全体村民的分红机制，村民主要从村庄环境的良好维护与治理、村庄公共服务设施的完善与公共服务水平的提升、村庄文旅产业的人气与流量给自家经营业态带来客源等方面受益于村集体公司。因此，靖宁村的共同富裕道路走的是"集体先行"的模式，通过将集体经济做大做强作为发展的优先重点，逐步将经济发展的成果惠及全体村民。

2. 组织架构——权责明确，边界清晰

"稻花香里"村集体公司目前由村党支部书记赵树邦担任董事长、由区里招聘的乡村 CEO 陆杨担任总经理，下辖团队共 18 人，其中包括 8 名区里和街道招聘的乡村 CEO，他们各自负责"稻花香里"村集体公司的一项业务板块，同时兼任区里一村集体公司的总经理（见图 4-1）。目前公司员工共 26 人，之后计划继续招募员工。

在靖宁村，村委会班子与乡村 CEO 分工明确，村委会主要把握村集体经济发展的大方向，扮演支持性角色，推动村里的建设，在具体运营方面将更大的事权留给乡村 CEO——村集体公司的经营者。总经理陆杨谈道："小事我们和书记商量，稍微重要的事情要过村委会班子会议，再大一点的事情过村民代表大会。"例如，村集体公司的重要资金开支需经过村民代表大会讨论同意。这一机制使得村民能够行使最终决策的权利，通过村党支部书记和村委会班子、通过村民代表大会表达自己对村集体经济事务的意见，保证村集体公司的发展不偏离靖宁村村民自身的意志与愿望。在这一前提下，"稻花香里"村集体公司里的乡村 CEO 能够根据自己的专业意见对公司具体经营事务行使决策权和执行权。

在村集体公司发展的过程中，村委会班子虽然不会插手公司的具体运营事务，但仍在争取项目、寻求资金资源、疏通政府关系、打开市场渠道、招商引资等方面为公司提供重要的支持。特别是当村民不理解公司的某些做法，在村里产生纠纷时，村党支部书记、村委会班子成员起到重要

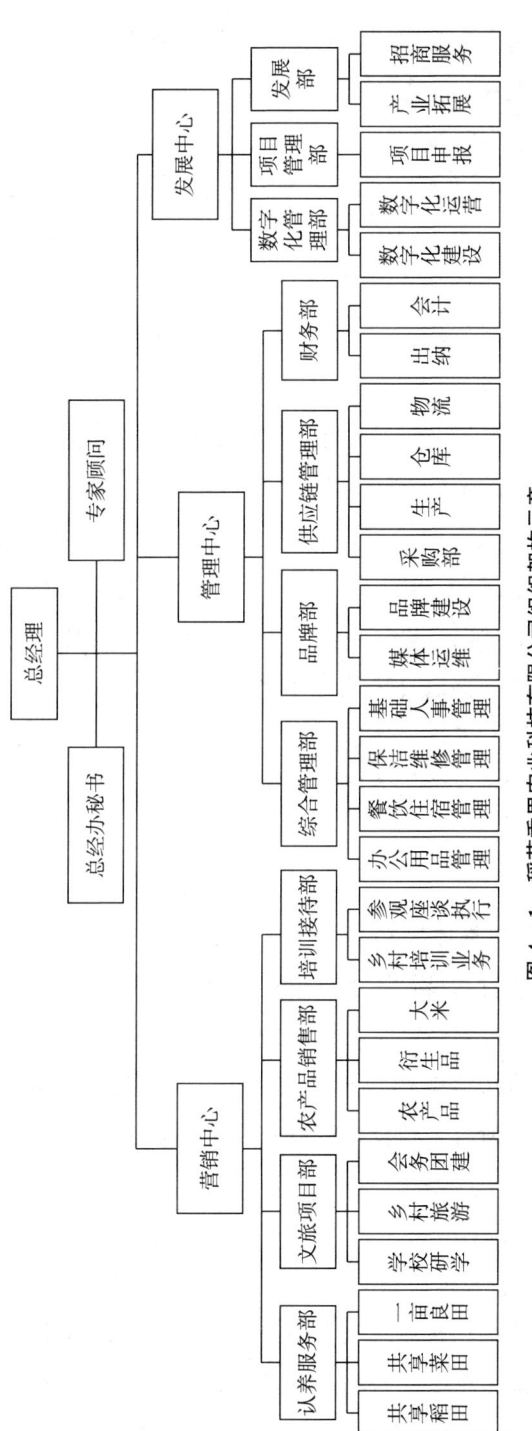

第四章 "市场导向+人才赋能"的乡村经营之道——靖宁村案例 / 115

图 4-1 稻花香里农业科技有限公司组织架构示意

的调解斡旋的作用，为公司业务的运行与推进提供重要的后方保障，保证村庄发展能够凝聚众人合力。

总体上，靖宁村集体公司与村委会之间相对独立、职能互补。公司主要负责村集体经济的市场化运营，管理盘活村集体资产；公司在预算明细、重大决策、村集体空间使用等方面向村委会报备，与村委会建立密切的合作机制。

在与上级政府的关系方面，靖宁村的财政由街道监管，由政府把控发展的大方向，提供资金支持、资源的适当倾斜、项目指导与财务制度指导。目前，上级政府暂未为村集体公司制定明确的营收目标，给了村集体公司相对自由宽松的发展空间。在项目申请方面，街道能为村里提供的帮助仅限于推荐村庄去申请合适的项目。项目由区级以上政府单位规划确定，项目招标则由区交易中心负责，由专家人才库抽调的专家进行评审，靖宁村争取项目的情况仍更多地依赖于自身的发展状况及村庄与项目的适配程度。另外，区、街道分别招募了乡村 CEO 与乡村造梦师（及助理），分别由区里、街道发工资，通过这种方式减轻村里的财政压力，为乡村源源不断地输送经过专业考核的经营人才。目前，街道已经招募了 7 名乡村造梦师。

3. 资产情况

"稻花香里"村集体公司盘活了村民小组的房屋、设施、地皮等闲置资产。例如，靖宁村动员村民小组出让废弃的集体仓库，由村集体出资进行改建，建立起了专家活动室、体验坊等。在资产归属方面，目前有两种处理方式：一是将房屋架构划归村委会；二是将房屋架构划归村民小组，内部设施全归村里所有。地皮则按照农田承包价格，由公司将租金支付给村民小组。

4. 公司经营情况

"稻花香里"村集体公司 2022 年实现年收入 2300 多万元，净利润 100 多万元，其中农产品销售占总收入的约 80%；其余还有来自接待和研学等方面的收入。农文旅相结合的业务模式，不仅拓展了公司的利润增长空间，而且形成了良好的产业发展生态，推动了公司经营性收入的不断增长。

(1) 水稻种植产业相关业务

2022年，"稻花香里"村集体公司大米销售额约为1600万元。公司充分利用各类新媒体与电商平台，以创新市场思维开拓多种稻米及大米衍生品销售渠道：邀请人气主播线上直播带货；开展社区团购；通过抖音小程序进行商品推广和销售；等等。目前，线上销售额达到700万元左右。此外，"稻花香里"村集体公司还关注企业与政府事业单位食堂等传统销售渠道，保证了该项200万~300万元的稳定收入。

在拓宽市场渠道的同时，"稻花香里"村集体公司还通过良种选育提升稻米品质，开发不同档次的产品系列，从而充分开发梯级市场，以稻米产品的多层次、差异化提升稻米产业的附加值。较为廉价的普通稻米品种，主要由种粮大户自行销售；"稻花香里"村集体公司主要销售品质较好的两档稻米产品——软香2号和嘉丰优2号。目前，村里60%~70%的土地在种普通稻米，一亩地利润在500元左右；30%的土地种植品质良好的嘉丰优2号稻米，按订单种植销售，零售价6元/斤；品质最好的软香2号稻米，约有10%的土地在种植，零售价13元/斤。稻米品质越好，档次越高，盈利空间越大。软香2号瞄准高端企业与个体消费者，嘉丰优2号则主要销售给企业食堂。近年来，公司不仅销售稻米产品，而且提供送货上门等服务，进一步提升了消费者的满意度与品牌竞争力。

除了稻米之外，"稻花香里"村集体公司还开发了一系列衍生品，如米糕、米酒、稻米IP玩偶、月饼等。利用靖宁村"稻花香里"的品牌知名度与市场渠道优势，结合周边各村差异化的农业产品，"稻花香里"村集体公司与周边村庄开展合作销售，销售溢价较高的茶叶、水果等农产品，与其他村形成市场和原料的互惠。如此一来，靖宁村产品丰富、服务统一的农产品销售平台能够更加集中地吸引客源、拓展品牌覆盖的产品空间、扩展利润空间，形成区域农业的完整产品系列，汇聚人气、形成合力。目前，稻米之外的各类农产品、衍生品给靖宁村带来的销售收入超过200万元。

通过进一步拓宽消费渠道、推动稻米品质转型升级、开发衍生品与农产品联动销售平台等方式，靖宁村极大地扩展了水稻种植这一支柱性产业的收益空间。据测算，靖宁村每亩地的综合收入从过去单纯卖粮食的约2755元提升到了8000元。刨去种粮成本，农田每亩收益从555元左右提高到了5800元。

(2) 第一、三产业联动业务：稻田认养、菜地认养、研学活动

为创新销售形式，打造第一、三产业融合业态，保证稳定的销售额，降低农产品价格波动风险，"稻花香里"村集体公司逐步探索出了"稻田认养"的销售模式。靖宁村核心区块1000亩土地被划分为以10亩为单元的企业认养田块，按照8万元/年的价格，对外提前一年开放认养，如此，稻谷还没种下地时就已经销售出去，从而确保了种植收益，降低了市场风险。靖宁村的其他衍生品，如青团、粽子、月饼等，也可以借此渠道作为节日员工福利销售给企业。此外，企业还可以用积分来兑换靖宁村当地的农产品，实地参观自己认养的田块，在风景宜人的稻田景区组织团建活动，从而将第一产业的稻米、衍生品销售与第三产业的文旅产业融合在一起，增加了客户黏性，提升了品牌认可度，给靖宁村集体公司带来了500多万元的可观收入。目前，已有68家企业认养靖宁村的稻田。在这一模式下，靖宁村还开拓了"菜地认养"业务，营收达到几十万元。

除传统的农产品销售业务外，"稻花香里"村集体公司结合本村的稻田景观与水稻、茶叶等产业，借助微信小程序、抖音等线上平台推广一系列研学与亲子活动产品，开发乡村探索、智慧农业、自然教育、体育健康等户外课堂；一般8~30人成团，单价在400元左右。靖宁村每年春秋举办"插秧节""丰收月"两大主题活动，举办"开春节""开镰节"等节庆活动，每周推出特色活动，已形成较大的品牌影响力。例如，2021年开镰节当天，有4万多名游客来到靖宁村，800多亩认养田块当天就被认养一空。平时村里还常设自助烧烤、稻田火车等旅游项目。结合"共富乡村"建设实践，公司还开设"稻梦水乡微创意大赛"、启动"港澳青年创意基地"，创新第三产业与乡村振兴实践相结合的形式。此外，也接待外地考察团、乡村建设学习班等研学参访活动，特别是与企业、高校等机构开展合作安排参访学习。研学活动在靖宁村相当火爆，人最多时一天要接待15个团队，需要75位老师，这时公司往往与其他企业、非遗传承人、

高校等机构和个人合作,以满足活动接待的需求、扩大客流的容纳量。产学研业务收入总共 200 多万元,尽管营收占比不大,但由于开展培训研学等活动所需资金较少,因此该业务板块的利润占比是相当高的,总体上产学研业务的毛利率可以达到 90% 以上。收入主要来自讲课收费(普通员工与总经理讲课,收费在 3000~5000 元/次不等)以及培训班学员在农家乐用餐带来的收入,公司每单可提取 15% 的服务费。产学研业务收入采取员工与村集体公司分成的形式分配利润,员工可按 5% 提成。

据公开报道,近两年,靖宁村累计接待游客 23 万人次,其中省内外考察团 500 余个,组建专职团队近 20 人,开发了 4 大主题研学 48 个课程,招引入驻创客团队 30 多个,引导本地创客 8 个。这些新型业务开拓了靖宁村的第三产业,加快了农文旅三产融合的步伐,丰富了靖宁村的业态;大量的品牌推广活动与精准的传播策略,推动了靖宁村的乡村品牌建设,强化了靖宁村的品牌运营,同时带动了村民自营的农家乐、小卖部、民宿等经营形态,也有助于培养村民关于经营、服务的现代化观念与意识。

(3)平台化运营

"稻花香里"村集体公司作为靖宁村股份经济合作社,同时也是一家投资公司,利用村集体资产投资和孵化招商入驻的企业。目前与"稻花香里"村集体公司存在项目合作关系的有农业科技研究机构、农业衍生品研发机构,帮助靖宁村水稻种植产业及其他农产品产业实现生产过程与产品的升级换代;"稻花香里"村集体公司参股孵化的企业包括农产品销售运营公司、农旅产品运营公司、农业规划设计公司、农业设施建设公司、农业项目管理公司、农业项目投资公司等;同时,"稻花香里"村集体公司为村民自营业态提供支持服务,帮助村民招引客源,收取一定比例的服务费,这些业态包括农户体验工坊、农户农家乐饭店、农户民宿酒店、农户手工艺品店等。通过平台化运营,靖宁村实现了不同产业、多种资源的集约化、规模化发展,促进了不同类型市场主体的互联互通,进一步提高了村庄产业发展的经济效益。

(四)数字化工具赋能

目前,靖宁村正积极探索数字化工具在乡村建设、村集体资产运营中的使用，通过建设品牌信任体系、建立数字化销售渠道与认养系统、推动线上线下旅游导览相结合，使数字化工具赋能村集体经济发展。

目前，"稻花香里"村集体公司与某头部科技企业深入合作，利用数字化工具赋能公司的产、供、销、游全业务链。聚焦人本化、生态化、数智化、共享化价值取向，靖宁村开展了一系列数字化改革：一是数字大屏，即基于GIS系统将农业产业数据集中在一张屏幕上呈现，以构建基于系统的全产业管理体系，实施管理部门的实时、有效监管，同时各子系统模块可实现稻田生产、农产品溯源、数字稻田营销等各类数据的可视化；二是农产品追溯码技术，使得"稻花香里"村集体公司生产的所有农产品实现一码溯源、一码印证；三是数字认养，通过物联网设备将稻田田间气象、土壤等信息介入云端AIOT平台，并实时同步小程序，实现稻田认养数字化、可视化，结合线上商城对农土特产品的销售进行数据分析，反向指导精准营销和种植生产；四是智慧短视频，以云端人脸识别算法为技术底层，以建立村域Vlog视频打卡点为要素，开发全自动化的镜头特效、合成技术，输出不同帧段的专属打卡视频，为游客带来全新的文旅体验。

在街道层面，目前靖宁村所在街道打造了大型数字乡村应用场景——"云上稻乡"，集中了农产品销售、品牌运营、产业整合、公共服务、人才培养与招募机制等业务板块，为种粮大户、落地企业、创客、游客等多主体提供一站式服务。数字化平台不仅方便了种粮大户数据、经营数据、稻田实时数据等信息的收集与利用，还推动了传统农业向订单农业的转型，发展了农文旅融合业态，促进了村庄产业结构的更新升级，使得新时代农业生产与农村经济在更大程度上实现市场导向、产业驱动、科技赋能。

（五）可持续的乡村经营人才培养机制

1. 政府公开招聘+"稻花香里"村集体公司培养+自营村庄实践

目前，靖宁村的乡村经营人才主要采取政府公开招聘、"稻花香里"村集体公司集中培养、自营村集体公司亲身实践的方式进行选拔与培养。2019年，靖宁村所在区开始探索实施乡村CEO招聘机制。2020年8月，区农业农村局面向全国为靖宁村等8个村庄招聘乡村CEO。乡村CEO没有编制，属于合同工，履行职业经理人职责；部分岗位在公务员招聘要求的基础上，要求应聘者具有相关的运营经验、行业的资源背景等，以保证聘用的乡村CEO到了村里能够快速识别村庄的资源潜力和发展方向，为村庄"把准脉"。目前区里招募的乡村CEO，以90后居多，其中不乏出身阿里巴巴、亚马逊等大型企业的资深员工，他们有丰富的工作经历和管理经验。从2022年开始，靖宁村所在街道效仿区里的人才引进机制，也开始实行自己的"乡村造梦师"招聘计划。从街道级职业经理人转为区级职业经理人，采取公务员考核的形式，分为笔试和面试，在公务员考试内容之外会考察一定农业农村相关的考试内容，考核通过者由政府统一分配具体职务。

目前，在"稻花香里"村集体公司中，总经理陆杨是区里招聘的乡村CEO；公司中的另外7位乡村造梦师是街道招聘的职业经理人，其中有3位转为区级乡村CEO；8位乡村CEO均属区里引进的人才。区级乡村CEO年薪18万元，由区财政与街道共同支付工资（区里出80%，街道出20%），两年签一次劳动合同；街道级乡村CEO年薪15万元，由街道支付工资，每年签一次劳动合同。对比"稻花香里"村集体公司中基础岗位员工4万~7万元的年薪，乡村CEO的工资待遇是相当可观的。就业形势的压力、省里给乡村CEO开出的优厚待遇、相对稳定的工作环境与相对完善的培养机制，使得乡村CEO招聘热度持续上升，在2023年的乡村CEO招聘选拔考试中，尽管一个村只能招收一名职业经理人，但仍有一百多人报名，录取率达到1%。

新招聘的乡村CEO，均进入"稻花香里"村集体公司工作，各自负责一个业务板块，在经营靖宁村集体经济、共建"稻花香里"的过程中学习乡村经营相关的能力，积累乡村工作经验。同时，从2022年下半年开始，8位乡村CEO在靖宁村所在街道下辖8个村庄联合打造的"稻梦水乡"项目中各负责一个村庄，独立运营一个村庄的村集体公司，将在"稻花香里"村集体公司学到的经验与技能、在靖宁村学到的发展模式运用到自己负责的村庄的调研与乡村运营工作中去。把乡村CEO先放到靖宁村"稻花香里"村集体公司锻炼培养，对这一人才机制的顺利运行有着重要意义：

乡村 CEO 和乡村造梦师大都来自城市，对乡村缺乏感觉或者感觉比较肤浅，还停留在走马观花的层面与游客心理中，不懂得跟农村百姓开展实质性的沟通、交流。例如，"稻花香里"村集体公司常务副总、乡村 CEO 史怡提到，村庄是一个复杂的文化场域——每个乡村都有各自的文化；村属企业有企业的文化；强村公司又在体制环境里生长，带有体制内的文化特征。乡村 CEO 来自多元的行业背景，不少人一直在企业工作，有的习惯于互联网公司较为自由、平等的文化氛围，他们来到乡村工作将经历较大的"文化冲击"，往往需要一年甚至更长的时间磨合、调整。而"稻花香里"村集体公司就为新招聘的乡村 CEO 提供了这样一个平台，使他们在独立负责一个村庄运营之前完成这个磨合、调整、适应的过程。

适应乡村的特点与村集体公司的独特性，构成了对乡村 CEO 经营工作的一大挑战。这也是为什么乡村 CEO 在招聘时青睐有相对丰富工作履历背景的人员：既往的职业历练与良好的职业素养，使他们能够快速识别工作中的问题，遇到困难可以及时调整自己、妥善处理。学习能力、自我调整能力、适应能力、协调能力等综合素质，是招聘乡村 CEO 时考虑的核心特征，对于乡村 CEO 来说，这些底层的价值观、素质能力往往比表面的技能知识更加重要，也更难以培养。"稻花香里"村集体公司常务副总、乡村 CEO 史怡谈道："在乡村不像在企业里，后者的架构中还有传帮带机制，而在乡村里很多机制是不成熟、不健全的；一个人来到乡村工作，是'自生自灭'的状态。如果没有比较强大的内心，就很难在乡村里生根发芽。"

至此，靖宁村的乡村经营人才培养机制趋于完善：乡村经营人才从考核、分配、培养、实践到人才输出与模式推广，形成了较为完整的闭环。"稻花香里"村集体公司不仅聚集了从全国招募的经营人才，提升了公司的人力素质，而且公司自身也成了区里乡村经营人才的培育基地。不过，目前区里尚未形成相对标准化的乡村 CEO 工作绩效考核机制，考核方式基本由各村根据发展实际自行制定（各村在招聘乡村 CEO 时制定各项绩效指标，并向区里提交一份对乡村 CEO 的考核方案）。有了相对完善的人才培养机制助力，靖宁村成功吸引到了具有专业知识背景与丰富企业工作经验的优秀农业经营人才，为乡村激活闲置资源、打开市场渠道找到了掌舵之人。

案例 4-1　靖宁村乡村 CEO、"稻花香里"村集体公司总经理　陆杨

陆杨，男，农业技术推广专业毕业。曾在大型企业主管农业板块多年，是管理农场的一把好手，圈内知名。2020 年，靖宁村"稻花香里"村集体公司招募职业经理人，陆杨凭借丰富的工作履历、出色的工作能力通过招聘，成为靖宁村的乡村 CEO、"稻花香里"村集体公司的总经理。

陆杨坦言，最初加入"稻花香里"项目其实是因为认为村里工作相对轻松，自己可以稍微休息一下，更好地平衡家庭与工作。但在从事村集体公司建设与乡村振兴工作的过程中，他发现了更大的意义感，工作起来更加投入，现在的工作强度反而比在企业里面还要大了。在陆杨的带领下，"稻花香里"村集体公司逐渐组建起了一支运营团队，重点发展现代农业、农业旅游、乡村社区等业态，取得了骄人的发展成绩，村集体经营性收入也在两年内翻了几番。在陆杨看来，乡村振兴的真正有效路径就是闲置资源的激活，而不是靠盲目地砸钱，乡村 CEO 正是有眼光识别闲置资源、有能力将无价值转化为有价值的人才。

也正因如此，在靖宁村与"稻花香里"做出成绩之后，陆杨希望能将靖宁村的成功经验推广到全国更多的乡村，为全国的乡村振兴事业培养越来越多的优秀经营人才。陆杨的目光已经更多地投到全国乡村振兴事业的整体格局之上。目前，一方面，陆杨参与推进"千名乡村 CEO 培训计划"，同时与腾讯"为村实验室"合作，将靖宁村作为乡村 CEO 培训项目的实践基地，并担任项目的实践导师。陆杨在往期学员结业典礼上说道："我们五十多个学员就是星星之火，散出去之后要抱团成一个篝火，最终还是要做成灯塔，照亮后来乡村建设摸索的路径。"另一方面，陆杨与 2023 年新成立的千村千面有限公司合作，希望能将靖宁村的成功经验总结成模板，推广到全国更多的村庄，打造更多的样板村；不断探索经济发达省份农村发展模式在欠发达地区的适应性，使得不仅经济基础较好的村庄，而且欠发达地区的村庄也能学会经营之道，把自己的闲置资源尽可能地运营起来，塑造全国各个地区农村经济发展的可持续动力。

从一名乡村CEO的视角来看，什么是乡村振兴工作最大的难点？陆杨认为，最大的难点在于怎么使乡村拥有独立造血能力，而不只是在政府的乡村振兴项目撤走后就丧失活力。根据他的经验和思考，解决这个问题的关键，是为村集体资产建立起现代企业管理制度，以现代企业的科学方式评估项目，系统性、整体性地考虑产业链问题（如上下游产业配套等）。目前，政府依然在以很大的力度推进各种乡村建设项目，因为即使乡村产业缺乏持久发展动力，在其成长过程中也能提供很多就业岗位、实现增收，对当地人民有益无害。但从乡村长远发展的视角来看，依然要考虑乡村产业发展的条件和成效，努力寻找乡村经济发展的可持续动力。另外，陆杨认为较大的贫富差距会给全国的乡村振兴造成掣肘，可以尝试借鉴英美等国家缩小贫富差距的经验，这仍是一个有待研究的课题。

农业大学高霄雨教授团队，也为陆杨的工作提供了宝贵的智力支持。陆杨于2021年结识高霄雨老师，高老师的观点给了陆杨很大的启发：来自国家、来自别的地区、来自社会力量的外部援助，对于乡村而言总是有限的、不可持续的，只有来自乡村自身的内在动力才能使乡村振兴真正行稳致远，真正有生命力，真正发自内心地想要变好。强加于人的是无效的援助。陆杨的思考结果是，可以提供一种方法、一条路径，提供启动乡村发展进程的人才、项目，让村民自己去干。这也是陆杨后来从事乡村振兴模式推广、乡村经营人才培养工作的初心所在。

在乡村CEO陆杨的案例中，靖宁村与乡村经营人才实现了"双向奔赴"：乡村经营人才通过市场化思维与现代企业管理制度，帮助村庄找准市场定位、优化资源配置、激活发展动力；靖宁村也为乡村经营人才提供了实现自我价值的广阔舞台，乡村经营人才不仅以自己的专业能力为更多人带来福祉，还带着成功经验从这里走向全国，实现更大的人生价值。

靖宁村不仅吸引了专业的农业经营人才，也吸引了在城市企业工作的经营人才，广泛地吸纳来自市场化主体与现代企业管理制度的智慧。

案例 4-2　"稻花香里"村集体公司常务副总、斗门村乡村 CEO　史怡

史怡，女，靖宁村人，硕士学历。留学毕业后回国工作，曾就职于多家企业，回村前在靖宁村所在区某大型企业从事人力资源管理工作。2021年，史怡回靖宁村休养，深入了解了靖宁村正在发展的"稻花香里"项目；同年8月，她辞掉了原公司的高薪工作，入职靖宁村"稻花香里"村集体公司。

当被问及为什么想回村工作时，史怡提到了自己之前从事的公益工作与乡村发展之间的机缘。在企业里工作时，史怡在业余时间里从事亲子阅读方面的公益推广，起先主要在城市的公共空间举办活动，后来则希望探索乡村里是否也可以开展类似的实践。几年做下来，史怡发现，乡村的孩子、家庭更需要培养阅读的理念和意识。城市家庭往往有更加先进的教育理念，而村里的孩子有很多还是隔代抚养，年轻人在外工作，陪孩子时间有限，老年人则识字不多、精力不济，造成家庭阅读教育和文化氛围的缺失。通过调研了解到这些情况之后，史怡希望家乡靖宁村能提供场地，举办亲子阅读推广活动，培养乡村的阅读氛围和阅读习惯。这是史怡与乡村工作结缘的开始。

史怡在推进村里的阅读推广工作时关注到了家乡"稻花香里"项目的发展。2021年，"稻花香里"项目已经发展了一年多时间，各大官媒对它的报道引起了史怡的注意。同时，考虑到公司刚刚起步、急需人才的发展现状，村庄也期待着史怡这样既是靖宁村人又有着海外留学背景与企业管理经验的人才的加入。村委会向史怡提出，阅读推广工作对于靖宁村整体建设而言仍然视野太过局限，主动询问史怡有没有意向回乡一起共建"稻花香里"。当时，史怡自己正好也有创业的想法，加上面临疫情，缺乏做事的空间，而乡村可以为自己之前的公益工作提供广阔舞台，因此她开始觉得来村里也是不错的选择。

来到"稻花香里"村集体公司工作之后，史怡发现，村集体经济发展过程中还有许多比阅读推广更加迫在眉睫的任务，只有把村集体经济建设好、发展好，才能为村庄教育质量的提升、文化氛围的培养提供更加坚实的基础。村集体公司的运营为全体村民的收入增长做出切实的贡献，这也比单纯的亲子阅读、家庭教育工作让史怡产生更大的价值感。同时，在日常生活中，史怡也将"稻花香里"村集体公司农文旅融合发展的方向与自己之前公益工作的关切结合起来，就地利用靖宁村广阔优美的稻田，推动亲子阅读活动项目的落地实施。来公司之后，史怡连续两年开展了"稻田朗读"活动，请专业的老师来辅导孩子们学习朗诵、学习诗词，做到了教育公益在公司业务中的成功"植入"。

目前，史怡作为区里聘任的乡村 CEO，既在"稻花香里"村集体公司担任常务副总，协助总经理做内部运营管理工作，同时也作为总经理独立运营斗门村的强村公司。斗门村工作 2022 年下半年才开始开展，目前仍处于村庄调研阶段，正在制订村庄运营规划方案。为盘点村庄里闲置的、有特色的、可共享的资源，史怡最近在斗门村挨个村民小组跑，以更加深入地了解各组的资产状况，确定未来村庄产业发展的方向、对接市场的渠道与可资利用的资源。

来到公司之后，史怡经历了一个比较大的岗位跨度：从之前人力资源管理这样的后端工作，改从销售等前端工作做起，在销售、品牌、数字化建设等岗位上轮了一遍，前期因为公司人少，她往往还要同时负责多个岗位。这一变化给史怡带来了挑战和压力，但同时也是一次锻炼与能力提升的机会。史怡提到，最大的困难在于，同样的工作，在城市里可以找同行企业对标、寻找可复制的模板，但在乡村，一切工作都是崭新的开始，没有任何可以对标借鉴的模型，再加上每个乡村都有不一样的地域情况与特色，这就需要乡村经营者不断地学习、探索、思考。由于之前一直在国外、城市里工作、学习、生活，史怡直言自己对乡村理解不算多，仍有许多需要学习的地方。但她靖宁村人的身份为她的工作开展带来了许多便利，"村民都认识我，认识我的父辈，知道是谁家的女儿，乡音也容易带来村民的认同"。城市里来的、不是本地人的乡村 CEO，要想融入村里可能需要更长的时间。

史怡笑言，现在的工作比之前在企业还忙，"夏天的时候六点半起来

> 拍视频，忙到晚上七点半，回到家还要抱着电脑处理各种工作。基本上到十一点半之后才睡觉。这样一天转下来，哪里只九九六啊！"

在靖宁村，像史怡这样有着海归背景、企业经历、市场思维、城市经验的人才，成为村集体公司管理运营的枢纽。在这样一支人才队伍的共同建设之下，村集体公司将不断实现运营的规范化、科学化、市场化，成为更加合格和富有活力的市场主体。另外，靖宁村集体公司也为乡村经营人才带来了别样的学习经历，为乡村 CEO 提供了探索现代企业管理制度与乡村文化有机结合之道的平台，也为总结可推广的现代乡村振兴经验创造了机会。

2. "千名乡村 CEO 培养计划"

2023 年，靖宁村所在省的省委、省政府在《关于 2023 年高水平推进乡村全面振兴的实施意见》中提出，鼓励有条件的地区聘请乡村职业经理人，引入懂农村、善经营、会管理的专业人才或团队参与乡村经营；《省农业农村厅等 10 部门关于促进强村公司健康发展的指导意见（试行）》中也明确指出，鼓励有条件的强村公司实行职业经理人聘用制。由此，省农业农村厅组织实施"千名乡村 CEO 培养计划"，由腾讯公司与省农学会、省乡村建设促进会联合承办，由省经贸职业技术学院和千村千面有限公司具体执行。这一计划是腾讯与农业大学过去两年来持续开展的"乡村 CEO 计划"与当地展开深层次合作的结果，旨在结合东部发达地区乡村振兴特点以及省内高质量发展建设共同富裕示范区需要，系统化培养乡村急需的复合型经营人才，有针对性地补强乡村资产管理运营、农业农村数字化等职业经理人的缺口，为加快农业农村现代化提供强有力的人才支撑与智力保障。靖宁村既是这一培养计划的重要发起者、重要的人才实践与培训基地，同时也将受惠于这一计划，使得村庄建设能够汇聚更多学员的智慧与创意，为村庄未来的经营培养源源不断的后备力量。

"千名乡村 CEO 培养计划"由靖宁村乡村 CEO、"稻花香里"村集体公司总经理陆杨制订方案，并得到省农业农村厅支持落地实施。2023 年 9 月 8 日，"千名乡村 CEO 培养计划"正式启动，从近 1000 名报名者中选出

100 名成为首批学员，培训预计持续 9 个月；每位学员共有 2 万元的培训经费，其中政府资助 1 万元，腾讯资助 1 万元。培训费用为千村千面有限公司的营业收入，预计利润率可达到 3~4 个百分点。学员中不仅包括通过政府招聘正式成为乡村 CEO 的经营管理人才，还包括希望在乡村寻找创业机会的创客主体、村干部与政府部门人员等，所有从事乡村工作的人都在该计划的培养范围之内。完成培养计划之后，学员们也可以选择多种多样的职业道路，如创业、参加乡村 CEO 招聘、成为基层公务员或村务工作者等，他们将把学到的知识、技能、经验、眼光运用到不同的工作岗位中去，共同构建"乡村经营"的整体氛围。目前，其他省份也开始探索推进"千名乡村 CEO 培养计划"，靖宁村乡村 CEO 陆杨也参与其中。

"千名乡村 CEO 培养计划"分为五个阶段。第一阶段为线下课程，共 7 天，其中 5 天时间集中讲授理论课，由大咖级别的专家分享知识和经验，剩下 2 天时间走访周边建设情况较好的样板乡村。第二阶段开展乡村实训，共 6 天 5 夜，学员们将分头前往 12 个乡村，每个驻村点会有"师傅"进行指导。学员们经过在乡村的实训，提交一份报告，指出乡村发展的痛点与自己的学习体会，以期将总结出的实地经验运用到自己将来开展实践的乡村之中。第三阶段是线上课程，学员们分头到不同的村里开展自己的项目，同时在线上参与老师的直播课程。第四阶段是学员互访阶段，学员们会组团到项目开展较好的学员所在的村庄去参访学习，同时还会请"师傅"到村里把脉问诊、指导项目进展。第五阶段是结业答辩，学员们回到学校聚在一起，用 2 天时间汇报自己的项目、展示自己的成果，答辩成功的顺利结业获得证书。通过这一过程，乡村 CEO 就完成了培养计划，初步获得了与乡村经营相关的理论知识、发展视野、实践经验。

三　靖宁村发展经验总结

（一）专业化、组织化、市场化，充分发掘村庄发展内生动力

在靖宁村的发展过程中，村庄并没有过度地依赖来自政府或企业的资金与指导，而是通过具有经营能力的乡村 CEO、通过发挥村集体公司作

市场主体的积极性，来为乡村注入发展的内生动力。"让专业的人做专业的事"，靖宁村在"稻花香里"村集体公司这一平台上组建了一支专业经营人才团队，这支团队在谋划与推动乡村发展、激活乡村闲置资源、推动传统产业升级、寻求市场渠道等方面发挥了重要的作用。同时，乡村经营者为村集体经济引入了科学的现代企业管理制度，从而使得村集体资产以最有效率的方式组织起来，依托标准化体系、运用平台化运营思路开展村庄资源的整合、管理与经营，使其经济效益能够得到最大限度的发挥，彻底扭转了乡村资源损耗与浪费的局面。此外，靖宁村得益于地处长三角市场腹地的区位优势以及乡村 CEO 丰富的企业管理经验，对于新型市场渠道、新兴消费形态、消费者心理变化反应敏锐，能够迅速抓住线上销售平台、稻田云认养、农文旅融合发展等新业态带来的机遇，从而推动集体经营性收入的大幅增长。

靖宁村的发展过程提供了一点启示：村庄不应盲目将发展重心放在文旅产业之上，而应首先考虑自身的闲置资源与市场特点，精准开发资源、精准对接市场，塑造真正可持续和有市场竞争力的产业。文旅产业可以成为锦上添花，但不一定能成为雪中送炭。对于靖宁村而言，营收 100 万～200 万元的旅游产业只是增量业务，而不是主营业务，依托自身产业基础、根据自身发展条件量身打造产业结构与新兴业态才是振兴村集体经济的有效途径。

面对以水稻种植产业为支柱的单一产业结构，靖宁村借助农业科技赋力、依托自身稻田规模优势、顺应市场发展趋势，实现了水稻种植产业的转型升级。随着新兴消费群体逐渐成为消费市场的主力，对食物品质、食品安全的关注将成为市场的主要关切。靖宁村通过与高校研究机构合作，用新稻米品种替代老稻米品种，并通过精准品牌营销与"稻田认养"等突出稻米自然、安全、高质量特点的新型销售手段，充分拓展了水稻种植产业的盈利空间。通过立足自身优势，提升产业经济效益，靖宁村形成了稳定的、可持续的收入来源，具有了长期独立运转的经济潜力。与全国大部分乡村的情况相比，靖宁村较早地获得了独立市场主体的地位，培育了自身发展的内在动力。

靖宁村乡村 CEO 陆杨对村庄的发展颇为感慨："靖宁村拿到的政府项目资金和周边比起来是很少的。靖宁村为什么有名，是因为它是靠市场、靠社会的力量发展起来的。村里都是永久基本农田，啥都不能弄，只能通过种水稻发展起来。靖宁村不是靠钱砸出来的，田也是老百姓的，房屋都是老百姓的房子租过来改的。东西是没有的，资源少得可怜。就是通过市场的手段、社会的力量撬动了发展。"

（二）村委会与村集体公司之间权责清晰，合作顺畅

靖宁村村集体公司良好的发展势头，离不开村委会与村集体公司相对独立的角色与融洽的合作关系。在靖宁村乡村 CEO 陆杨看来，村集体公司的发展主要取决于村委会与公司经营者的权责划分状况，凡是边界清晰的发展成效都比较显著，凡是分工不明确的结果都不尽如人意。理想的状态是，该村委会做主的事情村委会做主，该职业经理人做主的事情职业经理人做主，使得现代企业管理制度能够贯彻到底。乡村 CEO 通过同样的流程筛选出来，经营管理水平差异并不大，但各村村干部的能力、素质、格局、思维方式则有很大的差异。可以说，村干部构成了村集体经济这个木桶的"短板"，村干部能否给予乡村 CEO 必要的权限，决定了村集体公司是否能充分发挥活力、村集体经济是否能走上长远发展道路。村委会如果能确保强村公司的市场化运营不受干扰，做好政府关系疏通、项目争取、村民关系调节等支持性工作，则将为村集体经济的发展提供坚实的后盾。

（三）以城带乡，以人均 GDP 与城镇化率为基础振兴乡村经济

靖宁村能够较为顺畅地走上发展的快车道，离不开该村邻近核心城市市区、地处长三角经济腹地的区位优势，离不开所在区域较高的经济发展水平、城镇化率与市场化程度。城市为靖宁村的建设提供了具有开阔市场视野的经营管理人才，提供了具有更强购买力、对粮食品质有更高要求的消费者，提供了消费水平较高、对农村新型文旅感兴趣的游客群体，这构成了靖宁村收入增长的主要动力来源。在收入增长的基础上，靖宁村提升了公共服务建设水平，提升了村民的幸福感、获得感。靖宁村乡村 CEO 提

到，城市化能够带来更好的乡村振兴，人均GDP和城镇化率这两个关键指标较高的地区，乡村振兴就大有可为。构建城市化与乡村振兴、城市繁荣与村集体经济发展之间的良性循环，是乡村发展的一条重要路径。

（四）注重乡村公共服务，切实提升村民收入与获得感

目前，尽管"稻花香里"村集体公司尚未给全体村民分红，但农民已经从靖宁村的建设与发展当中受惠：旧房改造补贴与"美丽乡村建设"，改善了村民的居住环境，同时增加了村民出租房屋的收入；土地规模流转，使农户能拿到的土地租金有了大幅提升；村集体公司为部分村民创造了就业机会，使他们在家门口就能挣得一份工资。这一系列举措使得农民在村集体经济发展过程中看到了实实在在的好处，收入水平与生活水平有了切实的提升，对于村集体公司也产生了更强的认同与支持心理。

案例4-3 靖宁村村民，现任"稻花香里"村集体公司仓库主管 严丽华

严丽华，靖宁村人，曾在靖宁村所在区工作20多年，从事财务工作。2022年回村，入职"稻花香里"村集体公司。

在村里工作，比严丽华原来在区里工作的收入要少一些，但她还是愿意回来工作。"一是因为家就在这里，村里的发展最开始还看不到前景，但这两三年看到发展势头越来越好；二是为家庭考虑，在村里工作离家近，方便照顾父母和孩子；三是现在的工作氛围更舒服，公司里大家十分团结，像一个大家庭一样，忙碌时会互相帮忙。这和以前单位中固定的岗位工作感受是非常不同的。"

严丽华提到，十五六年前，村里到市区的交通还很不方便，只能坐半小时一班的公交车，出租车开进来荒草没人。因此她当时就在市区买了房。现在，市区与村里的交通已经非常方便，更多的人愿意回来。

2017年，"稻花香里"核心区选在靖宁村两个村民小组（40多户）开展建设，实施旧房改造项目，每户给予6万~8万元的翻新补贴（家中只有老人的农户补贴8万元）。严丽华家中的旧房正好也到了可以翻修的时候，她就抓住补贴的机会推倒重造。翻新之后，严丽华在家中留出一

层出租，没想到房屋造好一年之内全部租出去了。周围的家户也纷纷将房子一间间隔开出租，尽管房屋格局不是很好，但都成功租了出去；目前村民小组里一半的房屋都有房间出租。房间作为民宿，价格为198～268元/晚，年租每间800元/月，一层有6间房，一层一年的房租收入达到五六万元。严丽华提到，当时附近也有不愿意修房子的人家，但这几年看到周围翻新的家户可以将闲置的房间出租获得盈利，发展得越来越好，他们反而在没有补贴的情况下也掏腰包重新翻修了。翻新旧房的潮流甚至辐射到了其他村民小组。现在，她把市区的房子租出去，自己的房子也租出去一层，月收入有了相当的提高。村里居住环境好了，不仅外人来租，村民80%都留在村里，往往男带女、女带男，全家都回来住："现在家家户户都有两套房两辆车，还高兴跑出去啦？"

严丽华的故事，是乡村CEO、村集体公司给村民生活带来变化的缩影。在公司盈利尚未分红的情形下，靖宁村村民依然通过地租、民居、受雇、自营业态等方式实现了可观的收入增长，甚至使得他们的生活重心由城市转移回乡村，重新在城乡之间安排自己的工作与家庭生活。

四　发展中的问题与建议

（一）村集体公司市场活力仍需进一步激发

目前，"稻花香里"村集体公司坚持"让专业的人做专业的事"，以市场化方式运营项目，村委会、街道主要起到辅助作用，公司取得了显著的发展成绩。然而，与其他市场主体比起来，村集体公司在运营上仍然存在来自体制的限制，这有可能在市场竞争中妨碍村集体公司迅速把握市场机遇，影响村集体经济的运营效率。例如，村集体公司财务受到街道监管，由街道部门指导公司的财务运作；公司从办公用品采购到人员招聘等都需要先向街道申报，公司管理层的自由度相对较低。经营业务需要公司的前期投入，但财务资金的使用需要公开招标，一套流程下来至少需要一个月，这样就可能耽误市场竞争的时机。因此，强村公司在与完全市场化的经营主体竞争时相对受到更大的限制,处在不利的地位。

村属强村公司的发展需要省、市上级部门在政策制度上做出一些突破,进行制度上的松绑。在这方面,街道尽管希望进一步激发村集体公司的发展活力,但往往对此也缺乏发言权,只能执行上级政策,被认定为"失职渎职"的风险往往使街道行政人员不敢采取灵活处理的方式。为解决这一问题,一方面,需要政府进一步简政放权,增强村集体公司的市场竞争力,释放市场主体活力,特别是平衡好村级财务监管与激活村集体活力的关系,创新村级财务内部监管制度;另一方面,也需要进一步发挥强村公司在市场竞争中的独特优势,比如充分利用上级政府在政策与资金上的支持、充分利用企业客户对村集体企业的认可发展稻田认养等业务(企业客户对村集体企业比对民营企业更加放心,而且很愿意在解决食堂供给和员工福利问题的同时支持乡村振兴、履行社会责任),通过强化自身的特殊优势来平衡其他方面的竞争劣势。

(二)平衡好政府、村委会班子、村民各方需求,形成各方主体合力

靖宁村的乡村 CEO 多次提到,工作中一个极大的挑战就是需要适应乡村复杂多元的独特文化场域,并将其与现代企业管理制度有机结合。目前,一套融合了乡村特征与企业管理制度的体系在村集体公司尚未成熟,各位乡村 CEO 纷纷表示自己还在探索将乡村场域各方主体有机联系起来、形成村庄发展合力的机制,任何事项都要经历一个时间与沟通成本相对高昂的过程。

目前,靖宁村乡村工作最大的难点是在几个重要的利益主体之间形成合力。政府需要完成执政的一系列目标任务,村庄需要将自身的发展任务与政府的执政任务有机联系起来,形成双向支撑的正向循环,在建设乡村振兴项目的同时顺应国家支持和发展的大方向。以村党支部书记为代表的村委会班子成员,扮演着党建引领的重要角色,乡村 CEO 在村集体经济的发展中必须与村党支部书记充分沟通,形成双方都能接受的合理的权责分配方案,甚至建立村干部创造集体经济价值的正向激励机制。处理不好这层关系,就无法在乡村中把事做成。公司是村集体经济的经营主体,有着

提高经济效益的内在要求，如果过分贬抑村集体公司的活力，则会违背成立强村公司的初衷、扼杀村集体经济的发展潜力。村民是乡村振兴的目标受益群体，在发展村集体经济、壮大强村公司的过程中，需要让老百姓看到实实在在的收益，看到收入的增长与生活水平的提高。外部的社会主体则需要在靖宁村的发展中看到自身的潜在收益，这样才能为村庄吸引越来越多的优质外部资源。在实际的公司发展过程中，这些利益群体的要求很可能会存在各方面的潜在冲突，"平衡"就成了最重大也最困难的一项课题。

在这一情况下，最主要的任务是建立一套完善的机制，在这套机制中，外来创客愿意加入、村集体公司愿意投入、村民愿意一起来干、村干部愿意配合支持，使各方在这项事业里能各取所需、目标一致、齐心协力。如果能建立起这套机制，就能保证村集体经济有可持续的聚合发展动力，能够越做越大、越做越强。乡村CEO在这方面的工作中，尤其需要将企业的管理机制、战略工具、思维模式尽可能地融入这套机制中去，比如推动目标管理、绩效激励机制在乡村场域内的落地。除了调动员工的工作积极性、整合外部供应链、打开销售通路等方面的工作，在乡村领域中，乡村CEO还要和乡村社会（包括村党支部书记、村委会班子、村民）与上级政府两方努力协调。因此，乡村CEO除了要会运用一些企业技能，如产品开发、产品销售、政策分析等，还要学会处理乡村这个复杂场域中的关系，与村民、村干部、街道领导、农业农村局领导、外来创客主体等不同的人打交道，要学会在这个过程中链接统筹周边资源，培养借助外力的能力。对于村庄而言，资金、资源、人才、环境都在不同程度上需要借助外力，故步自封不可能成为村庄的发展之道。乡村CEO必须在乡村社会网络、城乡网络的各个节点上扮演好沟通与连接的角色。

总之，只有处理好乡村社会嵌入和现代企业管理之间的关系，培育乡村CEO的"在地工作能力"，使其学会将经营管理能力与本地文化有机结合，将市场思维与本土思维相结合，才能探索出靖宁村经济发展、乡村振兴的真正可持续路径。

（三）村民对集体经济发展直接参与有限

目前，靖宁村的经营主要由强村公司负责，集体经济发展中农民主体作用尚不突出，村民在集体经济发展中的参与机制、分利机制都尚未形成。这一问题影响了村民对村庄建设事项的支持力量，长此以往，靖宁村经济发展的内生动力将受到限制。例如，在"美丽乡村建设"项目和"稻花香里"项目中，就时常遇到老百姓认为补贴政策不公正，从而不肯支持配合、不愿参与旧房改造的问题，工作推进遇到很大的困难。在"稻花香里"村集体公司业务中，农户的参与方式也非常有限，譬如通过向村集体转让闲置土地、向企业出租体验馆场地等方式获得租金，以及通过开农家乐、开民宿等方式参与村集体公司在村里开发的旅游市场等。农户小微业态也还未得到充分发展，村集体公司与农户自营业态之间还未形成强劲的良性利益循环。

为了使村民深度参与靖宁村集体经济发展的进程，一方面，应进一步鼓励村民利用家中闲置资源发展自营业态，并将其与村集体公司的文旅研学项目有机结合起来，使农民的小微经营精准对接市场、对应村内旅游产业发展需求；另一方面，应进一步完善村民参与集体经济的激励机制，逐渐建立更加合理的利益分配机制，鼓励村民献言献策，为村庄建设贡献力量和才智，增强村民主体的参与感，畅通各方沟通渠道，更好地汇聚乡村发展中的各方合力。

第五章 都市驱动的乡村多业态打造
——桉富村案例

一 共富路上的痛点与难点

桉富村为某省会城市城郊村，距市区 30 公里。村域面积为 1.23 平方公里，有村民 660 户 1811 人。村庄产业以蔬菜和花卉种植为主，全村拥有耕地 1350 亩，经济林果地 40.5 亩。桉富村历史悠久，起始于明代，村内保存有清朝建造的"一颗印"结构、"三间四耳倒八尺"布局的完整古民居 22 所，同时还有距今 300 多年的关圣宫和悲愍寺，以及花灯、歌舞、抬山神、舞龙以及刺绣等非物质文化遗产，2013 年桉富村被列入中国传统村落名录。

桉富村的蔬菜和花卉种植业兴起于世纪之交。二轮承包后，桉富村农户每人分到土地 0.65 亩，当时农户以种植水稻为主业，除维持基本生存所需外，几无多余收入。年轻人大量外出务工、寻找生计。

20 世纪 90 年代初，该省开始开发商业花卉产业。1999 年，来自邻近城区的蔬菜与鲜花种植户开始进入桉富村，以每亩 1600 元左右的年租金承包了全村约 2/3 的耕地，每户承包 20~30 亩。承包户以低廉的价格（每人每天 10~60 元不等）雇用桉富村村民参与蔬菜、鲜花种植作业。在此期间，桉富村村民目睹了经济作物种植带来的高额利润，并借助雇工经历学习到了蔬菜、花卉的种植技术。2005 年后，承包户与桉富村村民的土地租赁合同渐次到期，在村庄精英、现任村党总支书记林德福等人的号召下，村民纷纷选择收回土地，亲自投身蔬菜和鲜花种植业，作物以上海青、鲜切玫瑰花为主。

鲜花蔬菜种植户的进入，为桉富村的第一产业发展引入了新的品种、技术以及新的市场眼光和发展思路，也为村民增收致富提供了关键的抓手。经营蔬菜种植业后，桉富村农户每亩土地根据市场波动，每年可净收入1万~3万元不等；鲜花种植的收入更高，可达3万~5万元。通过租用闲置土地，一户三口之家年收入可在10万元以上，第一产业收入甚至超过了在外务工所得。村庄人口大量回流，30岁左右的年轻人纷纷返乡务农，基本不存在"空心化"问题，全村近2000名户籍人口中仅有100余名20~30岁的年轻人外出务工，流出与流入人口基本平衡。

桉富村得天独厚的水热土壤条件，以及邻近省会城市市区的独特区位优势，再加上农户对市场机遇的及时把握，促成了第一产业的方向转移。桉富村村民依靠自己的辛勤劳动摆脱贫困、奔向小康，留住了村庄的人气和乡情。但在人均收入不到两万元的现状和实现共同富裕的理想之间，还有很长的一段距离。那么，桉富村实现共同富裕的痛点和难点何在呢？

在实施乡村振兴战略之前，桉富村业态发展的最主要特点是产业结构单一，以散户种植为主，第二、三产业处于缺失状态。村内基本没有种植大户的存在，经济作物相对大的利润空间保证了家家户户的营收都不低，却也造成农户市场化经营意识薄弱、缺乏集体合作动力的问题。

桉富村的蔬菜、花卉种植属粗放式经营，农户对品种改良、技术革新的关注度不高。同时，受生鲜产品保存时间限制，农产品销售基本无法直达消费者手中，邻近虽有蔬菜、花卉市场，却无法吸纳如此大批量的产品，村民主要将产品交给镇上的小贩收购，再由小贩卖到保鲜冷库或大型生鲜市场，大量的中间环节大大削薄了种植户的利润空间，剥夺了他们的市场议价能力。以上海青为例，小贩收购价统一与"农兴菜价通"平台保持一致，低时两三角一斤，高时甚至可以达到六七块，每天的菜价波动都可能是巨大的，村民称之为"疯子市场"。农户并不了解该平台的运营主体和定价逻辑，也几无议价能力，即使菜价低廉到入不敷出，为了不让菜烂在地里、血本无归，也只能选择出售，但同样的菜销售到北京、上海等地的超市可以卖到 8 元一斤，可见种植户与消费者之间漫长的中间环节在何种程度上压低和影响着他们的收入。鲜切花的价格波动则更加剧烈：遇到价格高点，一把玫瑰（20 支）售价可达 120 元，每亩收入超过 50 万元；但若恰好市场遇冷，就连卖都卖不掉，只能偷偷丢进路边水沟。粗放式的经营方式使得种植户对作物成熟时间的控制能力非常缺乏，不同年份的温度差异都会影响成熟时间，当地（邻近湖泊）的环境保护条例也禁止村内建设冷库，农户无法精确控制上市时间、对接市场需求。集体合作社在桉富村处于有名无实的状态，农户更偏好和习惯于个体经营的形式，集体合作动力的缺乏不利于种植户提高市场议价能力和打通销售渠道。

简而言之，桉富村产业结构单一，绝大多数村民从事蔬菜和花卉种植业，但缺乏集体合作和市场化经营的意识与能力，这阻碍了种植户在农产品供应链中占据优势地位和进一步提高收入，也造成了集体经济的薄弱。农户单打独斗的粗放式经营面临产业升级瓶颈，全面提高村民收入和公共服务水平、进一步挖掘乡村振兴内生动力缺乏突破口。

面对上述痛点，桉富村尝试进行第一、三产业融合，更好地对接市场、盘活资源、扩大经营空间、推动产业升级，利用现有的城郊区位优势和文化景观基础，在培育乡村新业态的同时，壮大集体经济、赋能于农民，引入都市驱动力，为村庄的全面发展注入新动力、培育新动能。但如何寻找多产业融合的切入点，如何激发农户发展集体经济、实现产业升级的主体意识，是桉富村乡村振兴与"共富乡村"实践中持续面临的难题。

二 桉富村的乡村产业振兴实践

（一）农业产业变革——土地确权与集中流转

对于以蔬菜、花卉种植为主业的桉富村，耕地是最重要的资产和收入来源。农村实施第二轮土地承包后，桉富村确立了每人 0.65 亩的耕地标准，并响应国家"三十年不动田"的政策，增人不增地、减人不减地，以保持农民对土地承包关系的稳定并长久不变，激发农民群众增加农业投入、发展生产的积极性。每人 0.65 亩之外的多余农田作为机动田，以地理位置为划分依据，分别归属三个村民小组管理，向农户（包括村内和村外）出租，土地租金作为集体收入由小组成员共同决定如何使用。然而土地资产的实际管理与使用并未完全依照此方针进行，土地分配不清、租金缴纳不齐、集体收入去向不明，直到2016年林德福被选举为村党总支书记，才在全村范围内开展土地重新核算，明确集体资产范围，统一土地租金价格，保障集体收入真正为村民所用。

案例5-1　桉富村的土地确权与流转

2003年，受到种植业高额利润的吸引，外出务工24年的桉富村村民林德福回到村庄，开始效仿邻区人从事蔬菜种植，同时担任村第一村民小组组长。当时，桉富村土地已根据每人六分五的份额分田到户，多余农田为集体资产，由三个村民小组各自管理、出租并决定土地租金的使用和分利。然而，实际的土地占用与租赁并未完全按照规定来执行：部分农户占用了超出份额的农田而拒不缴纳租金，村内更存在黑恶势力干扰土地承包秩序、拒绝缴纳土地租金。在各种违规侵占下，村集体机动田共计不到50亩，以800~1600元/亩的年租金承包给散户。但由于时任村干部的不作为、乱作为，村财政始终处于不透明状态，机动田出租的集体收入并没有给村民分红，也没人能说清这些钱究竟用在了哪里、到了谁的手上。

林德福回乡担任第一村民小组组长后，决心改变土地承包的乱象，明确个人与集体土地的范围，杜绝个人对集体资产的侵占。于是，他在第一村民小组内开展土地重新核算确权，根据一人六分五划定每家每户的农田范围，如果有超出的需按5000元/亩支付相应面积的土地租金，拒不缴纳租金的就将土地收回集体，过去签订过承包合同的机动田到期也即收回，作为组内机动田统一向外承包，本村村民承包支付每亩5000元年租金，外村人承包则按市场价支付每亩7000元年租金。集体土地出租收入用于为村组成员分红，用村民的话说"自从他当上我们组长，我们的收入就噌噌地往上涨"。

2016年，林德福经民主选举成为村党总支书记，他将第一村民小组的土地确权经验推广到全村——召开村民代表大会和党员代表大会，一家家宣传新的土地核算政策，整理农户个人土地与村集体土地资产，统一土地租金价格，集体土地由村民小组统一向外出租。经过全村的共同努力，桉富村集体土地由原来的不到50亩整理为140亩，除部分湿地租金价格较低（每亩地每年2000元）外，土地租金由从前的800~1600元上涨到5000~7000元，充分依据市场价格实现集体资产变现，三个村民小组集体土地租金合计约80万元/年。

每年约80万元的集体土地租金收入，现在可为每位村民（户籍人口）在过年时分红300元。此外，每年妇女节，村集体会给近500名女同志每人发放50元节日红包；重阳节，给村内400名60岁以上老人每人发放100元节日红包，并设重阳宴，弘扬尊老、爱老、敬老的优良传统，暖人心聚乡情。

村庄中通路通水通电等基础设施维护也会从集体收入中提取资金。过去桉富村的电路都是各家自己拉的电线，一下雨就断电，林书记上任后率领村委会成员给每个村民小组陆续安装了两台变压器，一台耗资14万元，保障了村民生活和农业用电。村庄道路也经村民代表大会讨论通过后，由村集体出资重新整修，将过去道路整修中被遗漏的那些破烂泥泞的路面整修为平整的水泥路面。

土地的重新确权与集中流转，将桉富村最有价值的资产，同时也是村民最重要的生计来源——耕地，理清、盘活了，规范了村庄中的土地承包与流转秩序，确立了个人资产与集体资产的边界，以符合市场机制的土地流转价格与模式实现集体资产增值与变现，并惠及全体村民，切实促进了农户增收和村庄基础设施建设，更好地为乡村提供均等化的公共服务。正如乡村CEO，同时也是桉富村村民于珊所说，300元的分红虽然不多，也并不能真的在多大程度上改善一家人的生活，但它是一个希望，能让村民看到村集体经济的壮大，相信村集体经济发展的最终目标是实现全体村民的共同富裕。

相较于过去混乱的土地归属和流转秩序，此次土地确权与集中流转，对于农户的生活和生计产生了重要影响。但若以乡村振兴为长远目标，此次变革对于壮大集体经济、提高村民收入的作用仍然相当有限，虽然村民的集体意识有所增强，但尚未能激发农户的合作意愿，赋能农户更好地对接市场，种植业仍以散户的粗放式经营为主，未能实现向农业产业链优势地位的转型。

多业态产业发展与融合更是无从涉及。第三产业的发展需要乡村资源的重新盘活和乡村空间的重新打造，但对于人口大量留在村内的桉富村而言，可以集中盘活和运营的闲置资源，如土地、房屋、宅基地等，是相对较少的。如何在资源有限的情况下找准第三产业发展的着手点和产业升级瓶颈的突破口，将成为下一阶段桉富村乡村产业振兴的重点与难点。

（二）建设都市驱动型乡村振兴创新实验村

2019 年，为深入学习贯彻习近平总书记关于"三农"工作的重要论述及实施乡村振兴战略的指示要求，着力发挥都市发展驱动力，为乡村振兴注入新动能，桉富村所在市启动了都市驱动型乡村振兴创新实验。8月，市政府与农业大学签订《都市驱动型乡村振兴创新实验区合作共建框架协议书》，正式启动该市都市驱动型乡村振兴创新实验区合作共建工作。随后，农业大学组成以高霄雨教授为核心的乡村振兴专家导师团队，在市乡村振兴办的统筹组织下，深入各县区开展了关于实验村选址、村庄发展问题、实验目标定位的多次调研，初步明确了 6 个实验村概念定位，分别制订了实验村规划设计方案，中国传统村落桉富村正是 6 个实验村之一。都市驱动型乡村振兴创新实验村建设项目的开展，依托于桉富村邻近省会城市市区的区位优势和作为中国传统村落的文化景观良好保存现状，大力推进第三产业发展，为桉富村的产业升级、城乡融合引入了新的智力与资金支持，桉富村的产业振兴和"共富乡村"实践迎来了新的突破口与里程碑。

1. 项目定位与规划

2020 年 3 月 18 日，该区实施乡村振兴战略工作领导小组办公室制定并印发《××市××区××镇桉富村都市驱动型乡村振兴创新实验村建设实施方案》（以下简称《实施方案》），提出桉富村乡村振兴实验的总体目标是坚持乡村振兴和新型城镇化双轮驱动、协调推进，培育形成乡村内生力、都市驱动力、城乡互动力"三力融合"机制，为探索本土化的都市驱动型乡村振兴的新模式、新路径贡献力量。

桉富村乡村振兴实验可简要概括为"五机制一品牌五融合"。实验周期为2019年11月至2022年，分为项目前期阶段（2019年11月至2020年3月）、实验建设阶段（2020年4月至2021年12月）、总结提升阶段（2022年）三步走，旨在通过文化保护与开发机制、村庄公共事务管理的有效机制、资源动员开发的长效机制、内驱外拉的市场链接机制、多维立体的宣传交流机制的实验，促成环境友好的生态农业生产方式，凸显历史文化的内涵和意义，通过古牌坊、古巷、古民居、古寺、古井、古树"六古"建设，体现桉富村的古村新韵，形成"桉富古村"品牌系列产品并保障增值，大幅提升村民生计水平和居住环境质量，推进村庄治理现代化进程，促进桉富村成为历史与现实、传统与创新、文化与物质、文旅与农旅、生产生态生活文化相融合的村庄综合体（具体内容见表5-1）。

表 5-1 桉富村乡村振兴实验活动逻辑框架

实验内容	具体实验活动
（一）探索多种机制相结合，保护及开发乡村文化	1. 井弯巷至申家巷段，桉富古牌坊设计及建设；关公庙前立福字碑，福字碑的设计建设。 2. 井弯巷至申家巷段古巷配套修缮（主要为古巷两侧民居外立面"穿衣戴帽"）。 3. 井弯巷至申家巷段，古民居修缮，修缮10户，重点按一户一功能修缮6户民居，定位为古巷六坊，即豆腐坊、桉富堂、福绣坊、桉富村史馆、福照楼、福禄坊；4户定位为民宿。 4. 维护关圣宫、悲憨寺周边环境卫生。 5. 修缮桉富古井，打造水循环景观。 6. 对村内古树进行培育、管护。 7. 组建桉富文化传承服务队
（二）探索村庄公共事务管理的有效机制，改善村庄公共空间	1. 村内人居环境整治，主要包括：桉富村东北进村道路景观打造、沟渠环境卫生、生活垃圾整治；建设完善桉富村生活污水处理设施；新建1座水冲式公厕，新建、改造30户无害化卫生户厕；实施居家养老项目。 2. 组建桉富人居环境整治服务队，形成长期有效的管理机制

续表

实验内容	具体实验活动
(三)探索生态农业、市场与有机社区建设的链接机制	1. 观光农业暨农耕体验区建设,选择种植能手建设桉富生态瓜果蔬菜采摘示范基地,面积10~40亩。 2. 建设特色农业田间实训基地。 3. 组建生产创新服务队
(四)探索村庄资源动员开发的长效机制,壮大集体经济	1. 成立桉富村村民合作社或集体公司。 2. 探索搭建桉富特色产品销售市场(生态农产品、文化纪念品超市,网络销售平台,停车场等)。 3. 组建集体经济服务队,定期组织合作社/集体公司核心成员、古村一条街上的村民、村民代表等进行服务培训
(五)探索多维立体的宣传交流机制	1. 建立村庄数据库及信息管理平台。 2. 建立内部交流机制。 3. 创建对外宣传公共平台

《实施方案》同时依据对实验村基本情况的调查和村民讨论,明确了"政府主导,农民主体;科学规划,有序推进;深化改革,机制创新;部门联动,整合推进"的项目实施基本原则,确定了都市驱动型乡村振兴创新实验村建设工作领导小组和专项工作组的班组成员,并对古村落建设改造的具体内容(包括桉富古牌坊、福字碑建设,古巷、古民居修缮,古寺、古井、古树管护,观光农业暨农耕体验区建设,停车场、生态农产品/文化纪念品超市建设,公众号及村级管理平台建设,人居环境整治)、实验各阶段的任务、专项资金的概算明细和计划使用时间都做了细致的说明,充分发挥了区政府、镇政府(后调整为街道)总揽全局、综合协调的作用,体现了农业大学高霄雨教授团队的智力支持,为实验村接下来的建设画好了时间表和路线图。

2. 项目组织机构搭建

为扎实、有序推进实验村建设,区政府成立了桉富村都市驱动型乡村振兴创新实验村建设工作领导小组和专项工作组。

领导小组由时任区委副书记和副区长担任组长,成员包括农业大学乡村振兴专家导师团队,区政府办、财政局、自然资源局、住建局、卫健委、文旅局、农业农村局等相关部门负责人,以及镇党委书记、副镇长。领导小组的职责是统筹协调都市驱动型乡村振兴创新实验村建设工作,贯彻落实市级都市驱动型乡村振兴创新实验区建设指挥部的安排部署，研究解决工作推进过程中的重大事项和重大问题；总结推广实验村建设经验成果，探索实施乡村振兴战略的有效路径。

专项工作组由时任镇党委书记和镇长担任组长，成员包括镇各相关部门负责人，以及时任桉富村党总支书记和村委会主任。专项工作组负责组织、协调桉富村乡村振兴相关工作，建立健全全镇各乡村实施乡村振兴战略的责任体系，在领导小组的领导下，按农业大学专家及市乡村振兴办要求，结合桉富村实际情况，按照《实施方案》时间节点，积极推进项目建设；同时，总结实验村建设经验，每月向领导小组办公室（区农业农村局）报告项目进度。

根据桉富村党总支书记林德福的回忆，项目第二阶段（实验建设阶段）村内每周都要召开专班会议，会议由领导小组组长、时任区委副书记、现任区委书记牵头，区农业农村局负责人、街道副书记、驻村干部和村委会负责人都参与其中商讨村庄建设发展。农业大学专家团队和腾讯为村实验室工作人员也数次来到桉富村指导、调研，并在村中有固定工作站。

依据高霄雨教授团队制订的方案，桉富村创新实验以"桉富六坊，古村新韵"为主题，以乡村古民居、古巷道、非物质文化遗产为基础，盘活闲置资源形成"新资产"，引入乡村发展"新业态"，培育本土经营"新人才"，发展壮大集体"新经济"，带动村民成为乡村建设的"新主人"，孵化村集体、农民、第三方融合的"新经营机制"。具体而言，该方案以村庄旅游业态建设作为发展第三产业的方向，依托丰富的清代古民居资源开展修缮运营，以错落有致的花巷、古民居、上墙的村庄文化故事形成一体的文化景观为基础，以本土风味的菌火锅、特色菜、融入现代元素的咖啡花饮茶道为特色，以融入"六古"内涵的桉富六坊品牌系列文创产品为伴手礼，吸引附近都市群体形成游客流的同时产生消费流，在改善村庄环境、壮大集体经济、传承保护乡村特色文化的同时，借城市驱动力激发乡村内生力，最终形成农民主体的乡村振兴模式。

在上述设想中，村庄文旅业态的实际经营和项目结束后的持续发展是以村集体和村民为主体来进行的。为了更好地对接市场、更高效地进行产业经营，2020年7月30日，桉富村成立了桉富古村文化旅游有限公司，以桉富村委会为全资控股股东，以村委会党总支书记为法人，以村委会副书记为总经理，以村委会监委会主任为监事，以桉富村委会村组干部（共13名）为董事会，由乡村CEO进行经营管理，并对村委会负责。村集体公司实际负责村庄的资产、资源整合（包括招商引资盘活古民居、经营管理高标准花卉基地、对外宣传提升村庄知名度、管理村内绿化卫生、接待考察旅游团队等）。收益方式包括：古民居、闲置公房、农贸市场出租；花卉基地绿植花卉销售；公司餐饮预订提成、住宿收入和讲解接待、每月活动举办。村集体公司计划将所获得盈利的60%用于全体村民分红，40%用于村级积累——其中公益金占20%，用于发展村内公益事业、开展公益活动；风险基金占10%，用于规避经营风险；管理费占10%，用于公司的管理开支。

领导小组和专项工作组的成立确立了政府主导的项目建设原则，由区领导和各职能部门官员实际参与到实验村建设中，保证了项目实施过程中不断根据实际情况调整具体建设方案、研究解决重大问题，便利各项资源与建设工作对接，充分发挥上级政府总揽全局、综合协调的作用；引入专家团队实际参与和指导实验村项目的方案制订与实施推进，给予最大化智力支持的同时也促进了乡村振兴战略的有效路径探索，推动了实验村建设经验成果的总结推广，使桉富村的经验成果能够不局限于一时一地，更为乡村振兴战略的全面推进贡献本土智慧。

村集体公司的成立、经营及分利机制设计，反映了实验村项目希望能够真正将发展红利留在乡村，激发农户自主建设、自主经营的内生动力，打造可持续的乡村业态发展模式。村集体公司的决策和运营由村委会村组干部和公开招聘的两名乡村CEO负责，其目的是健全新型乡村经营管理人才机制，推动城乡智力资源流入乡村，提高乡村产业的市场化经营能力，在政府项目"撤离"之后仍能可持续地创造价值、共同富裕。

都市驱动型乡村振兴创新实验村的项目建设贯彻落实"政府主导，农民主体"的基本原则，通过"领导小组-专项工作组-村委会+村集体公司"的三级架构,建立了能够切实发挥各类主体作用的组织机制——既明确了政府责任,又落实了农户主体,既发挥了政府能量推进项目建设,又实现了发展成果由村民共享,将政府的政策资金支持、专家团队的智力支持、农民群众的主体作用结合在一起,共同增强农业农村自我发展动力,以组织振兴和人才汇聚推动和保障乡村振兴。

3. 项目执行与资金使用

桉富村创新实验工作形成了"在保护中开发,在开发中保护"的乡村特色文化传承保护机制,把握"文化保护"和"市场化开发"两个要点,探索二者之间的良性互促,从村庄文化景观建设入手,拓展文旅业态运营空间。

《实施方案》中对文化景观建设的建设内容、计划建设时间和资金概算都做了详细的说明(见表5-2),总计投入1050万元用于都市驱动型乡村振兴创新实验村建设。其中市级资金500万元,主要用于古牌坊、福字碑、古巷、古民居、古井及水循环景观、古树、观光农业农耕体验基地项目建设;区级配套资金550万元,将积极整合区级相关项目,及时进行配套,确保项目按期推进,主要用于农村人居环境整治提升和其他建设内容。

表5-2 桉富村都市驱动型乡村振兴创新实验村建设投资概算

单位:万元

序号	建设内容	资金概算	计划建设时间
1	古牌坊、福字碑	20	2020年4月至2020年12月
2	古巷修缮	85	2020年4月至2021年12月
3	古民居修缮	330	2020年4月至2021年12月
4	古井及水循环景观	20	2020年4月至2021年12月
5	古树	5	2020年4月至2020年12月
6	观光农业农耕体验基地	40	2020年4月至2021年12月
7	农村人居环境整治提升	490	2020年4月至2021年12月
8	其他	60	2020年4月至2021年12月
	合计	1050	

其中，古民居修缮是打造"古巷六坊"特色旅游IP的关键一步，桉富村的古民居一般都是几户村民共有一宅，因此村民缺乏修缮动力，再加上修缮费用高昂（30万~50万元/间），想要依靠农户个人完成古民居改造工作殊为不易。因此，桉富村探索出"以修代租，修旧如旧"的古民居盘活机制。村干部多次走访古民居户主，说明古民居改造对农户个人增收和村庄集体经济发展的双重效益；专班会议讨论决定现阶段古民居修缮的选点、改造目标、改造方案、资金预算以及后续的经营特色（见表5-3）。截至目前，村集体已先后与核心区内5所古民居业主签订15年限期内免费租借协议，以修代租，对古民居进行保护性修缮，并引入第三方以民宿、工作室、咖啡馆等形态开展经营活动，租金为每栋每年6万元（游客中心年租金为35500元），归入村集体公司收入。15年后房屋租期到期再根据村民意愿，将古民居交由村民自主经营管理或由村委会续租，发挥集体力量盘活资产。在私人所有的民居之外，桉富村还累计盘活闲置公房、关圣宫和原卫生室公房共600平方米，用于"古巷六坊"和旅游核心区的建设。村集体公司希望能够通过核心区的重点建设，将桉富村打造成集餐饮住宿、博物馆、文化展示、文旅商业功能于一体的文化载体，吸引游客产生收益，进而以点带面，产生联动效应，带动村民自发装修古宅、开办农家乐和民宿，盘活闲置资源，为产业增值、村庄经济发展提供可能性。

2022年，实验村项目进入总结提升阶段。根据上级政府红头文件，当年本应有600万元的项目资金支持（市级资金300万元，区级配套资金300万元）可继续用于古民居修缮，但由于近两年政府财政紧张，600万元资金未能下发。2023年，桉富村收到的资金仅有腾讯的30万元资金助力（主要用于数字化建设，但使用相比政府资金更加灵活），以及中央财政的70万元资金支持，将被用于开办酱菜厂，丰富多样化经营业态。

在1050万元的都市驱动型乡村振兴创新实验村建设专项资金之外，桉富村还通过申请市级、区级各职能部门的项目，争取到政府资金合计1401万元，用于雨污分流项目、饮水提升改造工程、农村人居环境整治、一事一议、农业面源污染治理、乡贤传习所（老客堂改造）、农村公厕建设、小广场公厕改扩建、游客中心建设及装修、健康养老驿站及附属设施建设、

表 5-3 桉富村古民居修缮计划明细

序号	农户	房屋建筑面积（平方米）	房屋结构情况	现居住人口数	改造目标	经营特色	改造方案	资金预算（万元）	备注
1	6户共有	160	土木结构房屋	只有1人居住，其余户有其他安全住房	豆腐坊	桉富豆腐、豆粉、健康常伴	内部修缮及内部功能空间改造	70	古民居
2	3户共有	180	土木结构房屋	只有1人居住，其余户有其他安全住房	桉富堂（糖）	米花糖、桉富糕、桉富饼	内部修缮及内部功能空间改造	50	古民居
3	3户共有	70	土木结构房屋	闲置	桉富村史馆	桉富古村文化及民俗的发源、发展展示	外立面改造，内部修缮及内部功能空间改造	20	古民居
4	3户共有	160	土木结构房屋	只有1户居住，仅此一处住房	福照楼	桉富特色美食餐厅	内部修缮及内部功能空间改造	40	古民居
5	独户所有	340	砖混结构，二层	只有1人居住，其儿子、女儿在外工作，仅此一处住房	福绣坊	桉富绣品	需要拆除门前临时建盖的房屋，内部修缮及内部功能空间改造，外立面、屋顶改造	40	现代民居
6	独户所有	240	砖混结构，二层	居住3人，仅此一处住房	福禄坊（葫芦坊）	桉富葫芦、福字纪念品、象驮宝瓶纪念品	外立面改造，内部修缮及内部功能空间改造	30	现代民居
7	4户民宿，具体户主待定	待定	待定	待定	传统民宿	待定	具有本地农村特色、生活设施基本完备的民宿	80	传统民宿
					合计			330	

关圣宫露天屏幕安装等基础建设和环境改造工作。

大批量政府资金的投入是桉富村改造人居环境、建设旅游业态的物质基础。为提高资金利用的科学性和有效性，桉富村在实验村建设过程中形成了"市区政府规划-街道审核批复-村集体协助落地"的资金使用机制。实验村项目建设专项资金的拨付额度及建设任务清单已由领导小组经充分的调研和讨论后决策，并在《实施方案》中以红头文件形式确定下来，其他市、区级项目资金也有明确的关于资金去处及使用时间的规定，避免了资金后续使用中可能存在的随意性和盲目性。项目招标和资金拨付则由街道统筹管理，建设和修缮工作由街道公开招标、遴选施工方并直接支付费用，这是街道和桉富村委会共同商议决定的资金使用机制，村委会明确提出希望由街道来统筹资金使用，以保证程序的正当性和资金去向的公开透明，避免过程中可能存在的质疑与风险。村集体则主要负责项目实施过程中的协调与配合，协助施工队将工程开进村庄，并随时向上级政府汇报项目进度、反映实施中的问题。

4. 乡村产业运营现状

（1）产业运营主体

在区政府的规划和主导、街道的配合和执行下，桉富村通过都市驱动型乡村振兴创新实验村项目实现了旧貌换新颜，人居环境大大改善，文化景观初现雏形，旅游业态具备初步经营空间。但为了实现乡村共同富裕，赋能于农户主体，乡村产业的实际运营需要交给村集体和农户来完成，上文中提到的村集体公司——桉富古村文化旅游有限公司——正是在此种需求下应运而生。村集体公司由村党总支书记担任法人，村委会干部构成董事会，对外公开招聘的乡村CEO进行经营管理。

2020年11月，桉富村以桉富古村文化旅游有限公司为主体，面向社会招聘乡村CEO两人，经过公告发布、面试方案设置、公开面试等环节，齐飞跃（男，25岁，硕士）和何雅（女，23岁，本科）正式受聘于桉富村，参与村集体公司运营管理和各种乡村发展能力建设活动，村集体公司为其提供高于本区域平均工资水平的薪资。后齐飞跃离职，2022年本科毕业的桉富村村民于珊加入了村集体公司，成为新的乡村CEO。虽然村集体公司在组织架构上是由两位乡村 CEO 负责运营，但实际上进行决策、规划、对接政府项目、处理村内关系的，是以村党总支书记林德福为代表的村委会成员。如果我们抛开乡村 CEO 作为职业经理人的狭窄定义——正如何雅和于珊所说，它其实更像是一个多元化的称呼，而并不必然对应着某种职责或者角色——从这个意义上说，无论是何雅、于珊这些公开招聘的村集体公司职员，还是林书记等实际推动集体经济壮大的村委会干部、村庄精英，都是这个乡村的经营者。

案例 5-2　桉富村的乡村 CEO

何雅和于珊是通过社会招聘入职桉富古村文化旅游有限公司的员工，也是项目组和村委会成员常说的"乡村 CEO"。

何雅，26 岁，2020 年毕业于师范学院地理专业，她是邻村人，家距桉富村仅仅六七公里、十多分钟的车程。本科毕业后遭遇疫情，面临求职困难，正巧此时她看到乡村 CEO 的招聘通知，觉得这个工作非常新颖，并且离家也近，就想着来试一试，她目前在村集体公司负责接待讲解、特色文旅活动组织和财务工作。何雅入职之后，入选了农业大学与腾讯公司联合发起的乡村 CEO 计划，并在 2022 年 1 月成为一期计划的第一批 46 名学员之一，在培训计划中参与课堂式理论学习、实地考察，前往实践基地进行实地训练，最后回到派出地村庄进行在岗锻炼以及结业答辩。其间，项目还通过安排对话沙龙、线上培训课程、阶段性总结和项目申报等活动提升学员的基本技能，包括文字能力、数字化能力、沟通能力等。遗憾的是，受疫情影响，线下课程与实训的开展大大受限。

于珊则是本村人，24 岁，在大学期间学习旅游管理专业，2022 年刚刚本科毕业，将党组织关系转回村内。当时恰逢村中另一位乡村 CEO 齐飞跃离职，村党总支书记了解到于珊的专业对口，且是党员，就邀请她到村集体公司负责网络宣传工作，运营小红书、抖音、视频号、公众号等网络宣传渠道。由于此前未曾从事过网络宣传工作，于珊目前也处在干中学的状态，在宣传频次上只能维持日常宣发和活动宣发。当被问到为何选择这个岗位时，于珊说"感情方面大过很多（其他方面），我对自己的家乡有感情",看到家乡近几年的变化如此之大,她深感不易,希望能利用自身所学,为村庄做一点点小事情,贡献一点点微薄的力量,这是对自我价值的肯定。同时,她身上也有着年轻人的好奇心和冲劲,希望能够在参与项目建设的过程中总结乡村发展文旅产业的经验,在实践中丰富知识、增长见识。

根据何雅和于珊的描述,虽然她们被叫作乡村 CEO,但村集体公司的决策权还是由村党总支书记掌握,"村党总支书记对咱们的管理和对村委会委员差不多,他派任务、掌握全局,有些小的事情就放手让我们做"。以村党总支书记为代表的村组干部负责对接政府项目建设的专项工作组,配合政府开展项目工程监督和协调;积极向上申请市、区级政府项目,争取资金支持;协调村民关系、为村庄建设做通村民思想工作;向外招商引资,盘活村庄闲置民居、山地资产等。

简言之,在桉富村内,村组干部同样承担着乡村 CEO 的职责,运营着乡村的第一、三产业,而村党总支书记林德福更是在村集体经济发展中真正掌握决策权和有影响力的人物。在与我们对话时,林书记一提到实验村项目的开展和村集体经济的建设便滔滔不绝,他曾经主导了村集体土地的重新核算与流转;顶住村民压力拆除了 62 栋 3900 平方米的私人违章建筑,改善村内的道路卫生绿化情况;实验村项目下的古民居盘活、高标准花卉基地销售等主要业态也都深度参与;对村庄下一步的发展着手点和未来前进方向同样有细致而深远的规划。村组干部不仅在村庄建设中投入大量的时间、精力,甚至还在政府资金到账之前自行垫付,林书记一人就垫了 10 多万元,其他村组干部每人也垫了 2 万~3 万元。他们的付出对于桉富村集体经济发展壮大、形成多样化产业经营结构是不可或缺的条件,在他们身上也真正体现了我们所期待的"农民主体"模式的萌芽。

(2)产业运营内容

桉富村集体公司,以"古巷六坊"建设为核心,盘活闲置资源,培育村庄文旅业态,鼓励农户自主经营,带动村民共同致富。

古民居修缮与盘活:古民居修缮与盘活是桉富村项目建设的核心与特

色，桉富村通过整理闲置公房，与 5 户村民签订以修代租协议，盘活了 6 处古民居资源，并依托市、区政府的项目资金支持，共花费 330 万元完成 6 所古民居的修旧如旧工程，打造了"古村新韵""古巷六坊"的村庄文旅品牌。修缮完成后，村集体公司积极向外招商引资，通过招租会等形式引入外来资本经营，主要经营形式是民宿、餐饮以及艺术家工作室（见图 5-1）。6 所古民居中有 5 所租金为 6 万元/年，另外一所集游客中心和咖啡馆于一身，租金为 35500 元/年。村集体公司目前只收租金，不从古民居运营中获取分红，合计一年为村集体增收 335500 元。

图 5-1 古民居修缮后出租为葫芦丝艺术家工作室
（课题团队拍摄）

村庄文旅业态培育：依托于"中国传统村落"和"古巷六坊"的品牌，桉富村力图将核心区打造为集餐饮住宿、博物馆、文化展示、文旅商业功能于一体的文化载体。通过人居环境整治、民居外立面统一粉刷、桉富花巷景观营造、古民居修缮与运营，桉富村初步建成了可以容纳游客观光、娱乐、住宿、消费的文旅业态空间，并凭借邻近省会城市市区的交通和市场区位优势，吸引以周边城市居民为主的客流。桉富村的游客引流主要依靠村集体公司举办的特色民俗活动，一年中有两场较大的活动，分别是农历三月初五的祈福节和农历六月二十四的火把节，通过社交媒体平台等宣发形式，人流量可达 3 万人，主要营收形式是举办长街宴，成本约 3 万元，利润约 6000 元，并带动了全村餐饮、民宿、小摊贩的盈利，整村流水可达 10 万元。此外，端午、中秋、国庆等节日，村集体公司都会视情况举办一些小型活动，但形式不固定，有时是顺应上级政府领导的提议才会进行活动策划与执行，活动的宣发效果、人流量和盈利也不稳定。在通过特色活动吸引散客之外，桉富村作为都市驱动型乡村振兴创新实验村，也会接待一定数量的政府考察团、研学团和旅行团，村集体公司为团客提供接待讲解服务并根据需要为其联络住宿、餐饮，收取讲解费和 8%～10% 的提点收益，并入集体收益之中。

案例 5-3　腾讯的数字化工具支持

乡村文旅业态的发展离不开社交媒体平台上的宣传与引流，乡村 CEO 于珊是村集体公司中具体负责宣传工作的人员，从一位"网宣小白"逐步上手，学习运营桉富村文旅宣传的微信公众号【桉富六坊】（现迁移至【古村桉富六坊】）、视频号【古村桉富六坊】和小程序【桉富六坊云服务】。

腾讯为村实验室在实验村项目启动之初就入驻桉富村，并在村中设有固定驻扎点。它们发挥数字化平台搭建的企业技术优势，为桉富村提供了公众号、视频号、小程序等一整套用以展示乡村风貌、对接城市市场的数字化平台。

其中，公众号用于记录桉富村建设历程，发布文旅业态宣传。例如，8 月 2 日推文《火把节，桉富等你共狂欢》邀大家共同参与火把节的文艺表演、长街宴、特色集市等活动；又如 10 月 17 日推文《桉富村福源坊招租公告》将修缮完成的古民居对外招租信息公开发布。视频号主要配合公众号进行宣传，打造"桉富古村"品牌，发布桉富村自然人文美景及有关火把节、重阳节、非遗手工体验等特色活动的短视频吸引游客。小程序则为游客享受丰富多彩的旅游体验提供了便利的渠道，通过小程序能够提前了解村庄特色，制定游村攻略，预定接待讲解服务，报名火把节长街宴、祈福节品福宴等特色活动，预约柿子采摘、刺绣剪纸、植物拓印等趣味乡村体验，还可以直接联系到乡村CEO何雅提前安排好旅游线路及餐饮住宿，于游客而言极大地便利了出行、改善了游玩体验，于桉富村而言则更加发挥了邻近城市的交通区位优势，通过数字化平台将城市居民吸引到乡村进行旅游和消费。

在帮助桉富村搭建一系列数字化平台供对接旅游市场之外，腾讯还提供了每年30万元的资金支持，主要用于购买数字化设备，例如，村集体公司办公所用电脑，及拍摄短视频所需的云台等设备，都来自腾讯的资金支持。同时，由于政府财政资金拨付都有明确的预算计划，不可以在其他事项上使用；而腾讯提供的资金，只要是用于村集体建设，也可以适当调整至其他事项，如乡村基础设施改造与公共服务，其灵活性为村庄建设与发展提供了很大的便利。

鼓励农户参与第三产业经营：村内文旅产业的发展和游客数量的增加让更多村民看到了盈利的可能，村委会和村集体公司也鼓励、支持部分有意向、有能力的农户开办农家乐和民宿。目前村内已有村民自营的4家农家乐（桂香园、安临阁、酸菜牛肉火锅、天麻火腿鸡店）和1家民宿（安和园休闲居）：4家农家乐经营状况良好，有稳定客流，年营收均达15万元以上；民宿目前每年只有20晚有客人入住，每间每晚房费100元，一年营收4000多元。农家乐和民宿由村民自主经营，但也有同村集体公司合作的情况：经由公司协商如（旅行团、散客等）订餐，公司有8%~10%的提点收益并入集体收益当中；经公司预订出的房间，由村集体公司提取5%~8%的管理费计入集体收益中。通过此种合作模式，村集体公司尝试赋能于农户，提高农户从村庄文旅产业发展中直接受益的能力。

案例 5~4　安和园休闲居——农户自营型民宿

桉富村内共有两家民宿，其中一家安宁坊是村内盘活、修缮的古民居，目前已租赁给第三方企业创汇家装饰工程有限公司，以租金 6 万元/年作为集体收益，尚未正式开始营业。而安和园休闲居则是桉富村内唯一正在经营的民宿。

安和园休闲居的老板林伟是桉富村村民，他原本在外务工，是一名客车司机，妻子则做他的售票员，两口子一年可以收入十四五万元。但 2022 年，林伟年满 60 周岁，因为驾驶证降级无法再靠开客车赚钱，于是他回到村里开始从事种植业，除耕种自家的 2 亩地外，还在距村十多公里之外承包了 20 亩闲置山地经营大棚花卉种植，目前花苗还未开始收获。

林伟回村之后，将自家房屋翻新。恰逢桉富村进行都市驱动型乡村振兴创新实验村建设，统一为民居粉刷了房屋外立面、安装了防盗门。林伟家的房子正好位于村庄核心区、游客中心的对面，又是新建房、房屋条件适宜，村集体便鼓励他将自家住房改造为民宿自主经营。于是林伟自费 60 万元进行了房屋内部装修，楼下自住，高层划分出 7 间单间，配备独立卫浴，有 24 小时热水供应及基本的洗漱用具。

据林伟所说，安和园休闲居一年内仅有 20 晚有客人入住，每间每晚收取住宿费 100 元，上一次有人入住还是六月二十四（公历 8 月 10 日）的火把节。在与村党总支书记和乡村 CEO 的交流中，我们也了解到民宿营业额不高（一年约 4000 元）的可能原因——村内可玩的项目太少，大部分游客是周边的城市居民，他们来乡村体验特色民俗节日，游玩时间一般不会超过一天；加之桉富村距离市区近、交通方便，游客一般没有住宿需求，因此民宿产业尚未开拓出较大的盈利空间。

高标准花卉基地经营：《实施方案》中还充分考虑到了桉富村在种植业中的传统产业优势，提出将村民丰富的种植经验与新型农业技术相结合，建设观光农业暨农耕体验区，计划利用集体土地 10~40 亩，种植生态露天蔬菜、花卉、草莓等，兼顾生态、美观、互动等功能，并结合消费者采摘、认领、村庄生态集市活动，以及消费者日等方式，建成一个生态农业教育示范基地。在实际执行中，由于村集体土地除少部分闲置山地外，均已被分配给各村民小组向外出租，租金用于组内村民分红和公共服务供给，因此实际能盘活的集体土地并没有达到预想中的面积，仅仅向第三村民小组承包了 4 亩土地（目前承包的是村民个人的土地，按照市场价向村民支付每年每亩 7000 元租金，并提出待三年后第三村民小组机动田租约到期便与村民置换田地，以保证村民的耕种用地）。村集体公司利用这 4 亩土地经营高标准花卉基地，采用高标准、水肥一体化大棚，配置温控、湿控、水电、监控等设备，进行盆栽花种植与销售。对外销售的绿植，成本 7 元的售价可达 40 元/盆，成本 8~9 元的售价可达 50~60 元/盆，花卉基地一年营收超过 20 万元；同时，村内开展绿化工程所用的绿植也均是以成本价向村集体公司采购，极大节省了绿化建设的开支，美化了道路环境。

村民共享集体发展收益：通过实验村项目建设与多业态发展，桉富村的集体经济得到了极大的发展。2022 年，村集体经济收入由 2018 年的 80 万元增至 143 万元，村集体公司成立一年半之内产生了 160 万余元收益。相比过去完全依靠集体土地租金，如今的村集体收入来源大大丰富，第三产业也有了从零到一的发展，集体经济发展的收益惠及全体村民。村集体土地租金仍用于村民分红、节日福利和基础设施建设。村集体公司的收入，除发放乡村 CEO 的工资（月工资分别为 5000 元和 3000 元）之外，主要用于基础设施建设和公共服务改善——疏通道路、保证农业和生活用水用电、清洁公共空间和厕所、组织护村队 24 小时巡逻等——由于目前村集体公司尚在发展壮大之中，几乎没有剩余的净利润，因此尚未直接给村民分红。

5. 项目建设的模式总结与成效

桉富村的都市驱动型乡村振兴创新实验村建设融汇了上级政府、村集体、农户、农业大学专家团队、腾讯等多方面的力量，形成了"政府主导-集体运营-社会共创"的模式：政府主导项目建设，搭建工作班底，确定项目规划，统筹资金支持；村集体协助项目落地，着手产业经营，壮大集体经济，改善公共服务，并鼓励农户自主参与第三产业经营；社会力量发挥自身优势提供助力，高校智力共创，提供方案支持与建设指导，腾讯提供资金和数字化工具支持，通过培训赋能乡村 CEO，助力可持续创造价值的人才培养机制。

桉富村乡村振兴的独特优势主要表现在三点：一是得天独厚的自然和区位条件，赋予了农户依靠蔬菜花卉种植业增收致富的机会；二是第一产业的兴旺使村庄能够"留住人"，桉富村并未像其他村庄那样面临严重的人才外流问题，激励农户参与乡村振兴相对容易；三是在第三产业的发展中，邻近省会城市市区的地理位置为吸引城市客流、实现都市驱动发展提供了区位条件，古民居的良好保存构成了文旅业态建设的物质基础，作为住建部确定的具有重要保护价值的"中国传统村落"，桉富村的文旅品牌打造也有相应的基础与着手点。实验村项目以"五机制一品牌五融合"为核心发展思路，重点利用了桉富村在第三产业发展上的优势，推进乡村产业结构优化与集体经济发展。

都市驱动型乡村振兴创新实验村的建设从 2019 年 11 月至 2020 年 3 月展开调研、确定方案、组建团队；2020 年 4 月至 2021 年 12 月正式进入实验建设阶段，打造桉富古村的文化景观，形成多业态发展格局，扩大产业盈利空间；2022 年进入总结提升阶段，延续前一阶段的未尽工作，寻找下一步集体经济创收的可能方向。在项目建设过程中，桉富村依托政府及社会资金支持，发挥政府主导力量，形成乡村振兴合力，极大地改善了人居环境，提高了基础设施建设水平和公共服务水平，向着村民期望的美好生活更进一步；古村落建设初见成效，文旅业态初具规模，打破乡村单一产业结构的尝试取得极大进展；集体经济发展壮大，收益惠及全体村民，并赋能于农户自主经营增收。相比项目开展之前，桉富村成功地找到了第三产业发展的着手点与突破口，并有效地赋能于农户，提高了村民对接更广大城市市场的意识和能力，针对过去产业结构单一、缺乏市场化经营意识的痛点与难点做出了极大改进。2021 年 10 月，桉富村入选第二批全国乡村治理示范村，显示了其在乡村振兴实践与探索中的成果。

（三）桉富村未来发展规划

通过耕地资源的重新确权与流转、"桉富古村"实验村建设与打造，桉富村基本实现了集体经济的从无到有，完成了从单一产业结构向第一、三产业融合的初步探索，对于第一、三产业进一步的发展与融合也有了初步的规划。

成立农业合作社：蔬菜花卉种植业是桉富村绝大部分村民的主要生计来源。得益于得天独厚的水热土壤条件和区位交通优势，桉富村的耕地价值远胜于中国很大一部分农业产区，如何使经济作物更好变现，是关系到桉富村村民能否致富的最关键问题。村委会干部目前已经意识到，市场价格的巨大波动和产销间繁多的中间环节是阻碍农户稳定增收的重要原因。因此村党总支书记提出希望成立农业合作社，整村与大型农产品销售公司合作，打通销往广东等地市场的渠道，减少中间环节对利润空间的挤压。不过这一提议目前还停留在想法阶段，并未正式获得全体农户的同意与支持，甚至有多位村民向我们反映，觉得"（合作社）搞不起来"，"每家各种各的好"。

完成古民居改造：在第三产业方面，桉富村首要的计划是继续完成古民居改造，目前村集体共清点出36所古民居资源，修缮完成的仅6所，还有30所古民居资产可盘活。由于财政资金紧张，原定2023年拨付的600万元资金无法到位，也不确定下年情况如何，村集体公司目前的打算是招商引资、以修代租，已有5所古民居正在与社会资本沟通合作意向。

丰富文旅业态建设：村庄内观光娱乐项目不足，游客游玩时间太短，限制了消费和盈利的产生。村集体公司计划将原本租给农户的180亩山地资源（每年租金仅1000~3000元/亩，远低于耕地）待租期满后收回，交由社会资本改造为水果山绿化山，打造休闲采摘农业，至少增加游客游玩时间2~3小时，吸引更多游客、扩大旅游业盈利空间。

鼓励村民参与第三产业经营：上级政府还提出"百户兴业"计划，希望更大范围地鼓励村民参与第三产业经营、丰富村内文旅业态，已经向桉富村布置下至少争取20户村民自主创业的任务。目前村集体公司正处在向村民了解创业意向的过程中，已统计的创业意向以地方特色小吃为主，村民此前也多有在附近经营小吃摊的经验。

"一码通"村集体参与第三产业分红：完成古民居改造、盘活山地资源后，预计桉富村的游客数量将会有大规模的提升，届时村内各类餐饮、民宿、文创产品销售等均会获得较大的盈利与发展空间。村集体公司希望能强化数字化经验模式，建立"一码通"，统一为经营者免费上架扫码支付服务，连接后台分账系统，将3%的收入作为管理手续费并入集体收益，为经营者节约成本的同时提高集体在文旅业态建设与发展中的收益。

三 桉富村乡村产业振兴的堵点

都市驱动型乡村振兴创新实验村的建设已经帮助桉富村找到了多业态发展的突破口，但在产业发展、增收致富的过程中，仍然存在一些有待克服的堵点，制约着桉富村的振兴进程。

种植业作为桉富村村民的主要收入来源，仍然未能突破产业升级的瓶颈。土地的重新确权与流转仅仅理顺了村内的土地分配秩序，没有改变种植户面临的外部市场现状。农户仍然处在农产品供应链底端——粗放式的经营方式削弱了他们对作物供应时间的控制，无法有效地进行市场化经营；缺乏直接对接消费者的渠道资源，更使他们不得不面对剧烈波动的市场价格和层层削薄的利润空间。想要实现向农产品供应链优势地位的转化，收入向上迈一个台阶，农户必须提高自身市场化经营的意识与能力，提高对市场波动的掌握和议价能力，寻找到能替代中间环节的渠道资源。但目前，桉富村农户面临的实际困难是：市场渠道对接的难度大，蔬菜、花卉种植不同于粮食作物种植，作物不易存放，销售窗口期短，对采购和物流渠道都提出了更高的要求，因此种植户采用了最简便、最没有风险的方式，就是将作物卖给相熟的小贩，让他们挣走中间差价。想要寻找跨省销售的渠道，更直接地将农产品送到消费者的餐桌上，又要求村内形成农业合作社，提供稳定的大规模农产品供应，但目前农户合作经营的意愿较低，散户种植已经能为他们提供不错的生计，要改变他们的路径依赖、鼓励他们去尝试一种有风险的经营方式并不容易。

文旅产业发展的堵点在于桉富村目前的知名度仍然不高，观光娱乐项目数量偏少，客流量不足加上消费点的匮乏阻碍了桉富村提高文旅资产的实际变现能力，也无法为第三方资本入驻开发和农户自主经营文旅业态提供充分的利益驱动。诚然，上述问题都是乡村第三产业发展初期必然面临的阵痛，但桉富村的文旅产业经营是由村集体公司主导、村干部决策、大学毕业不久的乡村 CEO 负责执行，缺乏成熟专业的第三产业经营人才将会制约村庄文旅产业的长期规划与发展。目前，桉富村的文旅产业空间打造主要依从于农业大学专家团队的方案，特色活动的策划主要依靠上级政府的指示和村委会干部的设想，活动宣发和品牌推广主要由非专业的乡村 CEO 边学习边推进。那么，当项目结束，政府和专家团队渐次淡出乡村振兴的场景时，桉富村还能否不断创造更高的第三产业价值？通过第三产业发展壮大集体经济、实现村民共富，最关键的是提高面向市场的能力，将僵化的资产和文化景观变现，专业经营人才的缺乏将极大地制约桉富村的市场化经营能力提升。

目前，桉富村的第三产业发展在资金上主要依靠政府财政的项目拨款，在产业经营上主要由村集体公司进行。这就造成了两个问题：首先是资金上的高度依赖性不利于产业发展的可持续性——近两年政府财政的紧张直接延缓了古民居修缮与盘活的进度，村集体缺乏从市场中招商引资的能力，集体收入也不足以支持文旅产业的继续开发。

更重要的是，实验村项目的建设未能充分激活村庄发展内生动力：桉富村实际参与文旅产业经营的农户不足十户，多业态发展并未真正促成村民收入结构多样化，村集体公司的利润主要用于公共服务建设，尚无现金分红，村民在集体经济发展中的直接获益少。而且，村庄尚未建立起清晰的、得到认可的集体经济利益分配机制：村集体公司的一项重要收入是村口农贸市场的租金收入，一年34万元，在村集体公司一年的总收入中占比达到约40%，农贸市场用地属村集体土地，最初与各村民小组约定租金平分为四份，三个村民小组各得一份，用于村民分红和福利发放，最后一份归入村集体，用于村庄建设。但后来村委会以建设开支大为名，没有兑现最初约定的给村民小组的分利，诚然在"村财镇管"的资金使用规制下（村集体和各村民小组的财务收支全部由街道农经站监管，钱款存在农经站账户而非直接由村干部控制，资金使用需经村委会监委会主任-村党总支书记-街道农经站三级审核签字后才可拨付）私人贪污挪用公款的可能性不大，但对于不了解基层财务制度和村庄治理现状的普通村民来说，这个未兑现的承诺还是造成了他们对村委会的不信任，也不利于激发村民参与集体经济建设、开展合作经营的主观意愿和主体意识。

综上所述，桉富村乡村产业振兴中的堵点主要可归纳为以下四点：蔬菜花卉种植业面临产业升级瓶颈，粗放式个体经营对接市场难度大，农户集体经营意愿低；文旅产业缺乏专业经营人才，难以完成更高层次的引流与变现；高度依赖政府资金，独立造血能力弱，业态建设缺乏可持续性；村民从集体经济发展中直接获益少，未建立起公开明晰的分利机制，未激发农户自主参与乡村建设的主体意识。

四 桉富村实现共同富裕的政策建议

针对上一部分提出的，桉富村乡村产业振兴与"共富乡村"实践目前存在的堵点，本部分希望提出如下具有针对性的政策建议，同时作为对桉富村乡村振兴实践与经验探索的补充。

（一）政府牵线对接市场渠道资源，村集体合作开展规模化种植业经营

单单依靠村民自己的力量想要打破由来已久的种植业分销体系、对接更终端的市场渠道资源可谓殊为不易，这正是需要政府发挥作用的地方。政府可以通过多种方式减少桉富村农作物销售的中间环节，扩大种植业利润空间，例如，布局大型蔬菜花卉市场建造、牵线企业打造认养模式或者打通农产品直销外省的市场渠道。同时，想要提高农产品销售价格、争取供应链上的优势地位和议价能力，桉富村必须摆脱散户粗放式经营的旧有模式，开展集体合作的规模化经营，以农业合作社的形式加强农户在技术运用、设施更新、采摘销售上的联动合作，提高农产品品质、产量、利润，增强对作物成熟过程和市场价格情况的掌控，从而更好地应对作物价格剧烈波动的市场状况。当然，桉富村的种植户目前对农业合作社形式的认可度并不高，想要实现规模化经营的目标，首先需要通过各类宣讲活

动、集体会议、思想工作，增强农户对集体合作优势的认识与合作意愿。

（二）引入专业经营人才，促成文旅产业全面升级

桉富村目前的文旅产业发展尚处在起步阶段——知名度较低，客流量较小，娱乐项目匮乏，盈利空间不足。文旅产业的经营主体——村委会干部和大学生乡村 CEO 都相对欠缺文旅产业品牌打造和产业经营的专业能力与经验，目前第三产业的创新运营在一定程度上还要依赖政府的命令与指导，这并非为乡村培育可持续发展价值的长久之计。桉富村可以效仿浙江省杭州市余杭区的乡村人才培育机制，通过公开招考方式引入有丰富产业运营经验的人才担任乡村 CEO，由政府财政而非村集体统一发放工资，统筹乡村业态发展，全面盘活文旅资源、找准旅游定位、打造知名度较高的文旅品牌、增加游客流量。有了游客便自然为第三产业的盈利打通了需求端，下一步便是引入社会资本、鼓励农户自主经营，在村庄中发展多样化的文旅相关业态（如民宿、餐饮、文创产品、体验工坊、研学基地等），进而形成社会资本和村民主动开发盈利空间，丰富旅游业态的良性循环，激发乡村振兴内生动力。

（三）推进第一、三产业融合，扩大集体经济经营范围，统筹村内资源整合与产业升级

目前桉富村已经告别了过去单一的产业结构，进入多样化产业并行发展的时期，但第一、三产业之间仍然显见地缺乏统筹与融合，仅仅是各行其是。推进第一、三产业融合将促进两种业态的互利共赢，打开产业发展的新赛道——发展休闲采摘农业，建立观光农业区和农耕体验基地，有利于打造特色旅游和研学项目，吸引城市客流，在已有的种植业基础上为农户和集体增收；设计以当地特色农产品或农业产业相关内容为形象的文创产品，打造桉富村特色 IP，提高村庄知名度，开辟新的盈利空间，带动农产品销售……第一、三产业的融合将成为壮大集体经济、突破产业升级瓶颈、激发农户自主经营意识的重要通道，但它同样需要对村内资源和产业发展统筹规划，需要建立起上级政府、村委会和乡村 CEO 之间合理的权责

划分与分工协作机制，在充分利用政府支持、发挥全村合力的同时，体现出乡村 CEO 把握市场、打造业态、推广品牌的专业优势与成熟经验，真正将多业态融合发展的成果在市场中变现，将乡村振兴的收益落到实处。

（四）建立清晰、合理的利益分配机制，增强农户对集体经济和乡村振兴的信心与主体意识

当前，桉富村集体经济的发展壮大虽然已经取得了比较显著的成效，村集体公司成立一年半之内即获得 160 万余元收益，供给了大量的公共服务，极大改善了村庄的交通、卫生、绿化、安全保障等条件，但村民从集体经济中直接获益少，村民与村集体之间的分利机制不确定、不透明、不公开，未能获得村民的普遍认可，阻碍了真正赋能于农户、以农户为主体的乡村振兴模式的形成。因此，召开村民代表大会，重新就集体经济的利益分配机制进行讨论和集体决策，澄清村集体与村民之间关于分利机制的误解，真正使乡村振兴成为尊重农民意愿和维护农民权益的乡村振兴，把选择权交还给村民而不是代替村民选择。这不仅能够提高村民对村集体的信任度，也将加深他们对集体经济当前发展状况的了解，提振他们对乡村新业态发展的信心，鼓励他们更加主动地参与到村庄各项革新与建设中。事实上，无论是农业集体合作社的建设，还是文旅业态的发展，都离不开农户的主体意识，只有真正获得村民的信任、动员起农户的自主发展意识，才有可能实现独立造血的乡村振兴与共同富裕。

第六章 多村联动的"全能型"农文旅业态实践——"云间花苑"案例

引　言

"云间花苑"乡村振兴示范园位于四苹县克柔镇。四苹县2012年被认定为全国14个集中连片特困地区中680个贫困县之一，2019年，四苹县142个贫困村全部脱贫出列，累计减少贫困人口42177人，贫困发生率由2014年的8.08%降至2019年末的0.007%，四苹县成为该省首批脱贫摘帽县。第七次全国人口普查数据显示，四苹县常住人口数量为53.6万人，农村人口占比为60.6%。作为一个农业大县，四苹县完成脱贫攻坚项目后，转战乡村振兴，其在自然资源和产业发展方面具备一定优势。在自然资源方面，四苹县拥有百万亩油菜花海、九龙瀑布群、那色峰海等世界级旅游资源；在产业发展方面，第一产业中菜籽油、小黄姜、蜂蜜等产品深受市场欢迎，辅以与之配套的轻加工业。因此，如何提升农业生产的资本转化能力，用好其独特的自然景观，发展第三产业成为四苹县乡村振兴的突破口和发力点。

克柔镇是四苹县下辖的13个乡镇（街道）之一，该镇中的云谷、唯吉、小石龙三村地处滇、桂、黔三省交界，距离四苹县城14公里，位于百万亩油菜花海和"中国最美峰丛"——金鸡峰丛景区腹地，距离金鸡峰丛景区入口5公里，紧邻国家4A级景区九龙瀑布群和西南地区最大的国际小黄姜交易市场。该区域属典型喀斯特地貌，风景优美秀丽、森林覆盖率高。长期以来，克柔镇在乡村产业的发展过程中，存在以下四点突出问题。

一是乡村振兴主体单一，动力不足。乡村振兴工作长期以政府为主导，四苹县政府和克柔镇政府既要承担乡村产业发展的规划布局，又要筹措保障乡村建设的资金，还要从内部搭建参与乡村产业发展的组织体系。但其他社会资源和企业力量没有被充分调动，农民在乡村产业发展中处于被动地位。

二是缺乏乡村专业人才。克柔镇5.6万人口中，在本县务工的人员较多、劳动力人口外流规模小，本地劳动力较多从事油菜、烤烟、黄姜的农业生产工作，供职于第二、三产业的经营人才、管理人才不足。

三是乡村产业单一，缺乏其他产业支撑。除传统种植业外，村庄发展主要依靠旺季油菜花海景区旅游，然而旅游产业需求不旺，春季油菜花标签太深，在花期之外的大部分时间，旅游人口有限，加之四苹县尚未开通高铁，与省城相距3小时车程，外地客户规模有限，而且邻近的贵州、广西境内有大量可替代性旅游资源，在一定程度上稀释了旅游人口规模。

四是过往的投资发展模式未能给乡村和农民带来最大化收益。一方面，过去依靠油菜花海景区带来的经济收入未能转化为村集体收入，村庄发展缺乏产业支撑和资金保障；另一方面，依托种植经济作物的传统，早年已有建立乡村集体合作社的尝试，但传统合作社模式单一，通常采用低价流转农户土地的方式，既没有有效带动产业发展，也没有给农民带来更高收益。

面对以上四大问题，2021年以来，四苹县抢抓全省实施乡村振兴"百千万"示范工程的政策机遇，以百万亩油菜花海和金鸡峰丛景区为核心吸引，以"花间赏、云谷住、唯吉养、石龙忆"为主题试点打造乡村振兴示范园，政府、企业、村民、社会合力探索乡村产业发展新模式。目前，涵盖了云谷、唯吉、小石龙三个自然村的"云间花苑"多村联动项目已试运营近两年、正式开业运营近一年，国有企业与村集体控股的合资公司在政府和专家团队的指导下，在项目运营中扮演"全能型"角色，承担了项目管理经营、业态布局、利益分配等多重功能，探索出一条多村联动的"全能型"农文旅业态发展道路。

本章第一部分至第四部分，将分别从项目的发展过程、典型经营者、多业态实践以及"共富"模式四个方面入手，回应本地在乡村发展中所面临的四个问题及其解决方案：第一部分系统梳理"云间花苑"项目的发展过程，强调多主体参与、探索多主体合作的新模式，解决乡村振兴主体单一的问题；第二部分主要介绍"云间花苑"项目中的典型经营者，重点梳理乡村CEO如何进入乡村并发挥作用，解决专业人才不足的问题；第三部分介绍项目的多种经营业态，通过开发新业态挖掘村庄文旅产业发展潜力，试图解决需求不旺、产业不兴的问题；第四部分介绍了四种"共富"模式，以及数字技术如何辅助"共富"机制有效运营，解决集体经济缺乏与农民利益受损的问题。第五部分是归纳与总结，总结"云间花苑"项目实施至今所呈现的成效和特点、可能存在的问题，并提出未来发展建议。

一 "云间花苑"的多主体参与

（一）初始：规划打造"云间花海"乡村振兴田园综合体

1. 县级：结合乡村特色建设田园综合体

2021年，四苹县计划总投资28亿元打造"云间花海"乡村振兴田园综合体项目。在项目打造之初，主要由市委市政府以及四苹县委县政府进行项目整体构思。首先，春季油菜花田是四苹县的一张名片。但是，仅依托油菜花海作为单一吸引点，存在无法留住游客、游客消费不足、景观价值无法转化为经济价值的困境。四苹县委工作人员表示："很多游客来到油菜花海看一下，买两瓶水喝，走了，根本没留下来，给我们带来的思考就是怎样把游客引到我们的乡村，并让游客留下来。"事实上，本地区拥有独特的喀斯特地貌，乡村的景色本身也可以成为一大亮点，除油菜花海之外，绿树白墙的乡村景致也可以成为让游客留下的吸引点。

在田园综合体的打造中，政府提出要结合当地特色进行定位，因此，不同村落的规划有较大差异。之所以要求各村定位不同，主要是为了避免同质化问题，例如，每个村的老百姓有不同的擅长领域、有不同的手艺，故而，政府进行项目打造和设计时，也会重点挖掘各村百姓的差异，探索各村发展的可持续性。

2. 镇级：打造乡村振兴示范园的条件与过程

克柔镇在"云间花海"乡村振兴田园综合体项目中占据重要位置。2021年，省驻京办选择四苹县作为帮扶点，特别地，其将克柔镇品迪村作为定点帮扶村，在乡村振兴工作中立足克柔镇。省驻京办自筹资金邀请了一家全国性专业设计公司设计了《"云间花海 金色四苹"克柔镇乡村振兴示范园概念规划》《"云间花海 金色四苹"概念规划及重要节点详细规划》。

克柔镇内的品迪村委会、桉坝村委会凭借其靠近金鸡峰丛景区、开发潜力大的特点，进入了政府规划视野。在这两个行政村计划打造以学、养、娱、购、忆为主题的景区，示范园集中展示"花间赏、云谷住、唯吉养、普夕娱、采义购"的田园风情。前期规划包含的自然村有品迪村委会的云谷村，以及桉坝村委会的唯吉村、普夕村和西采义村，计划构建集住宿、康养、娱乐、购物于一体的环线旅游带。为了论证规划的可行性，2022年，省驻京办邀请农业大学的高霄雨教授团队，考察和参与"云间花海"乡村振兴田园综合体规划。农业大学高霄雨教授及其团队提出在云谷村打造乡村的产业、人才、文化、生态、组织振兴五类示范，处理好政府主导与农民主体、社会资本与农户利益、尊重农民愿望与推动农民现代化之间的三种关系，建立突出以农民为受益主体的"531"发展机制，从统一乡村建筑色系、推进地标设计、构思游览动线、布局村民业态几个方面，建设"云间花苑"乡村振兴示范园。

3. 多村：早期规划的推进与实施

云谷村是整个项目中最早开始规划建设的村落。2021年3月，在乡村振兴项目推进之初，政府便率先考虑修缮云谷村道路，先把云谷村和外围道路连接起来，使游客看完油菜花田之后可以入村旅游。至于为什么选择云谷村，而不是选择距离金鸡峰丛景区更近的金吉村，县政府工作人员给出的回应是，金吉村建设已经比较成熟，已拥有100多家餐饮和民宿，旺季期间，人气爆满，在打造示范区之前，金吉村内部已具备第三产业基础，该村群众也已经在从事相关产业的探索。与之相对，云谷村整体发展相对滞后，特别是基础设施建设欠缺，尽管有一家农户在从事民宿经营，但一是没有形成规模，二是与民宿业态相匹配的服务业态匮乏，尤其是村内没有小卖铺、小吃店，村民需要到镇上购买日常生活用品。2020年至2021年初，克柔镇党委书记带领团队在云谷村及周边进行了多次考察，而后批准拨发60万元政府整合资金，作为开展云谷村乡村振兴项目的首笔资金，用于道路的维修，2021年3月起，该笔道路交通补贴用于云谷村与唯吉村之间的步道修缮，将两村连接起来。

按照逐个乡村分步打造的思路，唯吉村的建设始于2021年10月，在原计划中，克柔镇的5个乡村逐步推进，但由于资金限制，项目现阶段暂包括3个乡村。使用完60万元政府整合资金之后，后续项目建设的资金主要来源于专项债券，用于全县田园综合体建设的专项债券总规模为28亿元，其中针对"云间花苑"区域的专项债券资金总额为1.2亿元，当然，按照拨款计划，1.2亿元并非单纯针对三个自然村，还包括后续待开发的村落。在访谈中，政府工作人员表示，1.2亿元的总额也并非只用于建设文旅项目，也将用于产业发展和基础设施建设。

总体而言，本项目采取逐村依次推进的思路进行打造，先以个别村落作为建设试点，为后续村落的发展和建设做出示范效应，使得后续待建村落能够了解到村庄改造时将会获得的回报以及可能付出的代价，学习示范村落的资产盘活方式和机制。这能够为思想落后或处于犹豫徘徊状态的村庄提供一个参考模板并注入一针强心剂。面对盘活村庄闲置资产这一问题，乡村振兴工作组的工作人员需要反复到村民家做工作，如果能够有成功案例发挥示范带动作用，就能够有效降低政府做群众工作的难度，减少沟通成本，也可以激励后续村庄积极思索本村未来的发展模式。

（二）落地：建成"云间花苑"乡村振兴示范园

1. 规划调整：建立三村联合的乡村振兴示范园

"云间花苑"乡村振兴示范园是"云间花海"乡村振兴田园综合体的一部分，也是"云间花海"整体项目的阶段性成果。在高霄雨教授团队介入以前，小石龙村处在既有规划的项目范围之外。高霄雨教授团队对于乡村振兴示范园的建设思路是先规划后建设，结合村庄乡土风貌、历史文化、发展现状、区位条件、资源禀赋、产业基础等，不搞大手笔、大手术式拆建，最大限度保留乡村原有风貌和格局。

自 2021 年起，品迪村委会的云谷村、桉坝村委会的唯吉村作为先行试点村庄开始建设，原规划建设的普夕、西采义两个自然村则需后续逐步推进。在云谷村与唯吉村建设稳步推进之时，原本未在园区规划中纳入考虑的小石龙村进入了专家的视野。2022 年 1 月和 3 月，高宵雨教授团队两次调研考察，相对于另外两个自然村，小石龙村凭借其较小的村庄体量（有助于节约改造和项目投入成本）、更为古朴的石头房建筑风格（为传统风格的建筑设计提供改造空间），吸引了专家的注意，专家指出其具有后续发展为优质住宿片区的条件。故而，小石龙村于 2022 年 3 月（晚于云谷村试点建设 1 年）开始投入改造。至此，形成云谷、唯吉、小石龙组合而成的"云间花苑"项目雏形。

2023 年 1 月 7 日，"云间花苑"乡村振兴示范园正式开园，示范园围绕学、养、娱、购、忆打造主题村落，现已建成"旅居研学"主题村（云谷村）、"康养体验"主题村（唯吉村）、"乡愁记忆 云谷农品"主题村（小石龙村）。

2. 三点突破：群众动员、区位限制、资金难题

项目从规划到落地，面对群众动员难、地理区位限制、资金缺乏这三个难点，当地政府在整体上实现了以下三点突破，从而有效推动项目落地。

首先，集中力量建设示范村，调动多方积极性。群众的动员工作在乡村建设中占据着重要地位，群众动员工作是一大难点，关键在于改变农民对土地的话语权。村庄建设简单来说是改变或优化村容村貌，发展乡村产业，这些均需要回归到土地资源，如山林、土地等各方面。如果群众不愿意改变自己和土地的关系，建设工作则难以推进。县政府工作人员表示，"云间花苑"项目给政府的一大感受就是进行任何一项乡村振兴工作都需要群众的参与。如果只是把一张规划图给村民看，村民会认为这是一种美好愿景，是一种"画大饼"行为。但如果有成形的乡村示范点，群众看到和感受到切实收益，在逐利思想的引导之下，村民和其他村落都愿意借政

策红利进行村庄开发。在原本集体经济发展薄弱的村庄，需要政府和国家进行大额的投资，但是，如若在修路和建房时涉及占道或占地这一类细小问题，则需要对村民进行劝导。如果最为基本的群众工作没有做好，整体村庄发展将缺乏积极性，建设和维护会形成"两张皮"，众多工作仅由政府推进，村民仅仅作为观摩者。

在项目发展初期，乡村建设的主要目标是解决乱拆乱建的问题，从而改善人居环境，后续发现，当村容村貌改善之后，利用村庄的区位优势，也能够形成一定商机。尽管当前乡村振兴示范园的打造还在很大程度上依赖于政府推进，但政府仍希望群众能够自觉行动起来，群众可以主动融入村庄建设当中，这也是整体项目的一大追求和难点。通过示范村的效应，政府对于后续村庄的建设情况持乐观积极的态度，在统一群众思想的基础上，寻找有威望、有智慧的带头人，发挥带动作用。

正是在基层政府、村集体、乡村能人的共同带动之下，农户的积极性和参与倾向得到充分调动。也正是在烦琐的群众工作中，村庄基础设施建设与改造工程得以顺利推进，用县政府工作人员的话说，就是"小山村变得像景点一样，村民也能够从中获利"。

其次，选择规模较小的村落，减少投入，集中力量突破地理区位限制。当地政府领导表示，相比自己曾经考察过的北方村庄，四苹县村庄建设的一大难题就是土地资源稀缺。原本村落的建设缺乏规划，各家各户的房屋修建比较集中，这使得村庄后续的规划与改造比较困难，无法像北方村庄那样做到整齐有序。对于村庄的改造，涉及各类房屋的拆除等，也加大了对村庄改造的投入力度，这既包含人员投入，也包含资金投入。在人员投入方面，乡镇、村集体成立了专班，负责村庄建设中可能涉及的土地置换工作；在资金投入方面，政府出资，并承担基础设施建设中涉及的拆建工作。针对地理环境带来的建设难度，县乡政府工作人员一致认为，在示范点建设初期，最好选择规模较小的村落，这有利于在低投入的情况下达成示范效果。

案例6-1　2.8米乡村道路与被切割的农户厨房

参与示范点建设的基层政府工作人员表示，群众支持是推进工作中最关键的要素。在3个村落的建设过程中，首先，村集体需要有一个强大的基层主体。克柔镇镇长和克柔镇人大主席，每天都带领行政村村干部深入村庄农户。

从2021年开始，克柔镇人大主席曹晋云持续驻村工作。据他介绍，唯吉村无人售货店的建设就是一个典型的案例。在无人售货店现址和农户之间，有一条道路穿过，原本的道路设计只有2.8米，其中一户村民的厨房当时横在了道路中间。这座厨房的存在，使得修路工作停滞，尤其是道路不通使得修路材料无法进行运输。曹晋云和工作组成员多次到农户家进行沟通，在交谈了多次之后，农户终于同意拆除自家厨房。但是，农户表示，自己仅同意让地，拆除的工程和费用需要政府来承担。于是，工作组成员找到专业的施工队，曹晋云守在农户家旁边进行工作指导。由于农户的厨房和居住的主楼是连通的，当时找到了切割机，直接将占地部分切割。这才解决了村庄的道路修缮问题。

类似于这样细小的群众工作和案例，曹晋云能够提供很多，他还表示"此类群众工作，最为常见也最为关键"。

最后，通过政府专项债券解决建设资金问题。当前的乡村基础设施建设只能依赖于项目投入，最终能分摊到一个村庄建设中的国家投入资金有限，且这部分国家资金要求60%用于产业发展，同时需要把这部分产业发展资金转化为固定资产而非用于基础设施建设，也就是说，在使用国家经费时，最有效的方式是发展一个第二产业（投资建设一个加工厂）。但对于四苹县众多的乡村来说，乡村发展缺乏第二产业，更多依靠第三产业，因此项目中无法直接使用这部分经费。但基础设施的完善有赖于真金白银的投入，对此，"云间花苑"项目主要采用专项债券的方式解决资金问题，但专项债券犹如向银行借款，必须有利润。除专项债券之外，政府端也需要社会资本的投入，但鉴于目前的经济环境，招商引资引入社会资本的成效尚不明显。故而，项目当前的资金流动压力仍比较大。

（三）从规划到落地：不断吸收共建主体

"云间花苑"乡村振兴示范园从规划到落地、运营，是多个主体逐步进入、持续互动的结果。

首先，政府在该项目建设中占据主导地位。总体而言，政府在项目中发挥着提出规划理念、整合规划与建设资源的功能。在资金保障方面，政府主筹资金，通过整合财政资金、东西部协作资金、专项债券资金、社会资本、村集体和农户资产等方式共筹集资金4300万元，形成财政资金撬动、专项债券支持、社会资本参与的多元投入格局。在示范点建设的组织机制方面，第一，市-县-镇三级政府联动，结合两个行政村的参与，多级组织共同服务和引导"云间花苑"的建设工作。第二，省驻京办在建设过程中发挥重要功能，省驻京办在完成脱贫攻坚工作任务后，转战乡村振兴，并选择四苹县作为帮扶点，将驻点工作站设置在项目所在的品迪村委会，一方面，利用省驻京办冯主任的关系，进行资源协调工作，后续协助引入了社会资源；另一方面，省驻京办工作人员挂职到品迪村，在日常工作中，出面协助完成农户协调方面的工作，在申报专项经费的时候，也带来一定便利。第三，在组织搭建方面，以项目专班组的形式（见图6-1），成立了市、县、乡镇、村四级工作专班，专班成员包括3名市级工作人员，4名县级工作人员，镇党委书记牵头的乡镇级工作人员，以及两个行政村的村委会工作人员。在2021年项目建设初期，项目专班组的党委会在云谷村开展，80%的专班人员在云谷村和唯吉村开展，总体而言，市、县两级工作人员构成专业指导组，乡镇级的书记、镇长、人大主席、交通所所长（原扶贫办主任）等组建群众工作组，除此之外，还有专业的施工组负责保证施工质量、跟进施工进度，专业的设计组也同步工作，确保设计队伍和施工过程不要变成"两张皮"，避免重复施工的现象发生。在群众工作组方面，除乡镇级工作人员外，还包括两个行政村的村委会主任、三个村民小组的组长、一位村民代表，并在2022年10月之后加入了三名乡村CEO。上述项目专班组搞"全家总动员"，做"一把手工程"，由专人负责，每个专班干一个活，不做兼职，在组织上保障了项目推进。

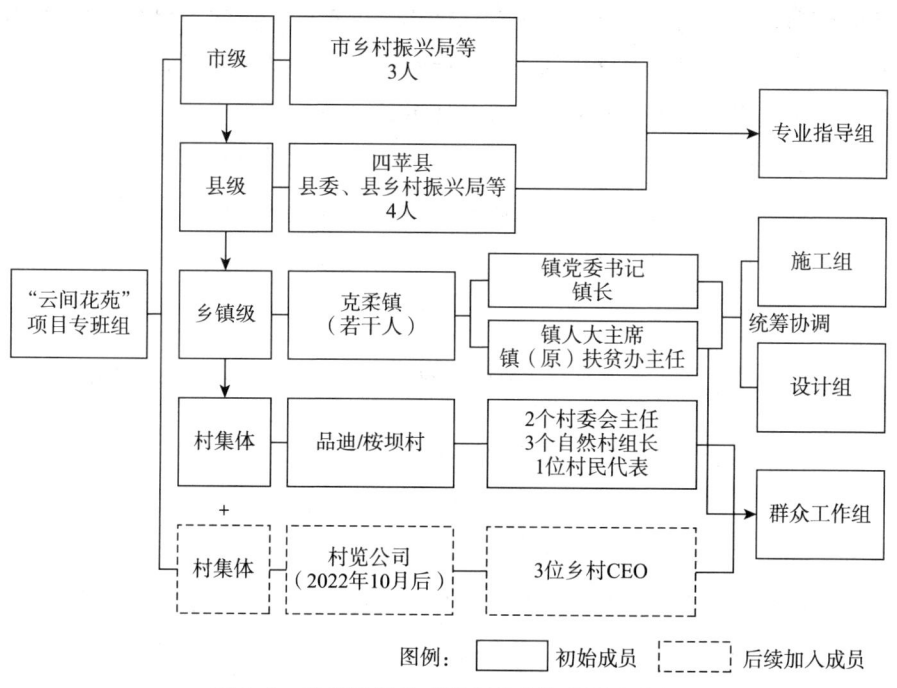

第六章 多村联动的"全能型"农文旅业态实践——"云间花苑"案例 / 173

图 6-1 政府引领的"云间花苑"项目专班组

其次，以高校为代表的社会力量也成为"云间花苑"项目的一大共建主体。2022年初，通过省驻京办，联络到农业大学的高霄雨教授团队。2022年1月，该团队对项目进行调研后，提出了四点建议。一是要有组织机构。打造的村庄要先做示范，组建工作专班，做一把手工程，由专人负责，每个专班干一个活，不做兼职。二是不能搞大工程，先做一个核心示范区，把业态做起来。要做好两件事，第一件是要做好公共服务，建设一个接待中心或会客厅做展示，要有小型公共业态，建设公共厕所、咖啡厅和酒吧；第二件是要打造功能示范区，要打造酒吧、厕所、民宿等公共业态，业态要高端化、高标准。三是要成立专业合作社统一管理。参与的农户首先成立一个合作社，由合作社提供服务，农户自己改造房屋，缴纳管理费由合作社统一标准，统一挂牌经营管理。四是示范区需政府赋能，政府确保提供经费支持。在高霄雨教授团队的指导下，"云间花苑"项目获得如下成效：第一，"云间花苑"在建设阶段先行设计建立了资金整合和投入机制、乡村建设机制、管理机制、资源盘活机制、经营机制、利益联结机制等；第二，专家团队的介入，也在一定程度上改变了原有的环线规划，将小石龙村纳入项目规划中；第三，在专家团队的建议之下，"云间花苑"项目引入三名乡村 CEO，拓展了共建主体的多样性。

最后，群众的支持和加入是项目落地的关键。群众如何参与到建设经营中，也是本章的核心内容。在政府端看来，对于老百姓而言，示范效应尤为重要，群众对于项目的接纳程度也在他们与多元建设主体的持续沟通中不断完善。

（四）运营：建立"乡村 CEO+经营公司+合作社+农户"新模式

"云间花苑"乡村振兴示范园初步建成后，项目面向市场，创新推出"乡村 CEO+经营公司+合作社+农户"模式，成立合作社代管集体资产，组建公司负责管理园区，引入乡村 CEO 参与乡村经营。

在项目打造的初始阶段，整体建设逻辑是改善村落环境，吸引群众自主经营，吸引游客。伴随高霄雨教授团队的介入以及乡村振兴项目在全国的兴起，结合"云间花苑"项目发展的实际，政府认为，项目的长期发展和存活需要依赖一个大型运营主体。于是，2022 年 9 月 28 日，成立了四苹县村览旅游开发投资有限公司（以下简称"村览公司"），作为"云间花苑"的主要运营方，负责管理园区。克柔镇建设开发公司（镇属国有企业）占股 54%，品迪村委会与桉坝村委会各占股 23%。村览公司除 1 位董事长、10 位董事会董事和监事之外，还有 3 位乡村 CEO，其余包含会计、工程组、环卫组、餐饮组、客房组员工若干。

对于成立开发公司这一设想，一方面，国有企业在项目建设和运营初期能够保障资金投入，特别是镇属国有企业从多年前开始，通过运营"古养小筑"客栈，在云谷村有一定业态经营实践经验；另一方面，行政村的参股能更多考虑到群众受益，是提倡发展壮大集体经济的有益探索。

图 6-2 是"云间花苑"从项目雏形到项目建设再到项目运营的多阶段、多主体参与示意图，不同阶段进入项目打造的主体共同成就了项目的实质性落地。具体而言，本项目的共建主体包含以下四个阶段。第一阶段，始于 2020 年，以政府为主导，市委、县委就四苹县乡村发展主导总体

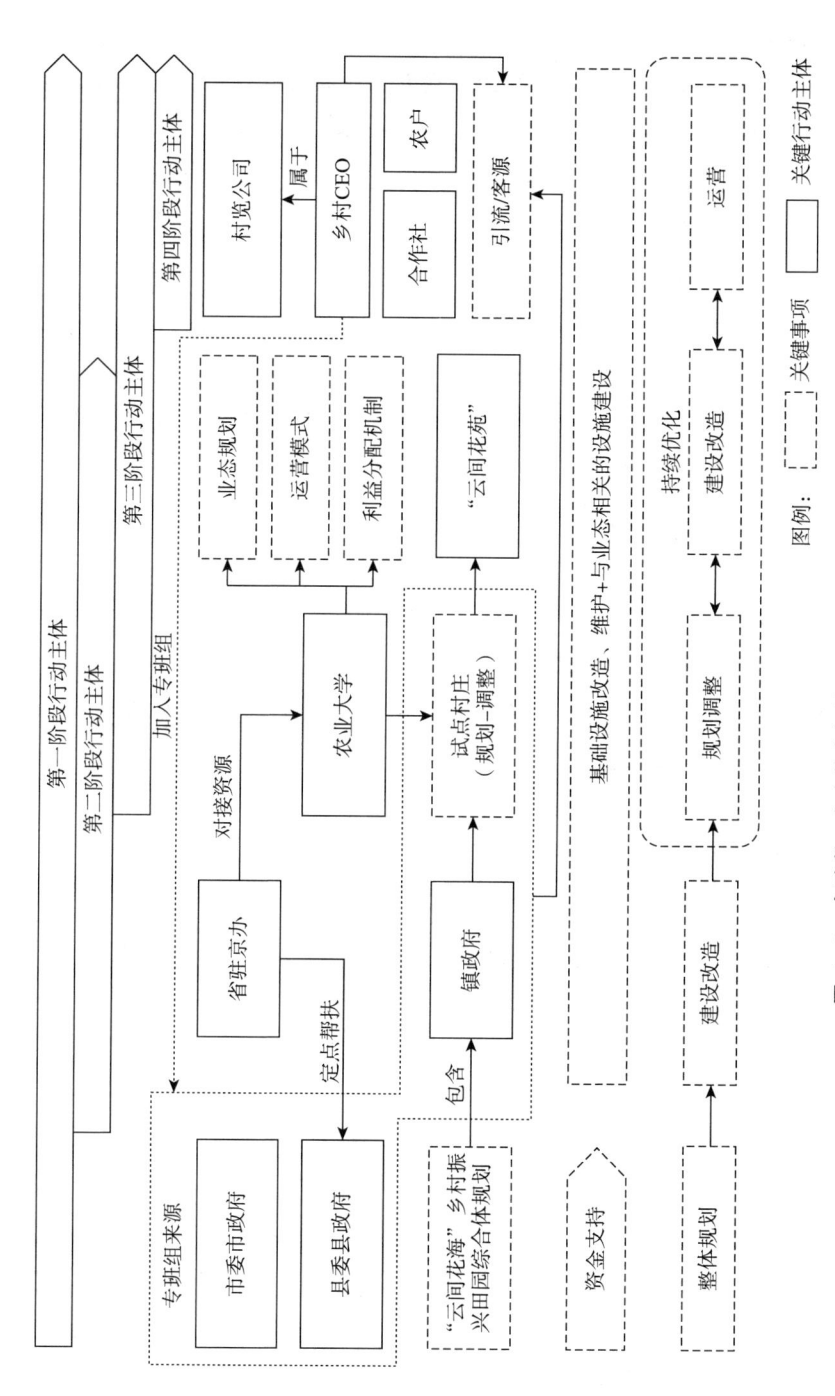

第六章 多村联动的"全能型"农文旅业态实践——"云间花苑"案例 / 175

图 6-2 多阶段、多主体参与的"云间花苑"项目建设过程

规划，并为项目提供资金支持，克柔镇被视作田园综合体规划中的重点区域。第二阶段，始于 2021 年初，省驻京办定点帮扶四苹县，并参与到田园综合体规划中。第三阶段，通过省驻京办冯主任的联络，省驻京办与农业大学的高霄雨教授团队接洽，该团队于 2022 年 1 月对项目进行调研考察，评估田园综合体规划，并对规划进行了自然村的选定，至此，云谷村、唯吉村、小石龙村正式成为"云间花苑"项目中的首期确定村庄，他们还就未来项目的业态规划、运营模式、利益分配机制进行了设计。与此同时，三个村的基础设施改造与建设也在同步、持续进行中。第四阶段，始于 2022 年 9 月，整体项目的硬件打造已初步完成，镇属国有企业联合两个行政村成立了村览公司进行园区管理，并招聘乡村 CEO 参与后续的资产运营，而合作社、农户也逐步加入整体项目的业态打造和运营过程中，据此，打造了"乡村 CEO+经营公司+合作社+农户"的全新运营模式。

政府为了实现项目的有序落成，在建设阶段，成立了由多元主体构成的项目专班组；在项目运营阶段，保证客源和引流是后续运营中的关键事项，除了乡村 CEO 对接市场性旅行团、研学团之外，各级政府也发挥着十分关键的作用，即组织政府机关和接洽大型国有企业赴"云间花苑"进行下乡学习或单位团建，较大规模的团队游客转化为后续的"回头客"，使得园区运营实现可持续。

二 "云间花苑"的典型经营者——乡村 CEO

（一）乡村 CEO 进入乡村的过程

2022 年 9 月，在村览公司正式成立前，四苹县克柔镇人民政府发布了一则名为《四苹县"云间花苑"乡村振兴示范园职业经理人招聘公告》的招聘公告，公告显示，为推进四苹县克柔镇"云间花苑"乡村振兴示范园规范运营，实现园区农村集体经济壮大及农户增收，创新乡村人才振兴新路径，面向全国招聘职业经理人。根据公告，乡村 CEO 需要负责"云间花苑"乡村振兴示范园总体运营统筹（主要包含餐饮、乡村精品公寓管理；农文旅项目开发、策划；村庄品牌营销推广；特色产业发展及农特产品销售；园区重大宣传及文体节庆类活动策划实施；根据园区发展进一步聘用工作人员，制定工作人员内部绩效标准等）。当时，招聘公告显示，职业经理人待遇由基本工资（10万元/年，含五险一金、福利费、工会费等）+考核奖金（5万元/年）+销售业绩提成三部分组成，其中销售业绩提成不设上限。这则招聘广告吸引了多位求职者。在年龄和工作经历方面，规定应聘者的年龄在45周岁及以下（1976年9月19日以后出生），本科及以上学历。乡村CEO的招聘过程几乎与乡镇级政府或事业单位的报考过程相似，应聘者需要经历报名、资格审查、笔试、面试、组织考察、录取聘用等程序，在笔试、面试中，除了考察一般的公务员入职题型之外，格外关注应聘者对乡村振兴、乡村资产运营等方面的知识储备。在历经多轮筛选（72人报名，30人左右参加笔试，10个人进入面试环节）之后，郑云磊、李林华、李宇文三位年轻人被聘为乡村CEO，他们的平均年龄仅为28岁，三人均毕业于项目所在省的省会城市一本院校，他们带着不同的憧憬与设想来到"云间花苑"。

（二）乡村CEO的职能与分工

三位乡村CEO早期人事关系属于镇属国有企业（克柔镇建设开发公司），后转入村览公司，进入"云间花苑"乡村振兴示范园后，以村览公司普通员工的身份开展工作。

三人的具体工作内容并非按照职能类型的差异进行分配，而是由三个乡村CEO自行选择一个负责的自然村。按照招聘考核的排名，郑云磊、李林华、李宇文依次选择了自然村。23岁的郑云磊率先选择了当时开发最不成熟的小石龙村，郑云磊说："很庆幸自己考了第一名，在考试的时候，我就自己来这三个村看过，我印象中小石龙村的石头房子比较有特色，当时又没有建好，感觉能让自己放开手脚做。"24岁的李林华是三个乡村CEO中唯一的本地人，他的家乡就是云谷村所在的品迪行政村中的品迪村（自然村与行政村同名），于是他选择了云谷村。36岁的李宇文算是这届乡村CEO中的大哥，他选择了位于云谷村和小石龙村中间的唯吉村。

按照三个乡村CEO各自负责一个自然村的总体职能分布，一方面，三人在不同村落进行差异化工作；另一方面，坐落在云谷村的村览公司为三人提供了办公地，遇到方案设计等"案上工作"时，三人则在办公室一同完成。具体地，郑云磊在小石龙村的早期工作正值工程紧张和开业准备期，故而涉及用地协调和业态规划的内容；李林华所在的云谷村已经有相对成熟的餐饮和游乐园项目，故而其重要工作目标为运营和引流；李宇文所在的唯吉村以康养为主题，他的工作除了日常运营和提供服务外，也包括监督与跟进康养项目的落地，同时，他也负责筹划培训康养人才。另外，由于"云间花苑"是一个三村联动的整体项目，三人也需要熟悉其余两个村的基本情况，共同组织项目大型活动，在彼此的工作模块中穿插协调。

对外来乡村 CEO 而言，在建设专班和村干部的带领之下，熟悉乡村内部的乡土结构、处理项目建设和村民之间的矛盾，成为其需面对的一项重要内容。

案例 6-2　郑云磊——"IT 男"的纠结与奔赴

郑云磊，宣威人，1999 年出生。2021 年毕业于财经大学信息学院，毕业后在一家互联网公司做销售经理。在机缘巧合之下，2022 年 9 月，郑云磊通过招聘平台看到克柔镇政府发布的招聘公告，抱着"就当考公务员"和"试一试"的心态，他以第一名的身份通过了笔试、面试。

获得入职资格的郑云磊对此陷入了纠结。早在本科就读期间，他就积极参加各类大学生创业项目，而"乡村 CEO"这一岗位，在年轻的郑云磊看来，仿佛像是"村庄的资产交给我了，我就是这里的老大了，可以当老板了!"，他对这份工作充满好奇与期待，同时，10 万元年薪加 5 万元绩效考核的薪酬水平也让他满意；当然，时任一家互联网公司销售经理的他，通过对接高校图书馆，一年也能够有相对稳定的收入，且随着日后的销售渠道维护、销售单量的增加和稳定，似乎也会拥有一个相对光明的前景。对此，他咨询了自己在公务员系统内的叔叔，以及在猎聘网做职业规划师的姐夫，在两位亲属的鼓励下，郑云磊最终选择前往"云间花苑"。

对于年轻的外地乡村CEO而言，初到"云间花苑"，郑云磊面临许多压力。首先是家庭和经济压力，自己需要与在省城私立学校当老师的妻子分居，且自己在前三个月的试用期没有经济来源；更大的压力和迷茫则来自工作本身，郑云磊在不熟悉村庄的情况下，便开始跟随专班组开展工作。"每天主要就是跟着镇人大曹晋云主席、镇交通所何云所长（原扶贫办主任）、村组长，围绕小石龙村的建设推进情况做工作，几乎每天就是和老百姓沟通、协调。"工作中，最难的就是处理土地纠纷问题，特别是在不同村民的土地交界处，常常会出现"扯边界"的情况，有的村民并非不愿意被征地，他们经常试图通过"闹"的方式抬高征地价格。有时，他也会面临被村民赶出家门的窘境，这些工作内容和自己畅想的"高大上"多少有些差距。

在园区正式开业前，郑云磊的主要工作一是和专班组一道从事沟通协调工作，包括协调农户矛盾（早期征地存在土地纠纷）、丈量土地、监督工期等；二是和专班组及村览公司领导一道探讨利益联结机制；三是确定小石龙村的经营业态，除了民宿业态之外，小石龙村计划打造"乡愁集市"，主要售卖特色小吃和手工艺品，郑云磊需要对能够从事该业态的家户进行逐一筛查，找村主任、列清单、确定群众参与经营的意向，并向农户介绍园区的工作计划。例如，郑云磊引导咸菜、豆腐做得好的家属返乡就业，来集市上售卖自家农产品。在一次次沟通中，郑云磊在小石龙村村民的印象中，从一个什么都不懂的外地小伙，变成了小石龙村的一员，村民开始主动与他打招呼，邀请他到自家吃饭，郑云磊也对村中各家的基本情况与特点做到了"心中有数"。"云间花苑"项目正式开园之后，郑云磊的工作重点转向业态运营，包括对小石龙村民宿、乡愁集市、五坊一中心进行管理，同时，他需要与另外两位乡村CEO相互配合，承担园区引流方案的策划和旅游公司对接；此外，凭借着亲和的形象和清晰的表达能力，他也承担了较多园区接待工作。

目前，对于郑云磊而言，与村民沟通已成为一件他喜欢和擅长的事情。郑云磊说："我不是本地人，看上去也没有多少经验，过去，老百姓是不相信我的，但是随着工作的深入，老百姓开始信任我，比如，老百姓现在如果想发展什么业态，会主动地来与我商量，我可能更多站在运营者的角度上去思考问题，而村主任有时会扮演一个类似于担保人的角色，动员和鼓励我们同村民一起去做点什么。"当前，郑云磊的最大期待就是各类业态能够在"云间花苑"项目中稳定地运营下去，让更多的老百姓享受到乡村振兴的福利。

任职于云谷村的李林华，面对的是与处在小石龙村建设期的郑云磊不同的职能需求，作为本地人，李林华在工作中元气满满，对于带领村民增收致富这件事充满期待。

案例6-3 李林华——小李在农村

李林华，1999年生，四苹县克柔镇品迪村人，2021年毕业于财经大学工商管理学院，据称先后就职于六盘水市发改委（事业编）以及克柔镇的村镇银行，因为个人不习惯坐班生活，不习惯独自一人在外地工作，同时对于家乡、农村有很深的感情，所以选择了考取乡村CEO。

在李林华看来，自己是村览公司的一名普通员工。她所面对的云谷村，已经有成熟的会客厅、餐厅、游乐园等场所，因此自己的主要目标并非业态规划，更多的是引流和服务好来访的消费者。但是，受制于资金、人手的问题，某些工作的推进事实上并不是很顺利。目前，她的工作限于拍摄照片、视频，运用抖音等软件引流，制定并修改活动方案。

当前，李林华的抖音账号"小李在农村（乡村CEO）"已有2100多个粉丝，其拍摄的"乡村女拖拉机司机""带领大家逛集市"等内容都获得了不错的点击量。但是，在拍摄自媒体宣传照片或视频的时候，李林华也面临一些困惑。例如，在与镇驻村干部的交流中，李林华表示，自己有专业从事摄影摄像和剪辑的朋友，可以通过这层社会关系，适量出资，让专业的人帮自己拍摄；而镇驻村干部则表示，这笔费用可以用来购买专业的摄影摄像设备，让李林华自己来做这件事。这种与镇政府领导之间的矛盾有时也困扰着自己，于是，在她看来，乡村CEO在某种程度上只是镇政府意志的执行者，只要做好政府交给的任务就好。

与此同时，针对乡村的发展，李林华提到，除了在第三产业方面做好引流和运营工作，也很希望家乡能继续培育更多的业态，她目前也在考察研究黄姜的良种培育，希望在黄姜产业上实现一番作为。

对于乡村CEO这份工作，李林华总体而言信心满满，充满工作激情，即便在自己脚扭伤的情况下也奔波在乡村的田野地头。但是她也认为当前的这份工作职业晋升空间不够明确，引流提成的比例不明确，故而对于长期从事该工作并非100%笃定，未来职业规划仍然是旅游运营方向，期待能做好相关工作，在云谷村扎根。

郑云磊和李林华两位年轻的乡村CEO，在一定程度上抱着学习实践、为未来的职业发展做铺垫的态度进入村览公司。而任职于唯吉村的李宇文，在"云间花苑"项目中承担与康养相关的业务，项目发展所带来的经济收益，似乎与他有更深的羁绊。

案例6-4 李宇文——推拿店创业者到康养乡村CEO

李宇文，36岁，四苹县外村人，2007年大学毕业后，在该省铜业集团从事财务管理工作，工作首年在省城工作，2008年开始外派至该省一地级市工作，目前老婆孩子都在文山生活。2012年，公司将李宇文外派到青海格尔木附近的项目地工作，前往青海后，由于高原气候难以适应，李宇文选择返回家乡，办理了停薪留职，试图开始创业。但创业行动一直没有真正开始，其间，李宇文通过炒股，积累了一部分创业资金。2017年，李宇文认为当下大健康产业是一个发展方向，自己的姐姐在小儿推拿馆上班的经历也给了自己一些创业启发，于是他正式开始创业，在四苹县建立了第一家小儿推拿馆，推拿馆在试营业的第一个月，收入就达到了26万元以上，赚回投资本金，随后，李宇文又在四苹县、文山市开设了多家小儿推拿馆。随着店铺人员工作逐渐走向正轨，李宇文开始思考把自己从小儿推拿馆中抽离出来，做一些自己喜欢的事情。

李宇文没有参与过唯吉村康养的定位，但他在"云间花苑"项目建设期间就关注过唯吉村，对其中规划的康养行业比较关注。2022年9月，他考取了"云间花苑"项目的乡村CEO岗位，在选择负责唯吉村后，李宇文也希望把自己运营小儿推拿馆的经验用到运营唯吉村的康养产业中来。然而，目前唯吉村康养中心的建设进展尚不理想。原计划2023年5月完工使用的两层康养中心目前还处在硬装阶段，尽管5月之前，李宇文已经为康养中心在村内招聘了几位推拿师，并将她们送到自家在四苹县的小儿推拿馆进行培训，以便日后在康养中心开展足疗、针灸、艾灸等活动，但由于康养中心迟迟未落地，目前"准推拿师们"尚处在等待状态。李宇文认为，如果康养中心可以尽快落地，再将传统养生文化培育、养生广场等配套业态建立起来，唯吉村才能在真正意义上被称作"康养体验"主题村。

总体而言，"云间花苑"项目中的三位乡村CEO在职能分工上均具有以下特征：一是发挥接待和宣传能力，努力扩大项目影响力；二是着力于提升服务水平，从消费者角度打造项目好口碑；三是致力于业态培育工作，为项目定位的实际落地而进行准备工作。

当然，乡村CEO之间的合作与相互配合也很重要，共同参与项目引流工作也是乡村CEO的重要工作模块。油菜花盛开期间，游客量大，三位乡村CEO工作的核心在于保障各业态能够有序服务好游客；但在旅游淡季，乡村CEO主要通过活动策划来吸引游客。例如，2023年4月，受西双版纳泼水节启发，开展泼水节体验活动；6月，结合六一儿童节，开展了儿童主题活动；7月，策划举办了首届乡村旅游节，通过"乡村好声音"挖掘民间歌手，还策划开展了啤酒节、灯光秀等活动。从大型活动的执行分工来看，主要是克柔镇领导把控活动方向，乡村CEO设计方案并与镇领导反复沟通。乡村CEO也在一次次引流活动的策划与举办中，不断积累经验，对同类型工作的执行日益熟练。

（三）乡村CEO的培训及培训需求

为了使乡村CEO能够在村庄落地生根，提升乡村CEO对村庄资产的运营能力，2021年11月，农业大学与腾讯公司联合发起了"乡村CEO计划"。2023年，"乡村CEO计划"项目组与省内三市达成合作，尝试把乡村CEO培养项目和地方乡村人才振兴结合，充分发挥"政府主导、农民主体、企业助力、社会共创"工作模式的优势，探索通过将一期成果向三地政府推广，并与地方政府合作共建乡村经营人才机制，将创新培养体系与在地"培-聘"机制有机结合，开展试点。

2023年5月，"乡村CEO计划"二期开班，"云间花苑"项目的郑云磊就是这一计划的受益者，他受克柔镇政府和小云工作组的推荐，将在一年时间内，在农业大学与腾讯导师的陪伴式指导下，通过知识学习、技能训练、在岗实践、成果转化等环节的培训，进一步提升自己经营乡村的能力。

郑云磊认为，对自己而言，培训班的学习带来的最大收获就是拓宽了自己的眼界，使自己能与来自全国各地、志同道合的乡村CEO成为朋友，相互分享各自在乡村运营中面对的问题和挑战；通过参加农业大学组织的讲座活动，自己能站在更高的角度思考"云间花苑"的未来。同为乡村CEO的李林华目前还没有接受培训的机会，她希望未来自己能够参与到培训计划中，也希望参加培训后的郑云磊能更多地向团队分享学习成果。因此，建立项目内部不同乡村CEO之间的学习成果分享机制，也是未来发展的方向之一。

（四）角色定位："公司员工"&"村干部"

当前三位乡村CEO呈现较明显的"职业化基层工作者"特征。由于该群体受雇于村览公司，因此，他们需要接受村览公司的领导和工作调度。这一点，在云谷村工作的李林华身上体现得最为明显，由于云谷村当前的成熟程度比较高，李林华的工作职责被定位为"旅游公司运营"和"新媒体运营"。而对于主要在唯吉村和小石龙村工作的李宇文和郑云磊来讲，由于当前这两个村的主要经营业态还没有完全落地，在工作中需要协助项目专班组与村民直接对接，因此，他们的日常工作像是另一种形式的"村干部"。三位乡村CEO共同表示，当前自身工作的自主性不强，小到需要使用小额经费举办小型活动、通过官方公众号媒介发布文案与视频，大到大型活动策划、涉及经费支出的业态规划等，都需要接受政府，特别是乡镇级政府的直接批准，故而做事情束手束脚，难以施展。与此同时，资金缺乏导致的业态落地延迟、人流量不够等问题，又使他们时常遭到乡镇领导的批评，成为"背锅侠"。当然，他们也理解自己当前的处境。一方面，作为基层员工，"云间花苑"项目几乎是在他们入职之前就由政府主导设计和打造完成的，政府在项目中投入了大量的资金和专班人力，故而项目不可能在一开始就迅速交给"外来人"打造，而是需要对他们的业绩进行持续跟进，后续逐步提升他们的自主性。另一方面，针对日常工作"村干部化"这一问题，一是由于在乡村振兴项目建设期存在少量干群矛盾，需要乡村CEO这一外部力量作为两者之间沟通的桥梁；二是这是外来乡村CEO在疫情期间没法做业绩的情况下，为了获得权威、获得自主性而不得不采取的策略，通过分担村干部的工作进入村庄的行动网络。

  李宇文说，在日常工作中，乡村CEO负责调节政府与村民的矛盾，在最初的工作中常常被村民认为是政府工作人员"私下暗访"，后经过一些解释才勉强使村民卸下防备，逐渐改变村民的印象和看法。在政府看来，招聘乡村CEO的主要目的是协助盘活村庄闲置资源，确保村庄资产的保值增值。三位乡村CEO过去学习的财务、管理专业知识，或是之前有过的营销方面的工作经验，在很大程度上和目前村庄发展乡村旅游的需要相契合，例如，他们在对接旅行团队、管理运营业态等方面的工作确实取得了令人满意的成效。但是，有时乡村CEO提出的一些方案花费较高，而多数项目均需政府出资，面对财政资金紧张的现状，政府可能会否定他们的建议。课题团队也从政府的口中进一步论证了乡村CEO的"村干部化"这一特征，例如，在项目运营阶段，政府同样需要乡村CEO从事管理村民的工作，在问到政府工作人员对乡村CEO的工作有何不满时，他们表示"针对如何管理村民这个问题，三位做的离我们的目标还有一定差距，这是由于他们进入村庄的时间不够，如何跟老百姓打交道，如何处理邻里纠纷和矛盾等工作，还需要他们在实践中不断完善"。

三 "云间花苑"的多业态实践

（一）供给：三村联动打造文化旅游新业态

1. 云谷村：多业态集合的引流大户

云谷村位于克柔镇品迪村委会，占地 0.78 平方公里，全村共有 67 户 264 人，村集体成立专业合作社 1 个（云谷农旅专业合作社）。云谷村以"旅居游学"为主题，重点建设劳动教育实践、田园风情摄影、科普教育实践、青少年户外素质拓展四大基地和精品民宿，着力打造集游学、观光、团建、采摘、旅居体验于一体的旅游新村。按照游览路线，云谷村是游客进入"云间花苑"乡村振兴示范园时最先进入的自然村，也是目前三个村中客流量最大的村落。云谷村目前已开发的经营业态主要包含餐饮住宿业、咖啡厅、户外游乐园和种植研学基地。

当前，全村公共基础设施均已建成，共有共享舞台、共享菜园、共享食堂、集体宿舍、户外游乐园、种植研学基地各 1 个，停车场 2 个，投放共享单车 50 辆、游览观光车 6 辆，为当地农校、地方文旅开发公司等 11 家实训基地提供公共服务。建成民宿 4 家 150 个床位，可容纳 300 余人食宿。在建户外拓展基地 1 个、民宿 2 家，规划建设精品民宿 20 间。与此同时，村览公司的办公地目前也位于云谷村，云谷餐厅除对外经营外，也承担了作为村览公司员工食堂的职能。

2. 唯吉村：康养特色的休闲业态

唯吉村位于克柔镇桉坝村委会，占地 0.94 平方公里，全村共有 56 户 212 人，村集体成立专业合作社 1 个（唯吉康养旅游专业合作社）。在乡村振兴项目打造之前，已存的"唯吉陈氏祖传中草药"就在县域范围内有一定影响力。

唯吉村主要依托良好的生态资源和丰富的中药材资源，以"康养体验"为主题，重点建设中药材种植基地、中药材展示馆、康养民宿、养生理疗馆及药食同源特色餐馆等设施，打造集药食同源、保健理疗、山林漫步等观光休闲、康体养生于一体的康养旅游新村。

目前，唯吉村已流转土地200余亩，种植金丝皇菊、杭白菊、紫苏等中药材。建成无人纪念品超市1个，农特产品电商平台1个，中医药材展示馆1个，古养小筑（含精品公寓和星空驿站）、酒吧、民宿2户，可接待200人就餐、50人住宿。在建民宿5户、康养馆3户，由村览公司运营，吸纳本地闲置劳动力就职的养生馆计划于2023年12月开业。当前，唯吉村在无人纪念品超市主要售卖本地出产的油菜、黄姜等农副加工品或其他低附加值纪念品，暂未实现自产自销，未来计划向打造具有项目自有品牌的纪念品生产销售模式发展。

3. 小石龙村：乡愁记忆主题业态

小石龙村隶属四苹县克柔镇桉坝村委会，占地约1.53平方公里，共有51户237人。近年来，小石龙村围绕"乡村旅游驱动三产融合"理念，依托古朴的石头房文化资源和良好的生态资源，以乡愁记忆、云谷农品为建设主题，以"廉韵石龙"清廉品牌为引领，打造"唤得起乡愁、留得住客人"的特色村落。目前，小石龙村的业态有精品民宿（含客房7间、书吧和茶室）、专家工作站（含精品民宿食堂和待完工的精品民宿）、乡愁集市（五坊一中心+集市摊位）、烤烟房便利店。同时，还修建了网红卫生间和具有乡村艺术特色的百步花墙，一处乡村活动中心也正在建设中。尽管小石龙村以"乡愁记忆"为主题打造以"特色村庄建筑/景观+村庄小食或特色农产品"为主的业态，但目前稳定经营的业态只有精品民宿以及与之配套的民宿食堂（仅提供早餐）和书吧、茶室。相反，与"记忆石龙"主题最为贴切的乡愁集市尚未实现全年稳定运营，这主要是由于淡季游客较少，因此引流成为本村业态可持续运营的重要突破口。

（二）需求：特色文旅业态面对的主要客群

过往，四苹县的乡村只有在花期时才能吸引游客，一方面，"云间花苑"通过多业态整合发展，满足文旅需求；另一方面，项目服务于周边地区，也通过项目实现非花期的文旅营销。"云间花苑"的业态成功培育后，客源主要来自企业、学校和政府。企业方面，主要吸引烟厂和周边企业前来组织团建活动；学校方面，主要是和高校或周边中小学合作，打造暑期研学实践点，吸引学生资源；政府方面，也主要为团队客户，各级政府组织参观，或进行村示范点的考察。同时，项目的回头客也较多，上述几类团队客户日后也会携家带口而来，使团客资源转化为家庭散客资源。

案例6-5　一种形式的团队客群——暑期夏令营与研学团

根据乡村CEO郑云磊介绍，2023年暑假，"云间花苑"接待了3批学生前往此地参加军训或夏令营。目前，"云间花苑"研学基地已通过省教育厅的复审，后续计划采取与县教育局合作的形式，获取与"研学机构"相关的财政补贴，并计划与第三方培训机构、课外辅导机构等建立合作，试图引导他们前往"云间花苑"开展研学班活动。

除了云谷村的种植研学基地可以直接为研学团提供场地和服务之外，当前，小石龙村也在优化自身业态，使业态供给能够满足研学团客的需求。

所谓"五坊一中心"的"中心"，过往是农文旅的展示中心，后来改造成出售农特产品和文创产品的销售店。当前，乡村CEO郑云磊表示，"中心"已准备升级，为了结合研学主题，将成立一个农耕文化体验馆，在其中摆放老物件、农耕工具等，并将"参观农耕文化体验馆"这一项目纳入研学课程中。

四　"云间花苑"的"共富"模式

（一）四种利益联结方式的设计与执行

在"云间花苑"项目运营前，项目内自然村也曾经以"合作社"的模式探索"共富"机制，但收效甚微。例如，以往政府以低价（租金每年800元/亩）流转土地，鼓励农户成立烤烟合作社，但实际上农民的收入并没有通过土地流转而得到实质性增长，即在土地流转前，农户自主种植、售卖烤烟的年收入在1500~2000元/亩，但土地流转后，农户的收益只有800元/亩的流转租金。

随着"云间花苑"项目的有效实践,在政府引导和乡村CEO指导下,将"镇、村、民"利益相连的四种资源盘活,在推动各类业态"百花齐放"的同时,也通过丰富而有效的利益分配模式,使百姓在村集体经济的发展中获利。总体而言,以下四类经营和利益分配模式均需先进行清产核资,这一过程使政府、农户、企业投入的三类资源得到有效盘活,将政府、农户、企业投入形成的资产清点量化,对应交给村集体、农户和企业,作为参与示范园内业态经营的本金。政府投入经营业态形成的固定资产,量化交给3个村作为集体资产,为全民共有,并颁发产权证书;将37户闲置房屋、500亩土地、30亩山林、16户庭院——估价作为农户资产;克柔镇建设开发公司在3个村内投入的资金量化为企业资产。以壮大集体经济和促进农民增收为出发点和落脚点,让经营收益最大限度地"留村补农",确保农民作为受益主体共享发展红利。

1. 模式1:公司自主经营

公司自主经营指的是由社会资本出资与村级合作社资产作价注册成立公司,负责开发经营业态、管理运营,经营所得利润按合作协议约定的股份占比分成。位于云谷村的云谷人家、云谷会客厅、户外儿童乐园,位于三个村的多处精品民宿等14个经营业态均属于公司自主经营模式。

具体而言,在"云间花苑"项目中,将克柔镇建设开发公司投资的既有项目和资金量化为企业资产,将政府投入量化为集体资产。在企业资产占股54%、合作社集体资产占股46%的情况下,成立村览公司,该公司自主经营部分业态,并将业态经营所得的3%~10%提取到合作社,净利润则按照合作社所持股份比例分配到合作社。上述分配到合作社的部分,合作社扣除运营管理成本后,结余的20%用于集体经济再发展,80%用于社员分红。

目前来看,由村览公司自主经营的业态都比较稳定,在项目整体收益中,公司自主经营模式收益最多。在乡村CEO和村览公司员工的共同努力之下,该模式的实际执行情况和设计高度契合。

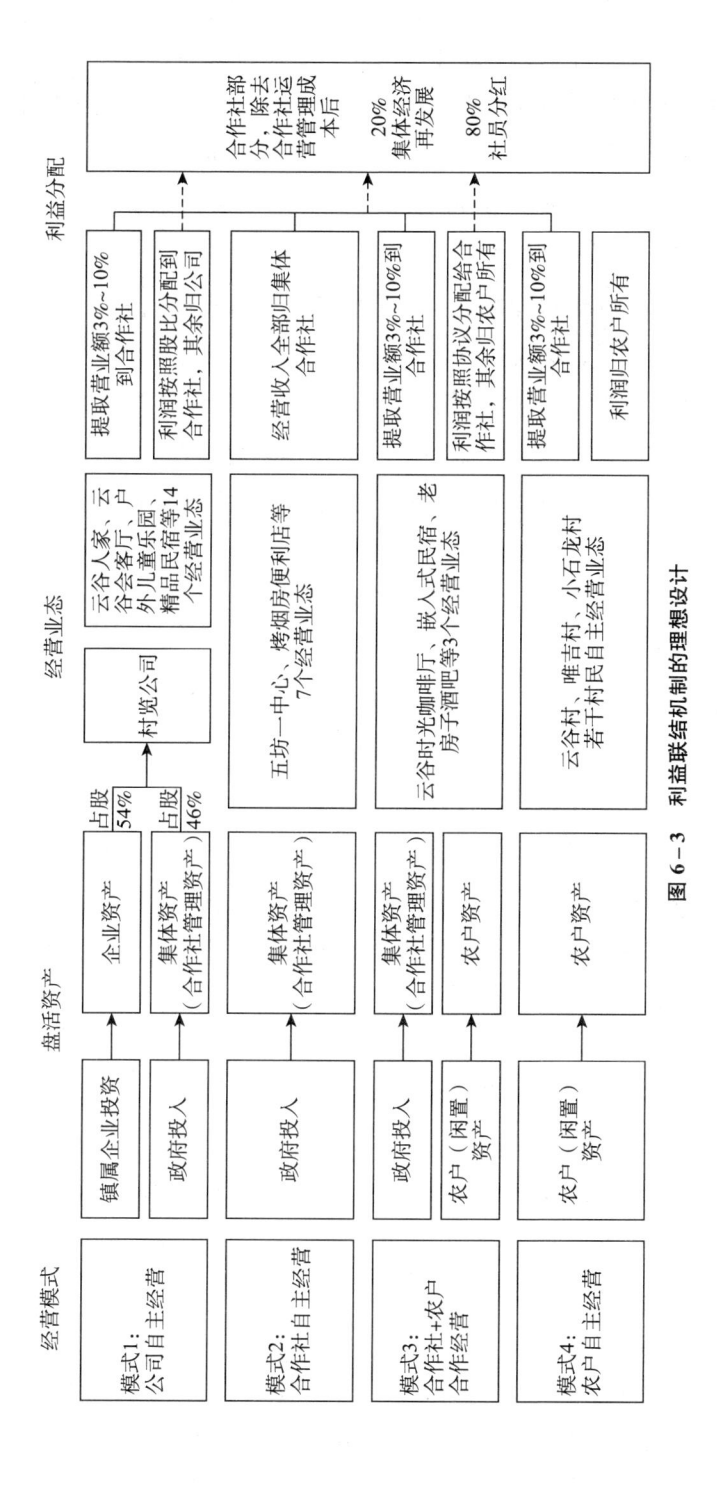

第六章 多村联动的"全能型"农文旅业态实践——"云间花苑"案例 / 189

图 6-3 利益联结机制的理想设计

2. 模式2：合作社自主经营

合作社自主经营指的是将政府投资建设形成的资产量化给村集体，村集体交由村级合作社自主经营，经营所得利润全部归村集体，实现村集体利益最大化。按照规划，小石龙村的五坊一中心和烤烟房便利店等7个经营业态便属于此类经营模式。

当前，在实际经营过程中，合作社自主经营实际上更像是公司+合作社合作经营的模式，该模式与公司自主经营在实施上都是由村览公司代为运营和管理，人事关系属于村览公司的乡村CEO需要管理业态经营，并且，两种模式的营业额分配也一致，均是提取营业额的3%~10%到合作社。而两者之间的差异在于，公司自主经营模式是将未来46%的利润分配给合作社，而合作社自主经营模式则是将全部利润分配给合作社，后续再进行除成本外的二八分成。在此模式中，除了经营主体有差异之外，对应业态的稳定性和执行方式也存在一定差别，小石龙村的"五坊一中心"在淡季运营时间不稳定，例如，2023年，"五坊"的运营时间是从菜花节持续到6月末，后续处于歇业状态；而原本计划采用合作社自主经营模式的烤烟房便利店现在正由一位村民自行经营。参与该模式经营的劳动者包含两个部分，一是村览公司的员工，村览公司需要每月向其支付2500~3500元不等的薪酬；二是村内的劳动力，当闲置劳动力进入"五坊"工作后，其收入也来自村览公司的日薪结算，如在菜花节期间，劳动力工作饱和的情况下，也会按月发放薪酬。

案例6-6　小石龙村的特色五坊

走进小石龙村，新颖别致的青石房里卖着当地美食，青石板村道两旁有统一制作的摊点，管理规范整齐，这是由小石龙村合作社自主经营管理的。

2022年，克柔镇政府运用170万元东西部协作资金为小石龙村建成了涵盖榨油坊、豆腐坊、椿粑坊、灰粽坊、蛋糕坊的"五坊"建筑主体，政府投资后全部量化给村集体，前期，村集体直接交由小石龙专业合作社来运营。由于小石龙专业合作社的村民在业态打造和客户引流方面存在劣势，故而特色"五坊"的实际运营均需要村览公司的乡村 CEO 郑云磊来进行运营执行和经营指导。

乡村 CEO 郑云磊介绍说："我们在拿到资产经营权证后接手了'五坊'的经营权，我们坚信有特色、有品质才能得到游客的青睐，所以合作社一直坚持品牌化销售的理念，从当地美食灰粽、栗炭火烤蛋糕、石磨豆腐等着手，开发制作更多当地美食。下一步，我们将对村民进行从业培训，提高他们的技能为'五坊'的经营助力。"

小石龙村村民黄建国便是榨油坊的合作社成员，他的主要工作是在榨油坊进行榨油全流程的展示，特别是在有暑期研学团前往小石龙村参加活动时，黄建国需要早晨 5 点就开始准备榨油工作。当前，黄建国的劳务费用由村览公司支付，旺季时月薪约为 2500 元，淡季时，由于榨油坊工作时间难以连续，故改为日薪结算制，若有榨油坊内的工作，日薪为 90 元。

3. 模式 3：合作社+农户合作经营

合作社+农户合作经营的具体方式为将政府投资建设形成的资产量化给村集体，村集体交由村级合作社与农户资产合作经营，经营所得利润按合作协议中资产或资金占比分成。

从资产来源的角度来看，该模式确为合作社+农户合作经营，不过，从经营过程来看，该模式更类似于公司+农户合作经营的模式，农户以其量化后的资产出资，与经营公司合作经营业态，将"小农户"连接进入"大市场"，让农户创业增收更有底气和信心，经营所得利润按合作协议中资产占比分成。

案例 6-7　老房子华丽变身网红咖啡屋和精品民宿

在云谷村有一个漂亮的小院儿，院落的一侧有一间别致的咖啡屋，另一侧则是一栋外观造型古朴、两层楼高、拥有 3 间客房的民宿。咖啡屋和民宿的前身是村民赵锐阳家杂乱破旧的老房子，从前，老房子只是偶尔用于堆杂物与粮食，老房子因年久失修，看上去破败不堪。老房子的外部,原来是一片竹林,也属于闲置土地。

经村览公司投资打造后摇身变成网红咖啡屋。经资产量化(第三方评估)后,老房子价值为20.5万元,赵锐阳便将这笔钱作为投入资本,与村览公司合作经营,按照投入比例进行利润分成。目前,老房子民宿在淡季的住宿价格约为168元/晚。"有了公司这个靠山,在经营咖啡屋上有了更足的信心,公司不仅有资金支持,还有技术指导。"赵锐阳摇身变成了咖啡屋和民宿的经营者,不仅有了股东的分红收入,还有了公司的工资收入。

然而,赵锐阳本人并非全职投入咖啡屋和民宿的经营之中,当前,是由一名村览公司聘用的外村女孩负责咖啡屋的日常运营。

4. 模式4:农户自主经营

农户自主经营指的是农户利用自家资产和自身优势开发经营业态自主运营,经营所得利润全归农户,实现农户利益最大化。按照计划,在该模式下,农户个人的经营也受益于项目的整体发展,受惠于合作社、乡村CEO的运营和管理。因此,该模式下的农户自主经营也被要求(谈判中,非强制)提取营业额的3%~10%到合作社,后续合作社的分红也是扣除运营成本后的二八分,而所得利润则完全归农户所有。

在实际运营当中,存在早年便自主经营的业主,也存在刚刚开始返乡经营的农户,他们自身还面临收益不稳或前期亏损的状态。因此,提取农户自主经营收入的3%~10%的约定还没有执行。

案例6-8 张明强——"云谷庄园"与"云间花苑"的共利与矛盾

张明强,四苹县人,少年丧父,后随母亲迁居省城,成年后来往于省城及四苹县之间从事建材生意,2015年投资300万元在云谷村建设"云谷庄园"民宿,是村子里最早回乡经营民宿和餐厅的农户。"云谷庄园"共有63间客房,床位100余张,自2016年营业以来,每年可产生上百万元的收入。其餐饮、住宿价格较为透明公平,油菜花旺季最为火热的"玻璃栈道房"售价368元一晚(同期其他民宿的布草间、临时沙发房价格达到数百元一晚)。旺季时常有电话投诉"云谷庄园"房源不够,曾有来自香港、南京的两家游客为争抢一晚"玻璃栈道房"当场竞价至2000元,后在张明强协调下双方抓阄决定入住权,价格仍为368元一晚。因此其口碑较好,经营主要依靠外地回头客,旺季时也承接一部分旅行社团体业务。房价在淡季时会便宜100~200元。自2016年开业以来,为解决淡季客流问题,张明强也重视培育庄园内部的业态,其中包括特色餐饮、KTV、钓鱼、玻璃棋牌室、小型体验式农业、山间采菌等活动,有一定成效,但淡季引流效果仍有限。

同时,"云谷庄园"带动了该村3户农户经营民宿,农户投资改造闲置房间,张明强妻子对客房卫生、布置进行监督,"云谷庄园"分享销售渠道,将部分回头客、通过网络平台预订"云谷庄园"房间的部分游客分流至由合作农户经营的房间,所产生的大部分收益归参与的农户。每年旺季(2月、3月)时平均拉动了35位农民就业,旺季平均给每位受雇者支付的月工资约为3600元。

目前,由于"云谷庄园"起步较早,面临设施老化、房屋相对陈旧等问题,和"云间花苑"项目所打造的民宿相比,品质竞争力弱,对此,张明强已经着手对"云谷庄园"进行升级改造。

"云间花苑"项目开始试运营阶段,张明强认为,自己过去经营民宿时只能吃菜花节的红利,淡季收入不稳定,后在乡村CEO的指导和引流下,"云谷庄园"的淡季入住率有所提高;但是,2023年,伴随"云间花苑"项目完成,村集体和公司自主经营的民宿房间数增加,镇政府、村集体有意引导游客入住村集体旗下的民宿,在一定程度上疏散了原本属于"云谷庄园"的客源,对生意影响较大(预估2023年"云谷庄园"收入低于80万元)。

作为"云间花苑"项目的自主者,张明强认为,乡村振兴是国家给予相当的政策,鼓励乡村中一部分有意愿、有能力的人先富起来,然后带动其他人员脱贫致富。但他也认为,政府培育集体经济将导致集体经济一家独大,既存民营产业很难有充分的发展空间。

云谷村的乡村 CEO 李林华认为，张明强对于村集体、镇政府带有很强烈的情绪，张明强有典型的"等靠要"心态，政府投资新修民宿时，张明强曾寄希望于政府投资他的民宿，但政府最后没有投资张明强的产业，使他心生怨意。李林华认为"云谷庄园"也是政府修建村基础设施、发展乡村旅游的受益者，张明强的民宿没有根据政府的要求及时升级服务及设施，在未来的竞争中被村集体所培育的业态淘汰理所当然。政府如若没有及时培育现在的业态，张明强的产业一家独大，垄断云谷村的住宿、餐饮市场，对云谷村的旅游产业健康运营会有一定的不良影响。

除了上述四种模式外，事实上，政府也在尝试招商引资，考虑引进社会资本前来投资，但投资的前提是社会资本必须与本地乡村合作社、村属企业合作，目前，暂未引进其他社会资本进入"云间花苑"。四苹县乡村振兴局副局长邓纬在接受调研时说："政府也在积极考虑招商引资，在这个前提之下，我们考虑的一个问题是：所有的社会资本投入进来之后，必须跟我们村览公司合伙经营，我们不赞成一个社会资本进来之后，把所有都打包，任由它单方面经营，这种模式前几年不是在轰轰烈烈地搞吗？即引进一个资本雄厚的外部公司来做，做了之后，很多资源被外部公司拿着，如果做得好了，利润全部是资方的，村民享受不到任何资源；做不好，它走了，留下一摊烂尾工程，所以很困扰，在这方面必须考虑到群众受益，就是必须跟我们合作社来合作。有个金箍套着它，不是说我来拿资源，拿了之后我赚钱走人，剩下我就不管了，这样群众是享受不到福利的。"

（二）"共富"模式的执行效果：多层联结，已获分红

当前，"云间花苑"项目中，利益联结机制的执行情况如图 6-4 所示。

该模式的特点之一是镇、村、民的利益联结机制。村览公司与合作社尽管在利益分配上有所不同，但是在利益分配机制中扮演的角色高度相似。村览公司本身是村合作社的代表和执行机构，但由于镇属国有企业是村览公司真正意义上的"大股东"，故而政府在其中发挥的作用也不容小觑。由此，便形成了具有强势经营力量的"全能型"村览公司主导项目经营。

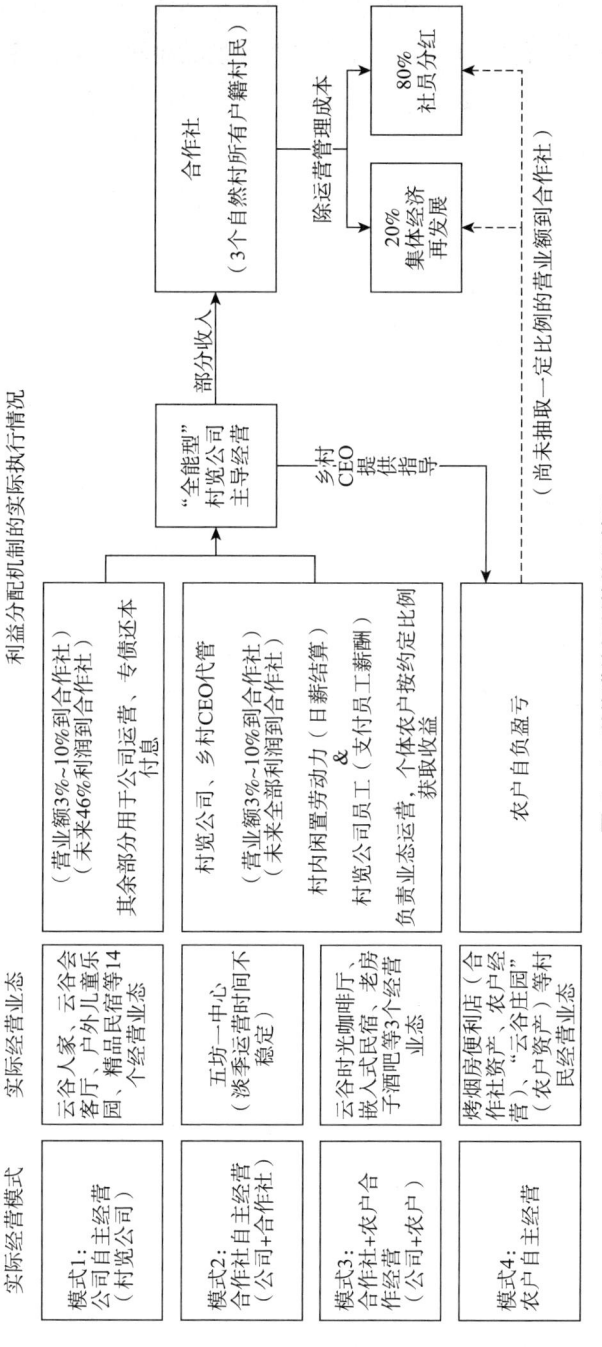

第六章 多村联动的"全能型"农文旅业态实践——"云间花苑"案例 / 195

图 6-4 利益联结机制的执行情况

该模式的特点之二是在高投入、慢回本的基础上，分入合作社的资金既包含一定比例的营业额，又包含按照约定模式要求的净利润，由于合作社的运营管理成本界定较为灵活，在项目运营初期，整体缺乏净利润的情况下，就可以实现分红。

2022年1月到2023年2月，在"资源盘活型"利益联结机制的强力驱动下，累计吸引5万余人次游客、130多个团体前来观光、体验，整个园区累计营业额突破1000万元，村集体经济收入突破40万元。在2023年初的首次分红中，三个自然村，近800名社员共分红8万余元，合作社与农户合作经营分红18万余元，以奖代补补助率先创业达标的经营户4万元，实现园区内户均增收3800余元。其中，在合作社全员分红中，由于云谷、唯吉、小石龙三个自然村在2022年的营业额存在差异，故在初次分红中，三个村村民人均分红的数额存在差异，经合作社商议和村民大会表决同意，三个村的最终人均分红数额分别是120元、100元和80元。根据调研地的乡村CEO和镇村负责人介绍，后续三个村庄的人均分红额度将趋于相同。尽管2023年，在园区正式运营后还没有进行过分红，但乡村CEO和村领导都对2023年的预期分红抱有期待。

（三）"数字云间"促进"共富"机制有效运营

应用数字化工具，"云间花苑"的利益联结机制得以有效执行，也使得看似复杂的利益联结机制在数字化的程序设定中达到清晰运行的效果。

> **案例6-9 "智慧云间"收款码统一收款**
>
> 当游客游走于三个村之间，进入任意一处消费场所（现阶段，游客消费仅涉及前三类模式，未涉及农户自主经营业态），进行费用支付时，都会有一个统一的、收款单位为"村览旅游开发投资有限公司"的支付码。这一统一的收款码，用以分配营业额，无论经营何种业态，无论是公司经营、合作社经营、公司+合作社联合经营还是农户+公司联合经营，都依托"智慧云间"收款码统一收款，系统在后台优先提取3%~10%的营业额分给合作社，剩余营业额再划给经营业主。合作社提取的收入扣除

自身运营管理成本后，20%用于集体经济再发展，80%用于社员分红。

乡村CEO郑云磊在调研中介绍道，例如，老房子民宿的日常运营由村览公司负责，按照协议，民宿营业额的6%需要划归到合作社账目中，即如有100元收入，就需要有6元钱提入合作社账目。该过程听起来复杂，但实际上项目已经实现一码支付，通过建立统一的收费程序体系，村览公司同时与合作社签署协议，那么村览公司的财务后台可直接设置分账比例，消费者在扫码后便将划归合作社的金额全部划分给了合作社。当然，由于不同业态、不同经营者与合作社之间签署的分账比例不一且目前尚处在调整当中，目前的扫码后分账还不完全是在线上直接分配完成的，仍然需要村览公司的财务工作人员去核对点击分账。

除了统一的二维码收款系统之外，"云间花苑"项目也相继搭配了"智慧云间"小程序、"云谷导览"小程序以及"云间花苑"公众号。在"智慧云间"小程序中，汇总呈现了三个村目前的业态经营情况，来访者可以通过小程序进行点餐、预定民宿、购买游乐设施的门票以及从"在线商城"板块中购买来自"云间花苑"的特色农产品；"云谷导览"小程序为访问者提供了对唯吉村和云谷村的相关业态和服务的介绍，并提供导览服务。

如果说小程序和统一收款系统主要为项目的运营提供数字化功能保障和服务保障，"云间花苑"公众号则是主要的项目宣传出口，用于发布各类引流活动信息，展示项目运营的效果，成为扩大影响力的有效工具。

上述汇集了服务小程序、收款二维码、宣传公众号的"数字云间"系统由四苹县本地的一家计算机服务公司（四苹叁陆伍网络科技有限公司）搭建。前期镇政府和镇属开发公司采用招标的方式与该网络公司签订协议，令其负责项目的数字化系统搭建。正是在各类数字化工具的辅助之下，"云间花苑"项目的"共富"机制得到了有效运营和实践。

五　归纳与总结

(一)"云间花苑"项目成效与特点

"云间花苑"是一个多村庄联动打造的乡村振兴示范园项目,该项目中政府、企业、村民、社会合力探索的乡村产业发展模式有一定的推广价值。

第一,建设乡村振兴示范园成为培育老百姓经营意识的有效方式。政府主导、多社会主体参与的乡村振兴实践正在改变着乡村面貌。伴随项目的规划、建设、运营,乡村振兴的宣传与实践不断激发着当地百姓的经营意识,传统靠山吃山、靠水吃水、靠近油菜花田就只吃菜花节饭的四苹乡村及其农户开始进行更加长远和可持续的产业发展探索,这是乡村现代化进程中的一大进步。

第二,人居环境与基础设施得到显著改善。尽管当前"云间花苑"项目还处在发展初期,距实现壮大乡村集体经济和农户的全面"共富"尚有一定距离,但受惠于项目建设达至的村容村貌整治,当前多村落的水、电、污等设施建设已实质性惠及村民生活,为日后的乡村旅游转型升级打下坚实基础。

第三,多样化的利益联结机制使村集体收入增加,农民在项目早期即可获得分红。尽管现在村民获得的分红收益较少,但随着集体经济的做大做强,数额会不断增加。与此同时,由于乡村振兴项目需要较大投入,而最终的利润转化周期较长,本项目采取的利益分配机制是抽取营业额的固定比例到合作社以及净利润按照类型抽取至合作社的方式,这在一定程度上保证了在项目前期未产生利润的阶段,也可以进行对营业额的分配,使村民能在项目的运行早期就获得分红,这有助于尽早激励农户,短期内即可在整体范围内展示项目发展成效,激发农户参与乡村产业振兴的积极性,这也是该项目利益分配机制中体现的一大创新点。

第四,本项目区别于其他村庄"共富"模式探索的一大特色是,该项目为三个自然村联动的乡村振兴示范园项目。尽管目前项目仅包括云谷村、唯吉村、小石龙村三个村庄，但未来随着资金的到位和规划的实施，桉坝村、普夕村和西采义村也有可能纳入整体项目之中。届时，一方面，项目规模的扩大，会使得项目业态类型丰富和增加。如若普夕村加入娱乐项目，可以提高项目整体的娱乐体验丰富度。另一方面，多村联动项目中，如若参与的自然村数量更多，则更有可能增加各方之间的利益复杂程度，引起不同村落之间的潜在矛盾，这是未来需要预防和解决的一项问题。同时，由于多村落发展中的利益机制复杂，其中涉及政府、合作社或经营公司与农户之间的沟通和协调，此时，乡村 CEO 需要出面充当协调人或中间人的角色，这也间接导致了乡村 CEO 在日常工作中时常承担村务管理与群众动员、矛盾调解的职能。最后，对于高投入的多项目村落而言，项目能否推进，关键在于政府是否有资金支持，而政府在高投入之后，也会对项目的运营保持高介入状态，例如，调研期间，克柔镇副镇长张锐扮演了"云间花苑"项目的管理角色。

> **案例 6-10　监督项目运营的驻村副镇长张锐**
>
> 　　乡村 CEO 李宇文为调研人员介绍，2023 年 8 月，市长、高霄雨教授等来"云间花苑"考察，对项目运营状况，尤其是淡季客流量低的状况不甚满意，便迅速指派了原先在四苇工业区、四苇县红十字会工作的张锐，认命其为克柔镇副镇长前来驻村指导工作。
>
> 　　张锐说，县领导给自己安排了三件事：第一，要把项目管起来，环境要干净，乱象要整治，不合适的人员岗位要调整；第二，要把营销做起来，明确客人从哪里来，如何引流，如何进行产品推广；第三，确保村民的利益联结机制，让群众实实在在地拿到分红。
>
> 　　由此可见，上级政府对基层政府提出了全面的要求，试图强化政府在管理、营销、利益分配等环节中的主导作用。

（二）"云间花苑"项目现存问题

第一，作为一个多主体参与的多村落项目，"云间花苑"项目内部需协调多重利益关系。一是自然村之间的利益均衡问题。不同自然村的区位条件、主营业态和发展程度存在差异,故而各村接待和吸引游客的体量不同、业态所带来的直接经济收益也不同,但是,自然村之间计划采取相同额度的人均分红标准,这在一定程度上引起了承接大部分服务职能、具有先发型优势村落（如本案例中的云谷村）的不满;同时,为了均衡业态在不同村落之间的分布,不同村落承接了差异性的业态供给,但园区内缺乏持续运营的游览车等交通工具将不同自然村进行连接,客观上导致了游客进入本项目后体验感不佳。二是自主经营的农户与村览公司、政府之间的矛盾。在"云间花苑"项目开发初期,政府的引流和宣传提升了区域"热度",使游客增加的同时也带动了农户经营业态的人流量,但随着公司经营的精品民宿的相继落成,自营农户认为政府将客流引向公司经营的民宿,在很大程度上分流了自主经营业态的客源。三是自主经营的农户与村合作社之间的矛盾。当前农户的自主经营模式仍然以农户自负盈亏为主,农户所得的营业收益尚没有按照一定比例抽取到合作社,这导致了双方纽带不实,农户缺乏加入合作社的积极性。上述利益矛盾是乡村 CEO 在日常工作中面临的一项挑战。

第二,目前乡村 CEO 的人才效能没有得到最大化发挥。其一,乡村 CEO 自主权较弱,该群体既属于村览公司职员,又要接受政府尤其是镇领导直接领导,导致其工作自主性空间被急剧压缩,任何一件业务、其运用每一笔资金都需要进行上报,等待批复的时间也较长。其二,业态迟迟未落地也是制约乡村 CEO 发挥运营能力的因素,目前多重业态在资金压力下进展缓慢,这既导致了整体业务的缺失,也使乡村 CEO 的运营能力未能在持续性的业态落地中被加以锻炼和培养。其三,当前的乡村 CEO 培训资源比较集中于一人,需提供更多机会使其他乡村 CEO 也接受培训,从而指导他们解决在运营中面临的经营困惑。

第三,业态经营不连续,人流量、资金流量不足。其一,淡季人流量低,有限的人流量导致了业态的停摆,在调研中,偶遇省城游客抱怨,进入"云间花苑"项目中,尽管基础设施优越,但缺乏娱乐设施,很多项目已经处于停业状态。其二,各类活动将"人气"转化为"收益"的效果不理想,尽管乡村 CEO 策划的啤酒节、"乡村好声音"等活动带来了一定的人气，但辐射的客群几乎为四苹县周边客户，客户消费带动力不足，很少有人留下住宿。其三，当前尚处在项目的初始阶段，仍依赖大量资金的投入，由于资金的到位情况不一，小石龙村的高霄雨工作室建设、唯吉村的康养中心建设，还处于等待资金到位进行软装的阶段。受制于资金迟迟不到位，早期承诺的项目推进缓慢，在一定程度上也导致了村民的观望态度，进一步影响后续业态开发。

第四，国有企业与村集体控股的合资公司主导园区运营，村民与合作社的能动性尚须强化。目前，园区的大部分收益来自公司自主经营，部分"合作社+农户"的经营模式有名无实。当前，村览公司主导园区的经营和管理，村合作社的管理运营人员与村览公司的管理运营人员几乎为一体，园区管理者、服务人员等的劳动关系均属于村览公司。宣称是"农户+合作社"运营模式的榨油坊，实际上是由村览公司根据劳动量为村民按日薪结算。因此，在"全能型"公司运营的情况下，如何调动村览公司之外的村民的积极性，也是本项目亟待解决的一个关键问题。

以上是"云间花苑"三村联合项目存在的问题。作为一个多村联动项目，本项目还存在自然村数量增加的潜在可能，伴随自然村数量的增多，村览公司内部的"全能型乡村CEO"是否要向"专业型乡村CEO"转变，这也是值得进一步思考的问题。

（三）"云间花苑"项目发展建议

首先，面对多村落联合经营中的复杂利益关系，需要进一步优化利益联结方式。具体而言，目前本项目实际主要由村览公司运营和管理，在市场化程度上较为欠缺，因此，需要进一步探索能与村集体联合的招商引资形式，并将外来资产与合作社相连接，避免村览公司一家独大、垄断资源的情况发生。对于部分自主经营农户阶段性"利益受损"或"心理不平衡"这一问题，还需要优化和调整鼓励农户经营的策略，在"抽取一定比例的营业额"的基础上，探索新的分利机制，进而增强村民的主体性，吸引更多农户参与合作社或开展农户自主经营。

其次，面对当前乡村CEO的职能没有得到最大限度发挥的问题，一要加强对乡村 CEO 的培训，合理分配不同乡村 CEO 接受培训的机会；二要设计与构建人才发展体系，保障乡村 CEO 的职业晋升渠道和经济收入。特别地，"云间花苑"项目中的年轻职业经理人，作为公司基层员工，其对自己有一定的"晋升期待"，作为承担乡村治理任务的新型"村干部"，其也在一定程度上存在成为干部备选、进入体制内的潜在需求，因此，明确乡村 CEO 的未来发展方向是关乎人才吸引与人才留存的关键，在"明晰乡村 CEO 的职业晋升机制"这一问题上，需要多方合力探讨，结合各地特点进行规划与设计。

最后，面对当前项目热度不高、淡季业态经营稳定性差的问题，需要用好各类型数字化平台，通过数字技术连接项目与市场。当前尽管"智慧云间"等数字化工具的应用取得了一定的成效，但其小程序的模块设计还有待优化，既存数字化引流手段的效果还较差，因此，在数字化赋能乡村经营方面，"云间花苑"项目尚须做出以下三点努力：第一，对各类数字化平台进行改造，即对各类数字化平台的用户界面、功能设置等方面进行综合性改造；第二，聘用从事"新媒体运营"的专业人员或有效利用好在新媒体领域有高敏感性的乡村 CEO，对数字产品进行深度运营；第三，可考虑强化与主流传播媒介或流量大 V 的合作，增加项目流量，并将数字流量转化为项目客流量，为乡村多业态的可持续并行发展奠定客源和需求基础，稳步扩大项目影响力。

第七章 "陪伴式成长"与山区民族村落的内源式发展探索——小瑶河村案例

引　言

小瑶河村位于我国西南某省边境地带，全村共有 57 户 202 人，全村皆为瑶族（蓝靛瑶），其中 18~60 岁的劳动力人口有 138 人。历史上小瑶河村曾经历过一次整体搬迁，1982 年，小瑶河村 34 户人家从"高桥旧址"搬迁至此定居。该村平均海拔在 800 米左右，属于典型的热带雨林气候，全年高温，每年分旱、雨两季，年平均降雨量在 1600~1780 毫米。由于与某东南亚国家相邻，故跨境婚姻在村中占有一定的比例。

小瑶河村内部产业发展基础薄弱。在 2015 年启动全村改造之前，全村皆为人畜混居的干栏式建筑，并且全村没有任何的硬化道路。据统计，小瑶河村目前可耕种土地仅有 782.3 亩，其中水田 145.7 亩，旱地 636.6 亩，田地一年可种 2~3 季，主要生产水稻、玉米及砂仁等作物，冬季因气候温暖还会种植四季豆、茄子、南瓜、辣椒等蔬菜。虽然小瑶河村可耕种土地较少，但其自然地理环境及气候条件更加适宜橡胶、芭蕉、甘蔗等热带经济作物的种植，全村拥有橡胶地共约 2800 亩，芭蕉林、甘蔗林也有相当的数量，这些经济林木的种植长期以来构成了村民最主要的经济收入来源，但这些经济林木种植常年受到亚洲野象迁徙的威胁，从而为收成带来很大的损失。大面积的经济林为小瑶河村发展林下养殖提供了一定的基础，村民利用林下空间养殖冬瓜猪、走地鸡，但由于近年来受到"猪瘟""鸡瘟"

的影响，林下养殖规模极为有限，所带来的经济效益也并不理想。

除了种植、养殖收入外，村内有少量劳动力会选择前往外地务工（主要流入地为省内各县市、省城、长江三角洲及珠江三角洲等地区），虽然县、镇、行政村各级领导部门对于村民外出务工一直都持鼓励态度（如为外出务工三个月以上者报销往返路费、将外出务工者组织起来后直接对接工厂集体就业），但多数外出的村民缺少专业技能且难以适应环境，导致更换工作频繁且打工时间较短，在外务工难以对村民致富增收起到普遍性作用。

通过对小瑶河村相关背景的简单介绍，不难发现村庄的发展以及群众的致富长期以来都陷入了瓶颈。2013年11月，习近平总书记提出"精准扶贫"重要理念后，政府扶贫力度逐渐加大，小瑶河村在全国全面脱贫工作中迎来了转型发展的历史机遇。正是在这样的背景下，2015年初，农业大学高霄雨教授团队入驻小瑶河村，在这里开启了一场试图摆脱绝对贫困的深度实验，这项实验对小瑶河村的历史而言具有划时代的意义。

经过数年的实践，小瑶河村的面貌有了很大改观，村民的收入也有了大幅提升。小瑶河村是高霄雨教授最早开展乡村扶贫实践的传统村落，还是当代中国最早引入"乡村CEO"模式的村庄，为当前形势下我国乡村振兴、共同富裕积累了宝贵的经验。在"小瑶河村实验"中，高霄雨教授重视乡村发展的"可持续性"，这种"可持续性"不仅来自政府的主导以及社会、企业、高校的助力，更强调全体村民在发展过程中的"参与"及"共享"，其中最核心的在于全体村民的"参与"。关于如何调动村民参与的积极性，就在于对"人"的培养，即培育每一位村民"现代性"的理念，从而为边疆少数民族传统村落塑造新的"人文生态"。

一　"小瑶河村实验"

（一）一个贫困村的内生发展潜力

如果没有"精准扶贫"历史背景下的"小瑶河村实验"，也许小瑶河村只是中国众多默默无闻、地处边缘地带的边疆少数民族村落中的一个。无论是全村产业格局还是村民收入格局、生活日常、精神面貌，小瑶河村都与我国大多数"老、少、边、穷"地区贫困村落有着高度的相似性,而村民的生活也日复一日地不会有太大的改变。

小瑶河村于2011年被列为国家级贫困村。在2015年之前,小瑶河村的第一产业收入几乎占到了全村收入的全部,虽然橡胶等经济林木的种植产生了良好的效益,使个体农户的平均收入略高于全国贫困线,但从人均可支配收入来看,小瑶河村2015~2016年人均可支配收入为5832元,远低于该年全国农村居民人均可支配收入11422元,也低于该年全省农村居民人均可支配收入8242元;加之小瑶河村户均支出长期高于户均收入,2015年人均负债达到人均可支配收入的70%,导致全体村民长期处于深度贫困中。经2013年和2016年两次贫困认定,全村共有19户农户被识别为建档立卡贫困户,致贫原因多为"自身发展能力不足"。在此之外,由于卫生环境、生产条件长期得不到有效改善,村民健康状况普遍较差,外出就医增加了村民日常开销,加重了其债务负担,也使其劳动效率下降,村内生活质量较低。小瑶河村的贫困源于典型的"低收入、高支出、高债务"陷阱。

高霄雨教授认为,对贫困的理解不能再单纯地停留在对物质的拥有,"整体生活水平的差距衬托出了一部分群体的相对贫困感"。如果抛开贫困、破败的表象,一个看似平淡无奇的贫困村却蕴藏着巨大的内生发展潜力:第一,村内青壮年劳动力较多,根据2015年高霄雨教授团队的调查,村民的平均年龄为28.4岁,从年龄结构来看属于"年轻"型村庄,此外村民普遍非常勤劳,他们常常半夜两点起床割胶,一年四季不间断耕种劳作,劳动力潜能还没有得到充分的发挥;第二,小瑶河村气候温暖湿润,物产较为丰富,当地出产的砂仁、无筋豆、橡胶、甘蔗等农产品虽然价格波动较大,但总体而言这些都属于附加值较大、经济价值较高的农产品;第三,村内基础设施、村容村貌都有着较大的提升、改造的空间,在2015年之前,村内还没有一条硬化路面,只有一条长约8公里的土路串通全村,无论是村内交通还是村民用水都极不方便,除此之外村内人畜混居,也没有完善的卫生清洁设施,村内饮水直接来自深山,没有净化、过滤处理,但总体而言村内保持了较为完好的传统瑶族村寨风貌;第四,小瑶河村位于深山，放眼望去四周都是秀丽的热带雨林景观，空气清新，是城市人理想的度假胜地。此外，村落规模较小，开发程度较低，基本保留原始风貌，对于高霄雨教授团队来说也更易于操刀进行改造，是实践高霄雨教授扶贫理念的理想实验地。在这些客观条件之外，若进一步分析小瑶河村原先的社会状况，那么小瑶河村与许多边疆地区的贫困村一样，都面临"人文生态失调"的问题，即社区的人口和社会生产各因素适当的配合体系出了问题，使劳动生产率下降，原有生产结构不能维持人们正常的繁殖和生活。"人文生态失调"阻碍了将村落的潜力转变为内生发展的动力。如何解开"人文生态失调"这一阻碍边疆贫困村落发展的症结，是"小瑶河村实验"首先应当回答的问题。

（二）瑶寨换新颜与第三产业新业态的起步

空间、景观既产生于人文、社会，同时又对人文、社会有着极大的影响。高霄雨教授的思路是从改造村落的空间、景观，整治村容村貌入手，来解决人文生态失调的问题。其改造小瑶河村的思路直接明了，即对村内的家屋进行改造来重塑村落景观，新的村落景观打破原有的"破窗效应"困局，为村民带来一股"现代性"的新生活体验，这种新的生活体验会在无形中塑造村民的观念以及精神面貌，从而为开辟新的可持续发展道路创造必要的条件。

但村落景观的"现代化"改造过程中，首先否定了用外观相似的混凝土建筑替代原先有瑶族特色的木质干栏式建筑，并且以整齐划一、错落有致的"新村"规划代替传统瑶族村落乱中有序的建筑分布的方案。小瑶河村的改造思路是原先的瑶族特色风貌在予以整体保留的同时融入诸如大扇窗户、玻璃落地门等现代建筑元素，增加屋内采光、通风，增强屋内空间带给人的宜居感；在村落布局上保持原有村寨的层次感，通过夜晚的灯光效果塑造出错落有致的整体村寨景观。总体而言，高霄雨教授的方案就是既重视对瑶族风情的保留，又有意将现代设计理念融入，也有着让乡村文化依托乡村空间、景观，使其作用于村民个体的思想与行动的考虑，从而使建筑、空间、景观发挥乡村社会的符号象征和精神纽带作用。

2015年以来，在高霄雨教授的协调下，先后为小瑶河村争取到来自省、州、县、镇各级资金3000万元（包括东西部协作资金）用于村落改造：其中600万元投资于2017年动工修建的通往山下的单车道公路；600万元投资于2023年初动工的"河沿岸景观改造"项目；1000万元用于改造前期的勘探、平整地基、铺设管网基础设施等工作；其余的资金通过"补助+无息贷款"的模式为参与改造的居民提供约每户10万元的支持（其中直接现金补助为普通农户每户4万元，建档立卡户每户5万元，无息贷款为每户6万元，近年来受到国家扶贫政策的支持，各农户背负的6万元无息贷款皆得以免除）。在房屋及民宿的改造过程中，农户个体也根据改造房屋面积大小、个人经济实力对剩下的资金缺口进行投资，村民个人的投资为5万元至20万元不等。改造项目要求村民自筹建筑所需木料及其他原材料，木料到位后由村集体组织人员与房主合作施工。这样一座村庄也有着很淳朴的民风，整个村庄是一个大的亲属团体，福利分享、互帮互助是村民再寻常不过的美德，无论盖房子还是收甘蔗，村民都要相互帮工，主家每天也会热情地管饭、管酒、备烟。因此在村落的改造工程中，全体村民团结起来共同扮演了施工主力，各家各户的升级改造中都有其他村民的热情帮助。

在高霄雨教授团队及村民的共同努力下，村庄面貌发生了根本性的变化：村内有了硬化的路面以及路灯，供水及排污管网完善，光缆铺设使这个偏远山村与互联网世界相连接，新改造的家屋宽敞明亮，集体猪舍的建设实现了村中人畜分离，小瑶河村还建成了现代会议室、专家工作站、人才公寓、幼儿园、篮球场等设施。通过全面的人居环境整治，小瑶河村的宜居环境大幅改善。经过几年的努力，付出的汗水终于换来了丰收的果实，尤其是小瑶河村在大规模村容改造的基础上建成了"山里瑶阿妈的客房"民宿品牌，民宿产业成为小瑶河村致富增收、振兴发展的新引擎。

案例7-1 山里瑶阿妈的客房

在小瑶河村整村改造期间，高霄雨教授团队提出了通过改造家屋，发展民宿业态来带动村民致富增收的思路，高霄雨教授团队广泛动员村民在家屋改造的同时，将家中的一两间屋子作为民宿来进行改造，为了鼓励村民踊跃地参与，村集体对于参与民宿客房改造的村民每户发放了一定的补贴。2017年4月，小瑶河村第一间民宿客房正式开业，随后各家各户的客房也陆续建成并投入营业，至2023年10月，"山里瑶阿妈的客房"建成嵌入式的客房47家，部分客房配备有独立的厨房、客厅等设施，同时还配套有酒吧、餐厅、商店、篝火广场，服务于游客的餐饮、休闲需求，在高霄雨教授的规划中，小瑶河村第三产业的发展最终要形成一个集休闲观光、会务、研学、特色农产品销售于一体的"文旅品牌"。从2020年底开始，小瑶河村"山里瑶阿妈的客房"正式上线多个互联网旅游销售平台，民宿产业得以通过互联网平台进行引流，"花筑"也在酒店用品供给等方面给予了"山里瑶阿妈的客房"一定的支持。该民宿的经营定位是"高端民宿"，客房最低价格在每晚300元以上，具备独立厨房、客厅的套间每晚售价在1200元以上，若游客有餐饮需求，那么每人需要额外缴纳100元，民宿主人为其提供中、晚饭（村内的餐饮标准一般为四菜一汤及不限量米饭）。

2017年，小瑶河村包括"山里瑶阿妈的客房"在内的全村新业态的收入达到了19万元；2018年，全村新业态的收入猛增到58万元；2019年，全村新业态的收入翻番达到了121万元；2020年、2021年，民宿经营受到疫情影响；2023年，村里新业态的经营处于恢复期，截至2023年10月，全村新业态的收入达到42万元。

民宿的发展开始吸引来自周边县市乃至北京、上海等大城市的游客前来度假、研学。小瑶河村的整体改造也构成了发展新业态的基础，实现了小型高端会议、休闲经济、自然教育融合的复合型产业发展方向。

（三）如何实现参与式发展——村民致富增收机制的探索

1. 致富增收机制的目标与思路

如何让一个地处热带雨林山区，处于原料供给边缘地位，远离区域行政、商业中心的边疆少数民族村落实现脱贫致富以及现代化发展，是小瑶河村实验必须回应的关键问题。而中国特色的乡村现代化及精准扶贫的特点，是以人民作为参与主体，要求行政机构发挥主导作用，同时市场主体和社会组织积极响应、配合行政机构的主导性行动，共同助力贫困户实现摆脱贫困的目标。基于这项工作目标，农业大学专家团队与小瑶河村村民共同制订了以下方案：（1）完善专业合作社的运营机制、管理机制和利益分配机制，引入现代化管理模式，动员村内青年、吸引新农人，提升合作社运营团队的整体素质，扩大管理团队，新增后勤保障人员，细化工作任务和职责，完善利益分配机制，在公平公正的前提下，保证农户与村集体的利益；（2）全面升级"山里瑶阿妈的客房"内部设施，建设合作社洗衣房、布草储藏室等配套设施；（3）深度挖掘瑶族文化遗产，提升文旅能力，引入瑶族艺人和瑶族特色的文化元素，增强小瑶河村的瑶族标识，增加瑶族文化体验活动；（4）大力开发研学旅游产品，针对不同的群体，开发不同时长与内容的研学产品；（5）发挥农民主体作用，加强制度建设、政策激励、教育引导，发动村民、组织村民、服务村民，不断激发和调动农民的积极性和主动性，以筹资筹劳、以奖代补、以工代赈等形式，引导和支持村集体和农民自主组织实施参与村庄基础设施建设和村庄人居环境整治。

2. 组织机制：助贫中心、互助社与合作社

2015年3月15日，高霄雨教授所带领的农业大学师生团队在县城成立非企业组织"霄雨助贫中心"，该组织的业务范围有：（1）实施直接瞄准穷人，并与穷人需求对接的、可持续的微型助贫项目；（2）探索并示范环境、资源、文化友好的且着眼于社区整体治理改善的助贫模式；（3）在乡镇、村两级孵化公益组织形态；（4）发展基于行动和实践的政策研究；（5）发起举办中国草根公益助贫论坛；（6）在其他发展中国家实施公益扶贫项目。长期以来，"霄雨助贫中心"在小瑶河村的发展中扮演着最为核心的角色。

但在高霄雨教授团队"陪伴式成长"的理念下，小瑶河村的建设主体以及新业态的运营主体仍然是村民自己，因此"霄雨助贫中心"就必须扶持村民建立自己的组织。为了贯彻落实上级机关全面脱贫以及乡村振兴的

指示与精神，2016年10月26日，小瑶河村成立了"小瑶河村小组扶贫互助社"，该组织成立的目的在于团结并带动村民全面参与到"共富乡村"事业中来。

随着新业态的发展逐步完善，原来的"互助社"模式已逐渐无法适应小瑶河村新的发展形势，为了带动村民共同参与新业态的经营管理，2018年11月6日，小瑶河村成立了种植专业合作社（2023年3月更名为"文旅专业合作社"），村党支部书记董立刚担任合作社的法人代表。目前，合作社成员大体只包括投资民宿业态的村民，合作社经营范围除民宿、研学、会务、乡村休闲旅游等文旅项目之外，还包括小瑶河村出产的特色农产品的种养殖以及销售、加工等业务。合作社成立后，"互助社"逐渐退出了小瑶河村发展的历史舞台，并于2021年10月31日被注销。目前，小瑶河村合作社的运营团队主要包括村主任邓国林、村副主任韩乐峰以及三位乡村CEO郑而立、庞一峰和邓昌勇。

3. 利益分配：不断调整分利模式

村集体经济得以发展后，就必须探索出一套公平合理的利益分配机制。小瑶河村积极探索以集体经济中的业态带动乡村共富，一方面，高霄雨教授团队为小瑶河村建成的会议室、人才公寓属村集体直接拥有的资产，其带来的经济收益直接归村集体所有；另一方面，文旅专业合作社成立后，村民改造民宿所得到的4万~5万元现金补贴是以合作社的名义发放的，参与开发民宿业态的村民全部属于合作社成员，因此这些村民有义务将一部分经营民宿的所得收益贡献给集体经济用于合作社的发展。村民与合作社的收益分成几经修改，目前仍处在摸索阶段。自小瑶河村的民宿全面运营以来，村民管理的客房、餐饮与集体的收益分成长期维持在9∶1（村民获得自家客房、餐饮收益的90%，合作社分得收益的10%），虽然人才公寓以及会议室也能为村集体带来数万元的收益，但这种利益分配模式很快导致了村集体的收入难以维系村内公共基础设施的维护、包括互联网费用在内的乡村办公费用以及乡村CEO的薪资等公共开销，在访谈中，郑而立等人坦言集体财政的入不敷出使他们数月工资无法按时发放。这种模式使得负责统筹管理客房、产业的合作社难以维持正常的运转，只是由于疫情期间小瑶河村民宿、餐饮收入一直维持在较低的水平，加之长期以来各级政府对小瑶河村保持着较高的资金投入，因此这种利益分配模式所带来的问题并没有引起太多的关注。直至2023年初，随着乡村旅游开始逐渐复苏，合作社决定调整利益分配机制，客房、餐饮项目村民与集体的收益分成调整为5∶5（其中收益的50%归村民，50%归集体），然而这种利益分配机制又带来了新的问题，村民的获得感普遍降低，导致村民对于经营民宿、餐饮的积极性受到了一定的打击。调查中有村民表示对于这种"五五开"的收益分成机制，"集体拿走的太多，集体就应该承担更多的责任"，大家对客房疏于打扫，卫生以及服务品质大幅下降，而乡村CEO就成为"山里瑶阿妈的客房"民宿的全职保姆，负责所有客房的清洁卫生工作。

面对"五五分成"所带来的新的问题，2023年5月，小瑶河村合作社再次调整利益分配机制，将村民与集体的分成比例调整为6∶4（其中收益的60%归村民，40%归集体），虽然"四六分成"机制对激发村民参与积极性起到了一定的作用，但多数村民认为这种分成机制与过去"五五开"相差不大，对客房的整理、维护仍然存在一定的消极怠慢态度，于是合作社再度开会讨论了利益分配机制，并决定将分成机制调整至7∶3（其中收益的70%归村民，30%归集体），新的收益分配机制从2023年7月开始执行，经过2023年暑期接待数轮外省"研学团"，"三七分成"制大体上经受住了实践的检验，在利益分配机制方面合作社大体找到了集体利益与村民参与积极性之间的平衡点，但是这种模式在未来是否能得到进一步的维持还有待日后的观察。小瑶河村"山里瑶阿妈的客房"民宿的利益分配机制，不仅是收益在村民与集体之间分配的问题，还涉及有限的客源优先安排至哪一家民宿的问题。小瑶河村党支部书记与乡村CEO同时以"官方"的口吻给出的解释是，根据房间卫生、家屋内外的清洁程度、"文明家庭"的标准以及户主对村规民约的遵守等条件有一套量化考评机制，但大多数村民表示对这套考评机制并不知情，此外，在整个调查过程中，并没有发现任何有关这套考评机制的成文规定及文件。

参与"小瑶河村实验"的农业大学许梁教授则认为，"不患寡而患不均"是在农村推进精准扶贫项目必须考虑到的一项农村社会生态,因此"霄雨助贫中心"会对每月、每季度的客房分配情况以及客房带来的个体收益情况进行专门的统计,当客流来临时,若客人对于客房没有额外的要求,霄雨助贫中心的工作人员会将客人优先安排至客房收入较低的农户,从而尽可能地实现利益的均等化。但是许梁教授介绍的这一套较为理想的客房收益分配模式在小瑶河村是否能得以有效实施,还值得进一步观察,在为期三天的调查中,团队中的四位成员被分配到了村党支部书记及村干部家中的房间,村中个别几位农户表示在2023年暑期的"研学潮"中,他们的客房并没有挣到太多钱。

进一步考察代表集体经济利益的合作社,那么从其官方公布的业务范围来看,合作社在小瑶河村中的作用更多的只是受"霄雨助贫中心"指导的一个经营单位。由村干部及乡村CEO主导的合作社能自主发挥的空间极为有限:在公共资金的支配上只能用于日常开支,在重大事项上只能决定村内民宿、餐饮的利益分配机制。当问及关于客房定价、对外招商引资、开发新业态的问题时,无论是乡村CEO还是村干部都表示首先要尊重"高霄雨教授的意见"。针对合作社认可并执行高霄雨教授团队建议这一现象,该团队中的专家则在访谈中表示,对于合作社的指导是出于"陪伴式成长"的考虑。

4. 致富增收机制的执行效果

小瑶河村精准扶贫、乡村振兴发展效果显著。2018年底,小瑶河村整体脱贫,农户的精神面貌焕然一新,收入显著提高,生活有了明显的改善。2018年11月,小瑶河村注册成立种植专业合作社,从而以专业专职团队负责新业态的管理与营运。小瑶河村村民的户均收入由2015年的21176元提升到了2021年的42802元,提升比例达102%;人均收入由2015年的5691元提升到2021年的11857元,提升比例达108%。2020年,虽然受到疫情影响,小瑶河村新业态收入有所下滑,但总体而言成绩依然可观,据村里统计,截至2022年底,数年来新业态为小瑶河村总共带来了超过200万元的收入,为帮助小瑶河村村民脱贫做出了卓越贡献。2023年,随着全国文旅产业的复苏,小瑶河村文旅产业的发展再次进入快车道，截至 2023 年 10 月，小瑶河村民宿、餐饮服务业共创造收入 42 万元，为每户带来增收 5000~15000 元，通过多年来的建设，小瑶河村已经从过去一个比较闭塞的瑶族村落转变为一个面向世界展示中国扶贫故事的美丽山村。

小瑶河村的发展来源于一种多元主体参与的帮扶模式，即县政府和镇政府实行精准扶贫政策，村民是政策帮扶对象，县政法委成为该村的"挂包帮"单位，来自农业大学的专家团队于 2015 年成立公益组织驻村帮扶，脱贫后的 2021 年又引入了某大型房地产企业的外部援助，来巩固扶贫成果。小瑶河村借助改善居住条件、建设民宿客房、完善基础设施等手段，调动了村民参与村庄发展的积极性，在实现脱贫目标的同时有效保护并突出了村庄特色。小瑶河村调动村民积极性、排除异议和开展本土协商的实践，对于同类特色保护类村庄的发展具有启发和借鉴意义。

二　小瑶河村发展中的多方力量

小瑶河村早期贫困的根源在于现代性的缺乏，"小瑶河村实验"在高霄雨教授团队的带领下，其发展的核心方案在于提升乡村的"现代性"，激发"人的现代化"。推动人的现代化不仅需要发展成果的"共享"，同时更要带动所有人的参与，这个思路也正是费孝通先生所提出的"要充分利用农村里的劳动力从事各式各样的生产活动"[1]。突破人的"低现代化程度"，实现村民的共同参与，需要一个有威信的公共机构作为这项事业的坚强领导核心，那么这个领导核心无疑就是设计了"小瑶河村实验"的高霄雨教授团队。与此同时，县、镇政府，乡村 CEO 团队等，也构成了推动小瑶河村发展的关键力量。

（一）作为中流砥柱的高霄雨教授团队

在实践中，由农业大学高霄雨教授团队组成的"霄雨助贫中心"是农

---

[1] 费孝通：《中国城乡发展的道路——我一生的研究课题》，《中国社会科学》1993 年第 1 期，第 3~13 页。

业大学对口帮扶小瑶河村的代表机构，也是高霄雨教授团队对外开展相关工作的一个官方招牌。从"霄雨助贫中心"官方公布的"业务范围"可以看出，其工作定位是精准扶贫事业的探索者、协调者、策划者。"霄雨助贫中心"也利用农业大学的声望及官方身份，积极为小瑶河村向省、州、县、镇争取必要的资金，另外，"霄雨助贫中心"也是村内改造、业态经营的实际决策者：房屋及民宿改造装修样式、房间定价、同社会组织及企业的合作、村内公共区域整治实际都由该中心来决定。小瑶河村新业态的主要销售渠道也是由高霄雨教授团队带来的，其主要客户群体——研学团是通过高霄雨教授的"私人关系"对接北京等地的商业性教育机构。此外，小瑶河村民宿经营受到疫情的影响，加之长期以来集体与个人收益分配等问题，导致村集体财政难以摆脱困难境地，"霄雨助贫中心"也承担了三位乡村 CEO 2023 年度每月 3000 元的工资（但是据三位乡村 CEO 介绍，即使他们的工资由"霄雨助贫中心"发放，也不能保证准时按月发放）。事实上，高霄雨教授团队不仅是当前小瑶河村发展的真正领导核心，还是发展成果的守护者。

（二）县、镇政府：资金支持与战略定位

小瑶河村的项目虽然长期以来是由农业大学的专家团队牵动、引领，但外部主要的配合力量就是县、镇政府。县、镇政府在为小瑶河村的发展、改造争取必要的启动资金（如用于"河沿岸景观改造"项目的 600 万元资金就是由县、镇政府出面申请的东西部协作资金）过程中起到了最重要的作用，除此之外，在对小瑶河村的发展支持上，还给予了必要的政策支持。

在具体的政策支持上，县、镇政府所考虑的是区域发展的全局性。镇政府未来的发展战略是将"四区"（下辖的四个行政村）的发展紧紧围绕于"一带一中心"（一带指沿县域内公路经济带，一中心指现代农业中心）发展战略。一来未来当地也将打造"观光旅游区"，该"观光旅游区"与"生态普洱茶产业区"相连，从而形成一个旅游大环线。在县、镇政府的考虑中，小瑶河村将发挥民宿产业优势，通过未来的环线旅游承接更多的客源。二来利用公路交通优势以及正在规划中的口岸，镇政府所下辖"四区"将深入挖掘特色农产品的产业优势，为各区就近建立特色农产品加工厂，提升农产品的附加值，这一政策也将为小瑶河村第一产业的发展乃至转型升级发挥一定的带动作用。但目前镇政府"一带一中心"发展战略仍然处于打造阶段，为小瑶河村带来的发展红利还需要时间来观察后效。

（三）村民力量的代表：乡村CEO团队

小瑶河村的乡村CEO团队最早起源于房屋改造施工期间成立的"小瑶河村青年创业小组"与"小瑶河村发展工作队"，无论是"小瑶河村青年创业小组"还是"小瑶河村发展工作队"，最初都只是一个依托"微信群"而存在的松散的组织，"小瑶河村发展工作队"最初加上董立刚等村干部在内共有13位成员，后来由于工程量加大，"小瑶河村发展工作队"极盛的时候曾陆续发展至30余位成员；"小瑶河村青年创业小组"最初共有8位成员（包括现在的3位乡村CEO），他们通过收集、售卖"雨林鸡蛋"为村集体挣到了"第一桶金"。随着改造工程接近尾声，村内已不再需要规模庞大的施工建设队伍，而随着民宿业态开始投入运营，在这样的形势下所需要的是一支人员精简的专业化管理、运营团队，"小瑶河村青年创业小组"与"小瑶河村发展工作队"也就顺势转型成为当代中国最先开始运行的一支"乡村CEO"团队。这个团队共有5位全职乡村CEO，全部是年轻的返乡务工人员。在几年时间的探索中，这支团队中既有人员离开也有新鲜血液补充，目前团队规模总体稳定在3人。当前小瑶河村的3位乡村CEO既按照高霄雨教授团队的意志经营管理着新业态，同时他们又是小瑶河村村民力量最重要的代表，下面就让我们将小瑶河村当下3位乡村CEO的故事作为案例。

> **案例7-2　"中国乡村CEO第一人"——郑而立**
>
> 郑而立，1993年出生于小瑶河村，初中学历，家中有两个妹妹（大学毕业后分别在上海及某邻近的地级市就业）、一个弟弟（因疾病目前暂时丧失劳动能力），回村前曾在深圳等地务工数年之久，在外务工期间大

部分时间在深圳罗湖区从事厨师行业。相对而言，郑而立外出务工的经历较其他选择出村打工的村民更为成功。郑而立不仅在深圳学得一手熟练的厨艺，同时也能长期坚持在外务工，2015年底返乡前作为厨师的收入已达到每月8000元以上。郑而立的务工收入对家里而言也是重要的经济补贴，务工积蓄不仅支援了家中房屋改造，同时也资助了两个妹妹的学业。

郑而立于2015年底返乡，起初返乡只是为了帮助家中盖房。然而，郑而立的返乡正好赶上了小瑶河村如火如荼地改造，高强度的建筑劳动使他难以抽身，同时也适逢"乡村CEO"模式在小瑶河村开始探索，郑而立作为一位优秀的返乡青年也就被高胥雨教授团队发展成为中国最早的一批乡村CEO，在访谈中，郑而立曾开玩笑地说："我应该是全中国的第一位乡村CEO。"

然而，加入乡村CEO的选择对郑而立的生活而言意味着巨大的转变，回乡成为一名全职的乡村CEO就必须放弃此前在外务工多年的积累，从工资方面来说，由于村集体经济处于起步阶段，乡村CEO初期的月薪仅为2000元（目前涨至3000元），与在外务工每月5000~6000元的收入无法相比；从职业发展前景来说，乡村CEO在中国是一个不折不扣的"新鲜事物"，这种职业模式将长期处于摸索阶段，对于收入增长的预期以及职业发展的未来道路几乎全部未知；除此之外，家乡的生活与城市的生活有着很大的差异，重新适应这种差异也需要心理上的准备。

在郑而立看来，成为一名乡村CEO纯属偶然，并不是一个迫不得已的选择，与多数瑶寨中有着外出闯荡经历的年轻人一样，郑而立对家乡也充满眷恋的情感，由于收入低、事务琐碎且繁杂，郑而立也一度出现过动摇，但是用郑而立的话说，他最终还是因为对家乡的情怀选择了坚持。也许正是因为这份难得的情怀与坚持，2020年10月18日，郑而立在中央电视台《面对面》栏目中接受了采访，讲述了"精准扶贫"为小瑶河村带来的翻天覆地的变化；2020年同期，知名企业家以及国务院扶贫办主要领导一行莅临小瑶河村时，郑而立作为小瑶河村优秀青年代表受到了他们的接见与慰问。

郑而立在小瑶河村三名乡村CEO中，名义上扮演的是"统筹人"的角色，但在具体的日常工作中与其他两名乡村CEO并无太大差异，在村内的改造施工中需要与工程总监董世炎一起协调施工，甚至亲自上阵帮忙；在客房服务方面需要与客房总监庞一峰一起摸索花筑、携程等互联网平台的使用方法，甚至常常还要清洗布草、打扫客房卫生。同时进村观光、研学、调研以及会务的接待工作往往也需要郑而立负责，在2023年暑期小瑶河村迎接的8批研学团中，郑而立带队"雨林徒步"，游客的中、晚餐也是由郑而立亲自烹饪。乡村CEO之间的分工、职责不明晰使郑而立的精力大部分用在处理琐事杂务上。

在小瑶河村的访谈和观察中发现，郑而立在外打工多年学得一手精湛的厨艺，加之小瑶河村出产的走地鸡、大米有一定独特的风味，当问及郑而立是否考虑通过发展小瑶河村的特色餐饮作为一项新业态来实现引流时，他表示，一方面，民宿经营事务占据了他大量的精力；另一方面，过往用餐游客存在吃"霸王餐"的情况，或在付款时故意大幅度压价，导致特色餐饮是否能成为村集体一项新的收入来源值得进一步商榷。

案例7-3 扎根家乡的现代农民——庞一峰

庞一峰，1990年出生于小瑶河村，初中学历，2009年到2010年前后曾短暂地在邻近县市务工，主要是在物流园区从事搬运工作。与村里外出务工的绝大多数年轻人一样，庞一峰在外务工生涯并没有持续太久，在外务工不到两年就又重新返回村里成为一名职业农民。

庞一峰在成为乡村CEO之前一直在村内专职务农。庞一峰本人种植的作物主要为水稻以及豆角、豇豆、南瓜等冬季蔬菜，同时他兼营养蜂等工作。但这些工作都难以产生较大的经济收益，无论是水稻还是冬季蔬菜，由于播种面积小所以产量较低，水稻产量仅够自家食用，冬季蔬菜种植及养蜂也没有形成一定的规模，所带来的经济收入极为有限。近年来，庞一峰家承包种植了1900余棵橡胶树，然而橡胶树产胶前需要三年左右的"培育期"，截至2023年10月，橡胶林还未带来实际的经济效益。

然而自 2015 年起，全村掀起村貌改造，进而引入民宿产业，庞一峰一直都是积极的参与者。庞一峰率先投资 30 余万元（包括 5 万元无息贷款以及 6 万元高霄雨教授团队补助）将三层木质结构房屋改造成为"高端套房"，庞一峰在改造套房的过程中，还得到了深圳某大型房地产企业的援助，该集团为小瑶河村捐赠的 15 套厨房设备一部分也用于了庞一峰家民宿的装修。庞一峰所经营的高端套房售价约为 2500 元一晚，2023 年仅有过年期间的 9 个晚上有人居住，客房收益除去集体分成外为庞一峰带来了约 17000 元的收入。

自 2015 年"小瑶河村实验"开启以来，庞一峰一直都是村里较为积极响应的年轻人之一，在全村的村容改造及民宿装修过程中，庞一峰也贡献了较多的力量。2021 年初，由于前任负责客房管理的乡村 CEO 离职，庞一峰被村民集体举荐接替前任而成为一名乡村 CEO。在书面分工中，庞一峰所扮演的角色是"客房总监"。

从庞一峰的案例中可以看出，他对于小瑶河村乡村 CEO 模式的现状、工作的难点与痛点有着独到思考，他认为小瑶河村既是他的家乡，也是他的"靠山"和最后的"退路"。从小生长在农村最擅长的就是耕种，山村里丰富的物产也足以维持他的日常生活，乡村 CEO 这份工作及其所带来的收入，是他生活的"锦上添花"。

案例 7-4 自学成才的"工程师"——董世炎

董世炎，1989 年出生于小瑶河村，小学学历，董世炎家里的土地较少，仅有约 3.6 亩旱田及 1000 余棵橡胶树，仅靠农业种植难以维持生计，因此在成为一名乡村 CEO 之前他一直都是在"半工半农"的状态中维持生计（农忙时节在家务农，农闲时节则在县城等周边城市里打零工以补贴生活）。"小瑶河村实验"启动后，董世炎农闲时节外出打零工的生涯得以终结，他加入了村里的"发展工作队"，积极地为小瑶河村建设贡献着自己的力量。

由于在全村的改造过程中董世炎一直都表现得非常积极，随后便被高霄雨教授团队选聘为一名乡村 CEO。在村里相关文件公布的职责分工中，董世炎的身份是"工程总监"。然而董世炎本人则表示，与工程相关的专业技术他一天都没有认真、系统地学习过，只是在全村改造工程中，干过一些类似的活。

作为小瑶河村的工程总监，董世炎的日常工作主要是负责村内供排水管网、电线电缆等公共设施的维护，当这些设施出现问题时往往都是由董世炎亲自进行维修。虽然董世炎没有太高的学历，在此之前也缺少从事相关工作的经验，但在处理现实中的问题时，他展现出了极强的自学能力，每当遇到亟待解决的问题时，他往往都能通过观看手机上的教学视频，从而顺利解决公共设施维护的问题。除此之外，董世炎也与庞一峰、郑而立等人一同维持"山里瑶阿妈的客房"在花筑、携程等互联网平台的运营。从董世炎的经历不难看出，在乡村 CEO 的工作中，他通过不断学习，正在成长为小瑶河村一位不可多得的专业技术人才。

董世炎的案例让我们看到了乡村 CEO 身上所蕴含的潜力，这样的潜力在另外两位乡村 CEO 身上也不难看到，将他们身上的潜力转化成为乡村发展振兴、共同富裕的动力，其核心就在于高霄雨教授反复强调的"人的现代化"。那么如何将他们的个人潜力转化成为小瑶河村发展的新生动力，有待于后面的探讨。

（四）外部资本及市场

新业态的健康发展有赖于外部资本及市场的支持。支持"山里瑶阿妈的客房"的外部资本主要有两类，其中一类是以深圳某大型房地产企业为代表的公益性资助。2020 年夏，该集团董事长在高霄雨教授的邀请下造访小瑶河村，当了解到小瑶河村新业态发展情况后，当即决定为小瑶河村捐助 15 套厨房系统。房地产企业董事长的捐赠为民宿的改造升级提供了一定的助力，但是这种捐赠主要是出于公益性考虑，既不算是追求收益、红利的投资，也没有为新业态可持续运营带来必要的市场资源，所以外部资本给予小瑶河村的公益性资助只能算是小瑶河村发展的"锦上添花"，对于其可持续发展以及全面致富增收，难以起到实质性的助力作用。

民宿业态经营以及特色农产品销售所必需的市场资源，主要来源于由高霄雨教授通过个人关系引荐的来自北京、上海等地的商业性教育机构，它们为民宿提供销售渠道，通过组织研学团为"山里瑶阿妈的客房"提供客源。研学团主要集中在暑假及寒假两季，其他时间客房大多处于空置的状态。此外，由于小瑶河村的特产"雨林蜂蜜"产量相对较高，风味相对独特，在蜂蜜的销售中也找到了较为稳定的合作伙伴，2019年小瑶河村与北京某食品有限公司达成合作协议，该公司为小瑶河村出产的蜂蜜进行初级加工、包装并寻找销路，这种合作模式每年能为小瑶河村带来约2万元的收益。可以看出，无论是公益性的外部资本还是市场的力量，仍然是高霄雨教授团队主持小瑶河村发展所带来的一个副产品，外部资本与市场资源对于高霄雨教授的私人关系有着高度的依赖性。

（五）数字技术的力量

新业态逐步发展成熟后，所要面临的就是使之对接市场，从而不断拓宽收益渠道。如何让一个偏远山村发展出的新业态去对接中国内地的广大市场，在当今互联网时代背景下离不开运用数字手段。小瑶河村数字赋能新业态的尝试主要集中在对相关销售平台的运用，新业态得以顺利上线这些互联网平台也离不开高霄雨教授团队的帮助。

> **案例7-5 小瑶河村的数字赋能实践**
>
> 自小瑶河村村容村貌改造开始，高霄雨教授就发现了小瑶河村风味独特的"雨林鸡蛋""雨林蜂蜜"可以作为让农民增收的特色农产品，便在2016年通过开设微店为鸡蛋、蜂蜜等特色农产品寻找销路。但由于鸡蛋、蜂蜜产量较低，同时也缺少"直播带货"等引流手段，运用数字化工具销售特色农产品的尝试在小瑶河村并没有取得较为理想的效果，这个微店由于没有取得良好的效益目前已不再经营，蜂蜜等特色农产品的销售也主要由北京的企业来代理。
>
> 如今尝试运用数字手段拓展销量的新业态主要在于"山里瑶阿妈的

客房"民宿。随着2017年春民宿客房逐步投入运营以来，其最初在高霄雨教授团队的协调下上线"花筑"平台，"花筑"也为民宿的经营提供了一定的支持，包括统一标准的酒店用品、客房质量监督指导等。随着小瑶河村乡村CEO团队在业务上不断走向成熟，郑而立、庞一峰等乡村CEO开始逐渐探索将客房上线至飞猪、携程等互联网平台。通过在"酒店"中搜索"山里瑶阿妈的客房"，即可在线上平台中看到售价、简介等客房信息并完成预定。

与高霄雨教授团队、合作社、政府、外部资本等多方力量不同，互联网是小瑶河村发展中一个不可忽视的虚拟力量。虽然互联网平台并没有直接参与到小瑶河村的发展及脱贫工作中，却为发展及脱贫工作的顺利开展，带来了一股"东风"。

高霄雨教授团队教会了小瑶河村新业态经营团队使用互联网资源，同时也让"花筑"等平台为小瑶河村发展新业态带来了必要的支持。通过互联网的宣传也对外打出了小瑶河村的名气，使蜂蜜等特色农产品找到了北京的企业作为稳定的销售合作伙伴，在一定程度上讲，互联网发挥了将各方力量团结在一起的"黏合剂"作用。

长期以来，虽然小瑶河村都在尝试通过数字赋能来拓宽其市场渠道，然而由于合作社的运营团队对进一步使用数字化工具进行引流缺乏必要的指导与培训，因此数字手段为小瑶河村带来的市场体量较为有限，"直播自媒体"等新兴数字化工具并没有在小瑶河村得到很好的应用，数字赋能所带来的效果并不理想，市场资源尚依赖高霄雨教授团队的关系来引入。

三 内生发展的困境

经过了数年"实验"，小瑶河村的面貌焕然一新，村民的收入有了大幅提升，地处西南边疆的传统瑶寨的内生发展动力被激活。但是，就在小瑶河村迎来历史性发展机遇的同时，新的问题也随之产生。

(一) 从"陪伴式成长"的理念到"家长式扶助"的现实

"陪伴式成长"长期以来都是高霄雨教授团队规划乡村精准扶贫项目的一个主要理念。"陪伴式成长"与过去"交钥匙工程""输血式扶贫"有着本质的不同。"陪伴式成长"不仅要求帮扶地区投入必要的资金、人力进行建设，同时也要为全面脱贫量身定制出的各种新业态打造出一套能使之可持续运转的模式。"参与"是这样一套模式的核心，高霄雨教授曾在全村的一次动员大会上说："小瑶河村未来是否能够建设成我们规划的那样，这个前景掌握在你们手里，县政府、镇政府的挂靠单位以及霄雨助贫中心正在做最大的努力支持你们，但是我们不能代替你们。大家觉得建房、修路、修基础设施都是政府的事，这个思想不对，我们永远不能取代你们，你们是这个家园的主人。"让全体村民共同参与小瑶河村的发展关键就在于人的培养，培育村民的"现代"观念只是一个抽象的理念，如何将其转化为实际，首先就在于通过第三产业业态的发展，将只熟练于耕种、养殖的传统农民，再赋予一层现代产业工人的身份，让他们熟悉现代社会的生产、生活方式，通过对传统人文生态的改变，实现村落发展的可持续性。

在这方面，高霄雨教授团队更看重的是村里年轻一代人的成长。在培养村内年轻人成为乡村可持续发展顶梁柱的过程中，高霄雨教授团队做出了巨大努力，包括尽可能地为乡村 CEO 创造外出培训的机会，农业大学的老师外出办事，会尽量把郑而立等人带上，让他们学习如何同政府部门和各类机构打交道，对每一个细节都从头教起。同时农业大学的老师也建议乡村 CEO 从改变最微小的习惯做起，逐渐培养他们"与别的村民不一样的地方"，从而为村里人起到示范带头作用。在一次会议上，农业大学许梁教授就曾建议郑而立从"戒烟"做起，为村民做表率。

"陪伴式成长"更深一层的考虑，还在于高霄雨教授团队对小瑶河村未来发展的风险预估。在缺乏现代人理性的人文生态下，农民的经营往往存在一定的盲目性，盲目性行动往往会导致被市场侵蚀的结果；加之村里根深蒂固的"不患寡而患不均"的观念，若放手让村民自主处理经营事务,那么利益分配所带来的矛盾也许就会将现有的发展成果撕碎。

高霄雨教授对小瑶河村的发展投入了感情,也倾注了大量的心血,他并不希望看到农业大学团队撤出后这场终结贫困的实验以"烂尾"而收场。因此,出于对农民完全自主经营业态的担忧,以及培养村民现代意识的漫长周期性,长期以来高霄雨教授团队都是小瑶河村发展项目的完全决策者,留给村民的自主性空间较小,仅包括对利益分配机制的讨论、对客房及公共设施的维护以及团体客人的接待,而这些工作常常也是由几位乡村 CEO 负责,在这种情况下,"陪伴式成长"的良好愿景,最后在小瑶河村落地后成为"家长式扶助"的现实。

在小瑶河村项目启动初期,"家长式扶助"确实为其带来了相当大的红利,高霄雨教授不仅为小瑶河村的发展量身定制了一套方案,为小瑶河村未来发展指明了方向,还凭借一己之力争取到了必要的资金以及政策支持,在民宿、会议室、人才公寓投入使用后,高霄雨教授也凭借他的个人关系为小瑶河村拉来了稳定的客源,客房、会议室的高定价使农民通过第三产业业态的增收相当可观。但这样"家长式扶助"的弊端也同样显而易见,从访谈中了解到,郑而立、董世炎等人都身怀一技之长,庞一峰对于未来小瑶河村的发展也有他自己的思考和见解,此外村中也有像董立成一样凭借自己的智慧、努力而致富的农民,一味像家长一样悉心呵护着这个村落,使村里本土人才的潜能无法得到充分的发挥;新培育出的业态长期在"温室"中发育无法经历、适应外界市场的锤炼;而农业大学团队的一些决策也有些许"理想主义"的色彩,村党支部书记董立刚讲述了两个简短的事例。

案例 7-6 修路与村内卫生维护

2015 年初,高霄雨教授第一次考察小瑶河村过后,村里决定改良路面。高霄雨教授的意见是把水泥路面仅通到村前,山坡上的民居门口路面尽量维持原有道路的层次感。而每一户村民都希望将水泥路面修通至家门口,因为这样就方便木料还有自家地里出产的农产品的运输。后来村里也就趁着高霄雨教授离开小瑶河村时,决定将水泥路面修至每家每

> 户门前，当高霄雨教授再度回来后，村民自主决定的修路计划已经动工，最后没办法高霄雨教授也只好妥协，现在村里道路的情况就是你们看到的这样子。
>
> 村主任还举了村内卫生维护的例子：发展旅游、民宿业态，对村容村貌的要求很高。无论是农业大学团队还是县、镇里的领导都要求我们勤于打扫村里卫生，他们也时常下来监督检查。可是村里的自然面貌就是这样，每家每户都经常会把饲料、稻谷堆在家门口，把农家肥堆放在路边。大家平时都要农忙，民宿又不常有客人来住，又总要我们打扫村内卫生，大家对这件事表现得很不积极。

修路反映的是高端民宿对外部环境观感的追求与乡村生活要求便捷化之间的矛盾，村内卫生维护则反映的是高端民宿对卫生质量的要求与村民社会习惯的矛盾，这些矛盾都反映了农业大学团队的指导理念与村里的实际情况并没有达到很好的调和。对于未来小瑶河村发展的进一步规划以及未来发展的时间线，当我们问及农业大学参与该项目的教师时，他的回答是"一切都还处于探索阶段"，这个实验的设计者对于用什么样的条件作为衡量小瑶河村及其村貌发展"成熟"的标准，心里并没有十足的把握。

（二）"保姆式"的乡村 CEO

"家长式扶助"导致的另一个结果，就是乡村 CEO 的"保姆化"。在乡村 CEO 的职业定位中其被看作乡村"规划、设计、建设、管理专业人才"，同时也是乡村振兴战略的青年人才蓄水池。乡村 CEO 也是探索青年力量赋能乡村振兴的一种新模式。虽然"陪伴式成长"的理念在于将乡村 CEO 培育成为未来乡村发展的青壮年主力，但是农业大学的团队几乎悉数包揽了小瑶河村发展的全部决策权，导致村民的参与度下降，村民的观念里更多的是希望能"坐享其成"，那么这就进一步导致了乡村 CEO 成为村里新开发业态的"保姆"。虽然乡村 CEO 也希望通过培训学习提升自己，早日挑起经营新业态的大梁，但这些培训往往与他们工作中的实际需求难以匹配。

案例7-7 庞一峰对于培训的思考

相比起村里的其他两位乡村CEO，庞一峰更为注重提升职业素养。2023年初，当听说农业大学及腾讯联合组织乡村CEO培训时，其他两位乡村CEO对此并没有太大兴趣，而庞一峰报名并先后在北京、昆明、上海三地参加了培训。在培训中，庞一峰学习了许多关于乡村振兴、共同富裕的政策性知识，同时也参观了北京、上海周边一些发展较为成熟的乡村。在外培训开阔了庞一峰的视野，对于如何利用好相关政策、借鉴成功模式来发展小瑶河村，他也有了一些自己独立的思考。

通过外出考察北京、上海等地的成功案例，庞一峰认为，目前小瑶河村的发展存在诸多的瓶颈，例如，民宿经营存在管理标准不统一的问题，在经营上缺乏后勤保障，对于布草换洗、客房清洁没有统一的标准，在现有客流量及收益分成模式下村民对于客房经营积极性不高；而乡村CEO也不像是北京、上海等发达地区的乡村那样是专业的经营人才，小瑶河村的乡村CEO所拥有的自主经营、决策的空间很小，在日常工作中不仅需要扮演协调者的角色劝说村民勤于打理客房，同时在客流旺季时还担负起了"客房保姆"的任务，乡村CEO肩负起整理客房、清洗布草等杂活，这也导致三位乡村CEO分工不明晰，没有太多的精力去琢磨如何提升专业素养。此外，庞一峰还认为虽然长期以来政府、企业、高校、社会组织都为乡村CEO提供了大量的培训机会，但这些培训主要是组织学习相关政策，对于庞一峰所希望了解的客房管理、服务提升、互联网引流等专业性技术教授甚少。

在访谈中，小瑶河村的乡村CEO坦言，专业技能及知识的欠缺，使得大多数村民对他们的看法仅仅就是这些新业态的"保姆"，当旅游旺季来临时，他们的工作时间有相当一部分用在了清洗布草、打扫客房、维修设备等方面；自收益分成模式调整至"五五开"后，村民也认为让他们处理打扫客房等杂活属于"理所当然"的事，对于如何引流、发展业态，他们认为这都是高霄雨教授团队思考的事情。而每月微薄的收入，使乡村CEO在面对繁重、琐碎的杂务时也会时而萌发辞职不干的想法。

从第二部分关于小瑶河村三位乡村 CEO 的故事中我们不难看出，他们都掌握了其他人所不具备的一技之长，同时他们也有着极强的学习能力，对于互联网应用等现代技术能通过学习很快地上手，对于如何发展、经营小瑶河村的业态他们作为更了解实际情况的当地人也有着一定的思考。但在实际工作中，乡村 CEO 成为村中的"保姆"，新业态经营所产生的大小事务都需要他们亲自处理，加之收入较少，个人职业发展空间不明朗，压抑了他们学习、创造的潜能。让乡村 CEO 成为未来乡村发展的中流砥柱，不仅需要给予他们更充分的实践空间，还需要让他们从"乡村保姆"的角色中解放出来。

（三）单一民宿模式的路径依赖与市场逻辑的缺位

小瑶河村的发展还存在新业态发展路径单一的问题。自 2015 年"小瑶河村实验"开展以来，高霄雨教授团队一直将"山里瑶阿妈的客房"作为主要的增收业态来重点培养。高霄雨教授将"山里瑶阿妈的客房"定位为"高端民宿"，主要目标客户为北京、上海、广东等发达地区的能负担得起高端消费的游客，同时拒绝发展餐饮、休闲烧烤等业态，排除了吸引周边县市游客的可能。在为期三天的调查中，我们在村中仅见到了一家游客，可以作为小瑶河村文旅产业吸引力的案例。

> **案例 7-8　"这里没什么景色，没什么好看的"**
>
> 2023 年 10 月 6 日清晨，一辆银色小轿车停到了村口篝火广场处，车上下来一对青年夫妇、一对老年夫妇和一个大约 5 岁的小女孩。这一行人中的"户主"——一位 30 多岁的男子，是州里的公务员，因为工作原因长期在外市挂职，曾参与过工作地著名的梯田旅游宣传项目。男子说在州里工作时听说过小瑶河村的"大名"，"十一"假期期间居住在外省的岳父岳母前来旅行，所以特地想带他们来参观一下。刚到村口这位长期负责旅游推介项目的宣传干部就感到了失望。男子认为小瑶河村经过这一番改造已经完全失去传统瑶寨的风貌，他认为小瑶河村现在的民居并没有严格按照传统瑶族干栏式建筑来进行营造，此外瑶族传统民居采

> 用茅草为顶盖，但小瑶河村现在的瑶族民居全部采用了蓝色的瓦片。男子一家来到村口向我们询问了进村的道路后并没有进村游览，只是隔河眺望了一会儿小瑶河村后，便意兴阑珊地念叨了一句"这里没什么景色，没什么好看的"，于是便带着家人乘车离开。

诚然，从男子一家的反应中，我们可以看到，虽然小瑶河村已"名声在外"，但大力打造出的民宿项目并没有配套吸引游客的风景或者娱乐项目，大多数的客房长期处于空置状态，即使周边县、市有游客驱车前往，面对较高的餐饮、住宿费用，周边游客也没有消费能力，他们前往小瑶河村往往只是短暂地游览一番后便匆匆离开。目前，小瑶河村民宿客源主要来自高霄雨教授个人关系以及农业大学相关项目带来的研学、会议。全部的需求皆为人为刻意制造。除了民宿业态之外，高霄雨教授团队及乡村CEO也曾试图将"雨林鸡蛋""雨林蜂蜜"等特色农产品通过互联网及直播进行销售，然而这些农产品产量较低，难以形成规模，且周边的村落也有出产，导致特色性不强，所以这些农产品无法作为一个新的为村民带来大幅增收的业态。面对小瑶河村旅游业吸引力较弱的问题，无论是农业大学的专家团队还是小瑶河村的乡村CEO都考虑过通过对外招商引资，与企业合作来打造特色观光、文旅项目，从而进一步盘活民宿业态。但高霄雨教授等专家考虑到商业资本的进入可能带来降低村民参与度、挤压村集体及村民利益空间等后果，于是这一套方案也被搁置。虽然2020年来自深圳、北京的两位著名企业家曾光临小瑶河村，他们承诺为小瑶河村提供援助，但这些企业的援助是完全的公益性质，对于带动小瑶河村参与到市场中来并没有太多的助益。

高霄雨教授认为，扶贫的成功案例在于"对接市场"，而许多扶贫案例"失败也是因为难于对接市场"。在"山里瑶阿妈的客房"当下的经营中，显然是脱离了市场，对客房的"供给"一方面并没有考虑到市场的实际需求，另一方面为了坚持民宿既定的"高端路线"，高霄雨教授完全不允许村民根据市场需求适当降低房间价格，加之长期以来开发新的观光、娱乐、餐饮业态一直处于停滞状态，能否真正有效地"对接市场"，成为小瑶河村可持续发展问题的主要症结所在。

但是，小瑶河村发展文旅产业在区位上也有其优势：一是小瑶河村距离县城著名的自然观光景点较近；二是小瑶河村所属的镇政府正在筹划建设口岸。因此，未来小瑶河村能否抓住机遇，作为该县自然观光景区的游客住宿、餐饮承接地，以及依托未来新的口岸开发"边境游"项目，从而实现与市场的对接，还有待日后的进一步观察。

（四）内生发展中没有被动员的力量

促进小瑶河村发展、脱贫致富的，并非仅仅是来自农业大学的专家团队以及他们培养的乡村 CEO 团队，还有个别能力较为突出，并凭借着个人能力率先实现致富的村民，而长期以来，如何让这些率先致富的村民在乡村发展中贡献出自己的力量也是小瑶河村项目中较为忽视的问题，董立成就是典型。

> **案例 7-9 董立成的理性与非理性**
>
> 董立成是小瑶河村里一个较为有能力、有经营头脑的村民。早年由于发现湖南人收购本地出产的中药材（主要是砂仁、砂仁根）经销至广东等地后有着较大的利润空间，于是他便贷款"下海"经商，前往广东从事砂仁生意。经过十余年的学习、探索、磨炼，董立成的药材生意逐渐形成了一套成熟的商业模式：利用"本地人"的关系网络，在小瑶河村及周边收购新鲜的砂仁及砂仁根，经过晒干、装袋等初级加工，转运至广东售卖。2020~2022 年，虽然他的生意受到了新冠疫情的影响，但总体而言，药材经销生意的毛收入总体维持在 100 万元以上，净收入约达 30 万元，此外留守在家中的妻儿打理村中的 2000 棵橡胶树，每年也能带来 6 万元左右的收益，从经济条件方面来看，董立成一家无疑算是村中首屈一指的富户。
>
> 由于董立成拥有绝大多数村民所不具备的经济实力及经营头脑，自村里启动民宿改造以来，董立成个人的想法与高霄雨教授团队的设计起了一定的冲突（矛盾主要在于民宿改造过程中卫生间、厨房的位置及设计）。

因此，董立成家的民宿改造计划数年中迟迟没有动工。

2023年，旅游经济在全国各地呈现火热复苏的局面，2023年暑假共有8个来自北京等地的研学团光顾小瑶河村，董立成也从他的几位兄弟那里听说了民宿可能是未来小瑶河村的一项"朝阳产业"，他认为未来民宿产业在小瑶河村可能具有一定的前景，便个人投资100万元，将自家的三层民居中的二、三两层改造成民宿。董立成的民宿共有六间房，包括三间共用卫浴的"标准间"、两间带有独立卫浴的"标准间"和一间大床套间，为了增加入住后的舒适感，董立成为每一层地板及每一间房都做了隔音，每一层的房间都会共享一个面积较大的"客厅"，此外董立成还计划在民宿门前修建一个小型游泳池。显然，董立成希望将自家民宿打造成为一个"休闲度假村"。

对于民宿的经营，董立成有他自己的打算和考量。他认为如果在民宿改造上接受了村集体的补贴，那么就意味着在装修上要有所妥协，接受"统一规划"，此外在民宿的经营上是否要加入村集体，董立成也持观望的态度。一方面，董立成认为他在村外20余年的商业经营为他积累了足够的人脉资本，民宿的客源问题完全可以通过同外地的旅行社合作来解决；另一方面，董立成也看到了村内民宿因坚持"高端路线"而导致的价格不合理的现象，他认为他的民宿在保证服务质量的前提下，适度地降低价格，价格随市场需求有所浮动，就能在竞争中相对村集体经营的47家民宿形成价格优势。但对于自主开发吸引游客前来的其他"业态"，在我们的访谈中董立成并没有过多地提及，原因既可能是这是董立成自己的"商业秘密"，也可能是董立成并不认为这是民宿经营所要面临的一项主要问题，民宿引流的任务单纯地交给合作的旅行社并依靠自身的价格优势就能解决。

从个人财富及能力来看，董立成无疑算得上是小瑶河村的一位精英人物。从他的事例中我们可以看到他投资民宿的行为有着较强的经济理性。但从小瑶河村民宿产业经营的现状来看，这样一种"理性"行为是否最终会产生一种"非理性"的结果，有待未来进一步的研究与观察。长期以来，小瑶河村民宿产业的发展及有效运营，并不是市场需求的结果，相反，小瑶河村的民宿产业发展模式是"以供给引流需求"，民宿产业的盈利主要来源于高霄雨教授团队在小瑶河村调研、实践、策划活动以及凭借其关系网络所带来的红利，高霄雨教授团队在小瑶河村打造民宿的初衷也并非想将其作为第一产业的替代型产业，民宿只是作为第一产业之外补充性的增收板块，这一点显然是董立成没有察觉到的。

董立成的经历，让我们从"人"的角度看到了小瑶河村所蕴含的发展潜力，但是即使这样一位有能力、有经营头脑、有阅历的"成功人士"，在投资中也存在非理性的成分。那么如何让董立成个人的能力、资本转化成为小瑶河村发展、共同富裕的动能，实现董立成个人与村集体的合作共赢，这就为"小瑶河村实验"提出了新的课题。

（五）在"参与式"发展中的其他人

小瑶河村共有57户人家，而在相关政策及资金支持下经营民宿的家户共有47户。参与村集体的文旅专业合作社的条件就是要拿出自家的一间或数间房屋将其改造成为民宿，从而享受高霄雨教授团队及农业大学引流所带来的红利。在这10户没有及时改造自己房屋参与到合作社中的人家中，像董立成这样拥有较多资金且有自己另外想法的，只是一例极端个案，而其他的人家或多或少地因为经济、生活环境等原因，无法加入合作社。在小瑶河村调查时，我们也有意访谈、观察了那些暂时未进入"参与式帮扶"的人家。

案例7-10 不知名的老妇

2023年10月6日早饭期间，我们看到篝火广场有一位老妇在漫无目的地流浪。老妇身材矮小且有些佝偻，皮肤蜡黄，面容消瘦，两眼无神，口中的牙齿已掉下来了一半，精神上有些歇斯底里，只会讲瑶语且吐字不清。我们将餐盘中剩余的蒸红薯、煮鸡蛋送给了老妇，老妇只是吃了一块红薯便将剩下的红薯、鸡蛋装到了她背的绣有瑶族特色纹饰的布袋里。我们询问了村民关于老妇的信息，村民说老妇年纪有六十出头，但从她长期被苦难折磨的面庞来看至少比实际年龄老了十岁。据村民介绍，老妇原本是小瑶河村人,身患残疾(耳聋),较大年纪时才嫁给邻村一哑巴木匠。她婚后一直没有生育,而且常常遭受丈夫的家暴,被丈夫家暴后往往出走回小瑶河村。老妇在小瑶河村有一个侄子,据说老妇回到小瑶河村后她的侄子会收留她,后续我们也并没有了解到她接下来的去向。但是村民对于这样一位命运悲惨的老妇态度较为冷漠。当我提议将自己的早餐米线送给老妇吃时,一同吃饭的村民却阻拦我说"有人(应该是她的侄子)会管她的"。

案例 7-11　未参与嵌入式民宿建设的董立友

　　董立友家住在连接河两岸的桥头处。如果单纯地看农业作物生产规模,董立友家在小瑶河村也算是一个小康之家:700 余棵已成熟的橡胶树以及 2500 余棵芭蕉树,同时还有少量的土地用于甘蔗、冬季蔬菜种植以及冬瓜猪养殖,全家一年的净收入达八九万元。然而近年来由于董立友身患肾结石无法从事重体力劳动,全家的生产负担全部落到了董立友妻子一人身上。也就在此时,董立友的两个孩子先后进入大学及高中学习,家里要负担董立友的医药费,教育开支也成为他家主要的经济负担。加之近年来,亚洲野象频繁出没,芭蕉树受到了亚洲野象的严重破坏,政府虽然承诺给予每棵芭蕉树一定的补贴,但是这些补贴不足以覆盖芭蕉树种植的成本,同时补贴常常也难以及时到账。董立友和他的妻子虽有心将自己的房子改造成民宿,但在当前巨大的经济压力下,即使几万元的个人投资,董立友一时也难以拿出。

案例 7-12　董立凡和他的女儿董冰婵

　　董立凡家是高霄雨教授团队最早关注到的低收入家庭。较之以村内其他拥有较少土地资源的农户,其收入较低。在"小瑶河村实验"开始后,董立凡首先在高霄雨教授的帮助下改造了自家的房屋。但由于董立凡因车祸导致身体残疾而无法从事较重的体力劳动,董立凡本就薄弱的家庭经济情况又受到了一定的打击,因此董立凡家迟迟没有装修民宿客房。

董立凡家中有3个女儿，大女儿、二女儿业已出嫁，小女儿董冰婵在高霄雨教授的资助下，勉强在县城完成了高中学业。2023年，董冰婵考入省城某专科学院口腔医学专业（大专），面对一年近15000元的学费、住宿费，董冰婵选择了放弃。高中毕业后的董冰婵并不像此前村中另一位叫邓颖的女孩一样幸运（邓颖初中毕业后赶上幼儿园完工，便被"特招"成为小瑶河村幼儿园老师），董冰婵只能在家待业。由于家中土地较少，董冰婵所能参与的农活有限，董冰婵高中毕业后曾短暂地在县城一所网吧当网管员，每月工资约为3500元，由于难以忍受夜班生活，她遂辞去了工作回到家中继续待业。对于未来，她规划和同村的姑娘一起去省城"学美容"，但至于何时前往省城她没有任何明确的计划，对于美容行业的了解她也只限于从朋友那里听闻一些信息。至于未来是否能坚持在省城的务工生涯，更有待于后续的观察。

从上面三个案例，我们也看到了当前小瑶河村的"人间百态"，进一步推动村民致富增收，小瑶河村仍然有一定的路要走，而他们的经历也引发了我们对"参与"之外"共享"理念的思考。

四 建议与启发

上文我们分析了在调查中所发现的当前小瑶河村模式存在的主要问题，那么针对这些问题，相应地对该模式提出建设性建议，关键就在于全面贯彻"陪伴式成长"理念，逐渐打破对于农业大学团队的依赖，激发村民自主性活力，实现全村共享的发展。

（一）回归"陪伴式成长"，使村民全面摆脱"等靠要"，激发村民自主性活力

长期以来，考虑到乡村人文生态的复杂性以及发展的可持续性，农业大学秉承着"陪伴式成长"的理念经营、发展小瑶河村的一系列项目。经过数年的努力，"陪伴式成长"的理念为小瑶河村的可持续发展带来了显著的成效。然而在项目初期，考虑到当前阶段农民对该项目的全局性认识

不足，长期以来农业大学团队给予农民在经营、发展上的自主决策空间较小，同时民宿产业难以与市场需求进行合理的对接。"陪伴式成长"的理念落地后呈现的现实状况就是"家长式扶助"，这也就限制了村民参与业态经营的积极性，使许多村民在思想上陷入了"等靠要"的境地，即使打扫自家客房这样的必要工作，也都想着要交给乡村 CEO 去做。

随着"小瑶河村实验"的不断成熟，村里大多数村民享受到了发展所带来的红利，过去较为保守、盲从的观念开始有所转变，不仅以三位乡村 CEO 为代表的一批优秀青年在这些年的建设中得到了成长，像董立成等一些村民中的优秀代表对于新业态的经营也有着自己的想法，在利益分配机制方面我们也看到了村民的勇于探索，这些情况都让我们看到了小瑶河村中那些仍未激发的内生发展潜力。因此在新形势下，在"小瑶河村实验"的进一步顶层设计中，应当更为全力地贯彻"陪伴式成长"的理念，从而适时地打破现实中"家长式扶助"带来的僵局，在行动上，一来要继续关注对村民技能、观念的培养，使他们能进一步适应未来的发展趋势；二来要发挥村内率先致富的"能人"的带头、表率、促进作用，将他们的力量与积极性全面动员起来，让他们为共同富裕贡献能量；三来要积极探索"放权"，在新业态的经营、发展上给予农民更多的决策空间，农业大学团队以及县、镇政府应当更多地给予小瑶河村村民建议性指导而不是代替他们做决策。

（二）赋能乡村 CEO，发挥乡村青年人才创造潜能

在小瑶河村的发展中乡村 CEO 扮演了青年主力军的角色。从小瑶河村三位乡村 CEO 的故事中，我们可以看到他们虽然没有较高的学历，但是他们有着极强的学习能力，他们的学习能力非常容易转换成为让他们在处理村中事务时独当一面的能力。那么如何进一步调动乡村 CEO 的个人潜力，让他们成为小瑶河村发展的中流砥柱呢？

如何鼓励、帮助乡村 CEO 成长，使其发挥应有的作用，一是明晰乡村 CEO 的工作职责，让他们从"乡村保姆"的角色中解放出来；二是鼓励乡村 CEO 拓展思路，创新工作方法，激发他们的创造性，在经营、建设、发

展上赋予他们更多决策的空间；三是需要"培训的专业技术化"，如前文庞一峰的案例中，他明言指出以往的培训过于重视政策性知识，虽然这有利于他们开拓工作思路，但是在现实中他们更加关心的是与工作实践结合更为紧密的技术型知识（诸如互联网平台引流、电商平台运营、民宿客房管理、工程维修技术等），加强对他们的技术性知识培训，对于乡村 CEO 的工作实现完全"专业化"有着重大的意义；四是面对乡村青年人才长期引不来、留不住、难培养等疑难杂症，需要明确乡村 CEO 的职业发展及晋升道路，在经济上建立乡村 CEO 的绩效激励机制，为他们的个人发展道路和致富增收提供可以看得见的空间，为他们营造能够充分发挥潜能以及创造力的人文环境。

（三）充分衔接市场——以多路径增收与打破单一民宿产业的路径依赖

在"家长式扶助"的模式下，小瑶河村"山里瑶阿妈的客房"的需求大多是通过高霄雨教授、农业大学团队来人为进行创造，这就使小瑶河村的新业态难以真正与市场需求进行衔接。如何在现有条件下与市场充分衔接，使小瑶河村的致富增收之路尝试脱离高霄雨教授和农业大学团队为之精心打造的温室呢？

当前小瑶河村已建立了完整的民宿业态，在小瑶河村未来的致富发展路径中，民宿是其中一个占有核心地位的新业态。要进一步盘活民宿业态，让市场来为民宿业态"造血"，就必须摆脱单一的民宿产业依赖，打造"民宿+"的混合业态模式。实现"民宿+"混合业态模式转型，一是要以"数字赋能"作为抓手，抢抓数字经济腾飞的时机，充分利用各类网络平台实现宣传引流；二是要精确瞄准市场需求，紧紧围绕文旅产业开发新的配套型业态，使村里的民宿资产得以进一步盘活；三是在民宿之外因地制宜地打造新的品牌型业态，让新的品牌型业态成为村民新的增收途径；四是要减少企业助力过程中的公益性质，新业态的经营与发展可以适度地拥抱外部资本，探索村庄与企业合作共赢的新模式，从而充分地发挥市场机制对业态发展的调节及促进作用；五是可以考虑在进行市场调研的基础上，调整酒店定价，针对淡旺季设置差异化的定价标准；六是加强对民宿经营者的培训与监督，通过营造好口碑，进一步实现拓展客源。

（四）强调"参与"的同时"共享"绝不能缺位

在小瑶河村的调研中，我们也发现了一部分因各种原因无法参与到集体经济发展、享受新业态红利的个案，因此在乡村振兴、发展中，绝不能一味强调"参与"而忽视"共享"（尤其是对参与度较低或完全没有能力参与的群体）。现实中，无法充分参与到发展中的个案情况迥异，在具体的实践中就必须针对不同个案的不同情况，制订不同的"共享"方案。如在之前的案例中，那位已基本丧失自主劳动能力的老妇，应当随着集体经济和集体组织的壮大，为她提供一定的人文主义关怀以及基本的生活经济补助；如董立友、董立凡虽然经济困难且丧失了部分劳动能力，但家中仍然拥有壮年劳动力，则可以在集体经济不断"做大蛋糕"，在新业态的发展上对他们家予以更多资金补助的同时，安排家中富余劳动力在新业态中就业（如专职打扫客房卫生）来补偿村集体在资金补贴上的倾斜，并且换取一份相对稳定的收入；如董冰婵一样的在家待业青年，则可以为他们的外出培训、深造提供更多的机会或帮助，但村集体的帮助要秉持定向原则，未来学成后还得回到小瑶河村，为小瑶河村的发展服务，这样他们就可以成为小瑶河村未来发展的青年储备人才。总而言之，在参与式发展中，"共享"绝不能缺位，但"共享"并不是无差别的，"共享"的方式必须基于个案不同的特点，在共享的过程中也必须促进那些被忽视的个体的参与。

（五）小瑶河村模式的启发——从"现代性"走向"文化自觉"

费孝通先生晚年提出了"新人文思想"的概念，即"新人文思想依我的理解就是要承认社会是实体。它是个人在群体中分工合作才能生活的结果，既要分工就不能没有各自的岗位，分工之后必须合作，岗位之间就不能不互相配合，不能没有共同遵守的行为规则。有了规则就得有个力量来维持这些规则。社会是群体中分工合作体系的总称，也是代表群体维持这分工合作体系的力量。这个体系是持续的、超过个人寿命的，所以有超越个人的存在、发展和兴衰。社会之成为实体是不可否认的。但是社会的目的还是在使个人能得到生活，就是满足他不断增长的物质及精神的需要。而且分工合作体系是依靠个人的行为而发生效用的，能行为的个人是个有主观能动性的动物，他知道需要什么，希望什么，也知道需要是否得到了满足，还有什么期望。满足了才积极，不满足就是消极。所以他是活的载体，可以发生主观作用的实体。社会和个人是相互配合的永远不能分离的实体"[①]。

在一个理想的人文生态中，人和社会是一种"共生"关系。"小瑶河村实验"的核心，在于通过塑造边疆瑶族传统村落中人的"现代性"来激活村落的内生发展潜力，进而从"解决贫困问题"顺利转入"可持续发展"的良性轨道。诚然，现代性的塑造改变了传统村落中的人文生态。但是这种新的人文生态也并没有达到完全调适的状态，传统的观念与现代的理念仍然充满着对立。要使人文生态回归平衡，并且服务于小瑶河村的发展及共同富裕，就一定不能从一味坚持"现代性"寻找出路。可持续的、良性的发展，必须突破单纯"现代性"的束缚，回归到"文化自觉"并从中寻找答案。

---

① 费孝通：《论人类学与文化自觉》，北京：华夏出版社，2004，第119页。

第八章 以农民为中心的农旅振兴实践
——达观村案例

一 达观村历史沿革及发展现状

达观村坐落于滇川黔交界，地处云雾缭绕的山区，平均海拔 1700 米，周围有近千亩松林，自然环境十分优美，2012 年地震灾后重建，达观村房屋普遍以红砖砌成，青林红屋相映成趣。但该地地理区位不佳，距离市区车程在一小时以上，远离主市区一小时经济辐射带。且道路交通多为狭长盘山公路，每每冬季道路结冰，更为不便。但即便如此，自然风光、避暑胜地，还是会在当地节假日吸引不少滇川黔的自驾游和骑行游客。

达观村拥有两个村民小组，共计 123 户 574 名居民，全部为苗族。劳动力将近 200 人，20% 在附近乡镇务工，其他多前往外地务工，常住人口多为妇女、老人和儿童。人均两亩地，留守人口以种植业（洋芋、玉米和萝卜）和养殖业（鸡、猪）为生。村内既无集体资产，也无基础教育设施。村民平均受教育程度为小学水平，2015 年人均纯收入不足 3000 元，123 户村民中曾有 108 户是贫困户。"天上下雨地上流，牛儿拴在屋里头，在家难把媳妇找，姑娘小伙往外跑，出门打工不回头。"当地群众随口哼唱的顺口溜就是达观村曾经的真实写照。

2021 年 7 月，农业大学的高霄雨教授团队对达观村进行了调研，并将调研结果"当地有市场，但没信息、没产业、没人才，亟待发展"报告给市委市政府。随后，达观村被确定为本市的三个脱贫致富示范区先导工程之一，并更名为达观村。

达观村乡村振兴项目始于 2021 年 8 月，初期投资达到 1593 万元，全部来自政府衔接资金、脱贫攻坚衔接资金和乡村振兴衔接资金。为了更好地指挥工作，当地成立了市、县、镇、村、组五级工作专班，按照党建引领的理念，政府统筹、专家指导、干部规划、群众主体的原则，开始了建设工作。历时 8 个月初步建成月亮广场、百米烧烤长廊、千亩花田、万亩草场及其配套的民宿、餐饮、便利店和亲子乐园等业态，并于 2022 年 5 月 1 日试运营，7 月 15 日正式运营。从 5 月开始到 2022 年底，达观村以农文旅融合为发展方向，通过优质服务，吸引游客，促进当地经济增长。整个达观村的业态合作社实现了超过 130 万元的营收，村集体提取了 13 万元，用于群众分红，每户分红超过 1000 元，展示出良好的经济潜力。目前达观村旗下拥有达观村合作社，合作社旗下注册有旅游公司和种养殖公司，注册资金分别为 100 万元和 50 万元。

达观村作为一个信息闭塞的偏僻村落如何抓到乡村振兴的机会？一个产业基础薄弱的村庄如何发展到户户有产？项目建设如何从家家观望发展为家家参与？这些转变的原因和过程便是本章希望讨论的内容。本章拟以调研期间观察到的三个重要项目参与主体——专家团队、政府专班、村民（包括乡村 CEO 团队）作为切入点，了解他们在达观村从"没信息、没产业、没人才"的贫困村到自主造血、走上乡村振兴之路的转变中发挥的作用，从而总结整个项目建设从 2022 年 5 月试营业至今（2023 年 10 月）可借鉴的经验和可吸取的教训。

二　专家团队提供信息

指导达观村建设的专家团队来自农业大学，由农业大学教授高霄雨带队。高霄雨教授团队自 2015 年起与中共云南省委农村工作领导小组办公室合作，扎根云南省 35 个乡村，探索建设不同类型乡村振兴示范村的方案。

2021 年 7 月，高霄雨教授团队通过考察选定了包括达观村在内的 3 个试点村。他认为这 3 个村庄具备发展乡村农旅的自然地理优势，群众基础好，具有强烈的发展乡村和建设乡村的意愿。当时，试点村选定，高霄雨教授亲自来到达观村考察时，当地居民身穿苗族服饰，自发组织以拦路酒接客，传统舞蹈迎客，更加坚定了团队克服万难打造该村的信心。

在村先导工程建设期间，专家团队在"农民的乡村农民建"的总体理念之下，总结出了乡村建设工作的四项基本原则：乡村建设必须遵循"轻介入、微改造、精提升"的思路；必须践行"绿水青山就是金山银山"的理念；必须建立"机制先行、运营前置、以工代赈、农民主体、社会参与"的模式；必须坚持"让农民成为最大受益者"的目标。在具体实践过程中，又坚持政府主导、坚持农民主体、坚持选准"小切口"精确入手、坚持盘活闲置资源、坚持利益留村。

前两条理念来自对达观村的调研。高霄雨教授团队发现当地不同于其他村古建筑，老百姓的房屋都是2012年灾后重建和后期脱贫攻坚时期建的红砖房。当地村民去外面赚钱，赚钱回来就盖房子，把钱变成红砖，可称为一种特色。因此提出把启动资金使用效率最大化，"不花大钱搞规划，把红砖变成钱"，在达观村原有格局的基础上精细加工，轻介入、微改造、精提升。不请专业施工单位、没有大拆大建，项目建设围绕专家指导意见，依靠项目专班沟通当地群众，结合实际提出思路，逐一抓好落实。

后两条理念是结合达观村得天独厚的生态环境、生态农业和民族特色资源。专家团队提出："打造示范不能搞成形象工程，要能够突出活化乡村社会价值的功能，真正起到示范作用。"因此为了让农村保留农产品生产、生态环境保护、农耕社会文化三大核心功能的同时，实现产业、人才、文化、生态、组织的振兴，便要因地制宜做好建设。

首先，在改善当地人居环境，规划产业业态的同时，尽量避免对当地人原有生活形态的破坏和打搅。

其次，为了发展乡村产业、激活乡村动能，专家团队在项目规划前期，盘点村集体和村民个人资产，力求盘活农民的闲置资源。规划后期，成立达观村合作社，闲置资源统一管理、规模化经营，提高资产使用率；村内所有成员不论是否参与项目，均纳为合作社成员。经营业态直接与村民挂钩，风险共担，利益共享，提高村民对于项目发展的关注度和参与度。项目落地期间，政府投资，本村村民参与工程建设，以工代赈，节约成本，吸纳就业。合作社之下成立旅游公司和种养殖合作社。前者积极开发旅游资源，结合吃、住、行、游、购、娱、学做文章，农文旅结合，让村民吃上"旅游饭"。后者主打第一、二产业融合发展，提高农产品附加值，填补旅游淡季营业空白。

最后，为了实现共同富裕，在项目赚得第一桶金时，专家团队与政府专班积极探讨，提出"1136"的利益联结和收入分配机制，合作社营收的10%给全体村民分红，使村民真正成为受益主体；为了推动可持续发展，自己的乡村自己建，项目后期专家组利用既有的"乡村CEO计划"，培养达观村积极分子前往全国各个培训点考察学习，为当地后续发展储备中坚力量。

也就是说，试点选定引导政策/资金倾斜、理念指导量身打造项目是专家团队带给达观村的第一桶金——信息。但如何利用好这第一桶金，真正"把红砖变成钱"并实现可持续，就要看当地项目专班在地执行的本事。这便是达观村不同于其他乡村振兴试点项目的部分——做产业。

三 政府强势推进产业

2021年达观村项目确定后，由县政协副主席驻点指挥，从住建部门、乡村振兴部门、民宗部门、镇政府、社区抽派16人成立了市、县、镇、村、组五级工作专班开展驻地工作。专班搭起来后，组建项目指挥部，选配驻村工作队、村民代表，配合项目指挥部开展工作，负责项目引入、业态规划和产业经营。直到调研的2023年10月，也即项目正式开园一年多之后，专班成员大部分已经返回原职或者被借调到其他试点工作。还剩6人长期驻守达观村协调、跟进后续项目。

为了了解项目从选试点到产业建设、投产全过程，本章分别选取了主导达观村试点敲定的镇党委书记赵洪、主导项目攻坚推进的县政协副主席李月秀，以及参与项目开园，至今仍驻地主持工作的镇人大主席陈丰云作为主要调研对象，用他们的经历展示政府在推进达观村项目中扮演的不同角色。

（一）选试点——远方的专家留下来

关于达观村如何抓住发展机遇，搭上乡村振兴的快车，镇党委书记赵洪总是用"缘分"两个字形容。但这"缘分"二字的背后，其实是当地干部的一番苦心。

起先高霄雨教授团队在云南省内挑选乡村振兴试点村时，达观村因为基础条件太差、经济底子太薄、劳动力流失严重、搞试点风险大，因此不在县政府推荐的备选试点之列，这合情合理。但反过来说，这样没信息、没产业、没人才的村庄想要发展，没有政府的资金和专业团队的规划，也是做不起来的。2020年7月，曾在达观村工作多年，时任镇党委书记的赵洪偶然得知了"一支上面来的专家团队在附近村考察无果，想寻个新地方看看"的消息。他便立即驱车一个小时前往专家团队所在地。据赵书记回忆："当时根本不知道人家是来找试点的，还以为是来考察达观村养猪场的。等把人领到了养猪场，才知道搞了乌龙。"得知专家组来意后，曾长期担任达观村干部的赵书记反应过来，距离这个养猪场十分钟路程的达观村可能等来了发展的机会。就轻车熟路，把专家团队带到了达观村。"当时达观村都是泥地，不穿雨鞋都没法下脚，人畜混居，污水横流，连正经厕所都没有。条件差得很。当时我自己心里都没底，只是想硬着头皮试试。没承想人家领队在达观村里拍了好多照片给高霄雨老师，高老师反倒认为这地方天然去雕饰，不管是自然还是产业都有极大的发展空间，当下就定了这个试点。"

除了达观村的发展潜力，高霄雨教授在后来的采访中也曾提到，当地干部的发展热情和当地苗族同胞的淳朴也是他力排众议，选定达观村的原因。关于这一点，赵书记也有话可讲。初步选定试点之后，高霄雨教授亲自到达观村考察。赵洪书记利用自己在村里多年工作积累的群众基础，动员当地百姓换上节日的民族服装，以拦路酒等礼仪热情接待了专家团队。"我和村里的人说，这是上面来的大人物，我们这儿能不能发展就靠他了。"民众的拳拳热情，配合书记对当地的熟稔介绍，再结合专家团队自身的专业意见，这群"上面来的大人物"留了下来，项目试点水到渠成，正式搭上了"共富乡村"的快车。

简而言之，本在别人眼中扶不起的达观村有"缘分"得到专家青睐、政策支持，有机会"做产业"，靠的是当地政府班子展现积极的发展意向和扎实的群众基础。此时的政府扮演了引路人的角色。

试点定下了，但是做什么产业、怎么做、能不能做成，大家心里都犯嘀咕。达观村发展的攻坚战，才刚刚开始。

（二）做产业——项目建设与攻坚

按照专家团队总体要求，一个没有规划、没有图纸的核心示范区，在专家团队、干部和群众的脚下被初选出来。试点选定后，在高霄雨教授"我不是规划师，团队也不是，如何建主要还得靠干部和群众"的鞭策鼓励下，专班成为项目攻坚期推进的主导方，政府开始发挥主导角色。

1. 专班内部建设

专班的主要负责人、县政协副主席李月秀曾任文旅局局长，在被借调到达观村之前，也曾负责县最大安置点的易地搬迁脱贫攻坚工作，这为她领导达观村专班打下基础。"当时我刚结束易地搬迁的这块硬骨头项目在休假，县委书记主动来找我，希望我挑达观村的大梁。"李月秀主席这么回忆道。书记的赏识和达观村工作的挑战感让李月秀主席接下了这个任务。"我说工作可以接，但是想要开展工作，希望书记能答应我两个条件：一是亲自把我介绍给专班成员，不然人多嘴杂很难服众；二是我作为项目全权负责人，与书记和高霄雨老师单线对接。"这两点避免了在专班人员组成复杂的情况下各行其是，相互推诿。令则行，禁则止是乡村振兴专班能拧成一股绳攻坚克难的基础。

权力集中帮李月秀主席在专班站稳了脚跟。上任之后，她便率先开展专班内部建设，一方面提振士气，另一方面明晰权责，把项目工作"化虚为实"。关于提振士气，面对专班成员对于村庄发展难度产生的畏难情绪，李月秀主席鼓励大家既然无论如何都要干，与其被批评了，被问责了去干，还不如先冲到前面去，而且冲到第一个去！她说"我带过的队伍从来没干过第二，都是干第一的"。而且专家团队搞的是试点，允许失败，但是我们只有这一个村，容不得失败。给专班成员打气是一方面，想要真正提振士气，还得真刀真枪地实干。推动专班内部建设，项目工作便必须"化虚为实"。

一方面，落实责任到人。将村内百姓分成网格，化整为零，每一个专班干部认领5~10家，主抓该网格的群众工作、产业发展，大事小事，都要负责。另一方面，细化任务到天。坚持项目化管理，倒排工期，高位推动工程建设，采取每日一调度、每日一总结、每日一部署的方式推进项目建设。李月秀主席说："专班晨会定任务，晚会查进度。比如说今天要完成什么，到了晚上8点我们开会的时候你就要完成，完不成你要说明是主观还是客观原因。如果是主观原因，对不起，凡是抽来的，我们就通知站里单位年终考评不合格，然后临时辞退。"提振士气，稳打稳干，达观村的建设项目开始快速推进。

2. 协调各方做产业

专班内部可以权力集中，但是产业建设绝不能，也不可能搞"一言堂"。为了推进项目，专班开始发挥组织协调作用，串联项目建设各方主体，推动项目发展。

（1）了解群众需求，改善人居环境

专班首先开展的工作是人居环境改善。按照高霄雨教授团队"轻介入、微改造、精提升"的理念，专班提出不破坏村庄整体格局、不改变道路原来形状、不动工大修大建。力求在不破坏村庄格局和肌理、不打扰百姓生活的前提下，顺势而为整治环境、提高村民生活质量。在尊重群众意见的同时，有策略地开展群众工作。

案例8-1 整理柴垛

以前达观村每家每户都有一个柴垛，最初改造计划是把乱堆乱放的柴垛全部搬走，统一安置。但是走访调查后发现，当地人冬天取暖不烧炭，都是在附近山里的松林转一圈，捡一大捆柴回来。因为烧炭取暖成本太高，老百姓根本舍不得买炭，买了也不方便运到村子里。全村冬天烧炭取暖的不超过两家，这两家还都是在外面打工的、不差钱的。但是烧柴就要方便便宜得多。所以专班最后还是决定尊重老百姓的习惯，不搬走柴垛，而是对柴垛进行改造。

原来每家每户的柴垛上就是一个塑料布，或是拿别的烂东西来盖，或是用石棉瓦来盖，盖得不好看，下雨天也会弄潮。于是专班集思广益，决定以合作社的名义给每家每户的柴垛铺上树脂瓦。这样木柴既不容易潮，树脂瓦又比红瓦便宜，还能把柴垛堆放得整整齐齐的，甚至能作为当地旅游的特色景观。

案例8-2 统一鸡笼

原来村子里的鸡都是散养的，可是项目开始之后进行人居环境整治，村民的鸡再放出来，就会破坏新种植的绿化和花卉景观。于是专班号召喂鸡的村民都去登记，登记的居民每人发一个鸡笼。专班请了三个村民，给村民买来材料，让村民扎鸡笼，专班付他们报酬，再把鸡笼免费发给乡亲们。这样散养鸡满地跑的情况改善了，村民收到报酬美滋滋，又对自己做的鸡笼有感情，多加爱护，于是，项目落地一事，水到渠成。

案例8-3 个人卫生

达观村以前因为水电供不上，很多村民一辈子就洗两回澡（出生/去世），虽然后来专班拉来了热心企业家捐助，给每家每户都安上了热水器，还挨家挨户教怎么使用，但是当地人还是没有洗澡的习惯。后来，为了打造旅游热点吸引游客，月亮广场每个周末都举办篝火晚会。当时为了号召村子里的大人小孩来参与，便提出了领一场舞补助十块钱，参加拦路酒再补助十块钱的政策。但是要求来参加的人要穿着花衣服，洗个澡再来。这样一来当地人既有了收入，又改变了原来的卫生习惯。

一言以蔽之，达观村的项目开展是从环境整治入手。用当时国家乡村振兴局刘焕鑫局长说的话："我们走的是环境变革催生产业变革、文化变革实现乡村重塑的路子。"政府此时扮演了群众通道的角色。

(2) 结合专家意见，引入新业态

人居环境改善之后，项目建设便提上日程。根据为期两个月的田野调查，专家团体给出了废弃校址改建咖啡厅、修建红砖步道、闲置房屋改造嵌入式农家乐/民宿的提议。项目具体实施的过程，体现了专班充分尊重专家团队意见，灵活落实提议的努力。此处以咖啡厅建设和红砖步道改设计为例。

案例8-4　咖啡厅建设

当时高霄雨老师提出建咖啡厅，所有人都不同意。每个人都说一个村里建个咖啡厅，卖给谁呢？我们县城里面都没有一个这样的咖啡厅，甚至市里都没有像这样的咖啡厅。这么一个非常城市化、前卫的东西想要落地下来，必须做通群众工作。专班成员组织村民召开院坝会，说服大家："高老师很厉害，他北京来的，也做过很多地方的乡村振兴（很有经验）。"然后给大家看北京红砖美术馆的咖啡厅，让大家从审美上认可这个城市舶来品。最后给大家兜底，"我们就当这是个实验，大家感受一下，如果挣不了钱，就当作一个艺术品来欣赏，作为一个网红打卡的地方、一个引流的东西也是可以的"。大家慢慢就接受了，咖啡厅就开始建了。

案例8-5　红砖步道改设计

原本高霄雨教授团队给出的意见是从村口的万亩草场起建一条红砖步道，串联村内的种种业态，其中也包括咖啡厅。但是步道在咖啡厅门口的原稿设计成了直喇喇从咖啡厅前的坝子（小块空地）中间经过。虽然简洁直观，但无形中将原本可以吸引游客逗留的坝子截成了碎片。施工时专班隐约察觉到了问题，但不管是施工团队还是专班成员都碍于专家权威，习惯了对专家意见说一不二。当时李月秀主席汇总大家的意见之后，单独联系了高霄雨老师，详细汇报了设计原稿可能存在的问题以及可能的解决方案（将一条线的下坡步道，改成三面开放的扇形台阶，既满足步道从坝子中间软性穿过，同时又保证游客从扇形步道的三个方向流动到坝子的各个角落，把坝子使用率最大化）。一番积极交涉后，专班不仅成功说服了高霄雨老师修改步道设计，还得到了高老师"你们做得比我想象中还好"的称赞。

专班团队在项目设计过程中，充分尊重专家组前瞻性的建议，不负所托打造了如今利润率、转化率最高的达观村咖啡厅。又在步道建设这一案例中，扭转了当地群众对专家团队说一不二的刻板印象。专班团队在专家和群众心中的权威和分量也越来越重。政府此时扮演了专家助手的角色。

（3）联动旅游市场，开辟旅游热点

业态建好了，但要在云南这样的旅游大省吃"旅游饭"，与诸多发展成熟的旅游城市同台竞技，专班必须合理利用当地既有的旅游资源，并持续开发新的旅游热点。百米烧烤长廊和千亩花田便是当地专班为吃好"旅游饭"所提的创意。此处以前者为例，展示当地专班如何做产业，在"物尽其用"的同时，实现"标新立异"。

案例 8-6　百米烧烤长廊调价

当地专班在听取群众报告之后，发现自家村门口的万亩松林每周都会吸引二三十车来自云川黔等地的自驾游客带着小孩来野营烧烤。因为无人管理和经营，当地不仅白白损失一批客流，还得承担火灾隐患，收拾游客露营留下的烂摊子。经过讨论，专班决定在松林旁修建可以同时容纳10多桌客人，上有屋顶，三面开放的景观式烧烤长廊，每桌收费150元，自带食材100元一桌。与此同时，将旁边的松林设计成烧烤长廊附带的亲子乐园。

专班成员说，他们这样的"买一赠一"业态设计是综合考察其他旅游景点，并结合达观村实际情况的结果。最初他们学习其他旅游景点，烧烤长廊100元一桌，亲子乐园单独收费（大人5块，小孩3块）。但是后来实操发现，在松林做封闭式的亲子乐园建设成本高，加收门票、追堵客人逃票又需要另增人力成本，还易引起旅游纠纷。因此百米烧烤长廊将每桌烧烤收费从100元提高为150元，亲子乐园则免费开放。既充分吸收了原有的消费受众，又满足了消费者图便宜的心态，利用"性价比"创造旅游热点，还为烧烤长廊下面的达观村其他业态引流。

与市场对接，提前做好市场调研，结合实际情况而非单凭想象来设计和调整旅游业态，是当地政府专班实事求是做产业，发挥既定市场优势，打造达观村旅游业支柱的特点之一。政府此时扮演了市场开发的角色。

（4）与政府部门打好配合，合理申报项目资金

兵马未动，粮草先行。项目高效运转离不开充足且及时的资金支持。由于达观村的项目没有前期的大规划，申报项目资金便需要专班成员对接达观村项目建设与自己原本所属各职能部门，整合不同类别的项目资金，给项目建设打通快速推进的通道。具体资金申报流程以建厕所使用的县乡村振兴局衔接资金为例。

案例8-7　乡村振兴项目包装

乡村使用的所有衔接资金都是先到县乡村振兴局，然后县乡村振兴局会有一个分配优先级列表。各地方政府基于列表，自下而上进行申报，再由县乡村振兴局自上而下分配。因此，达观村专班申请项目之前，县乡村振兴局会来开会，告诉项目专班有哪些项目可以用衔接资金。确定好建设项目后，专班先有一个大概的预算，报给县乡村振兴局，然后再由对应的单位负责项目包装。比如说要建厕所，就与县农业农村局对接，双方计划好要建多少个厕所，需要多少污水处理设备，然后县农业农村局就负责包装，把这些设备包装在项目盘子里，制订好方案，再包装上报后征得县乡村振兴局批复。

只要保证每个项目不超过400万元，就不需要招投标，直接走竞争性磋商寻找合作对象，程序会相对简单：通过第三方咨询公司发布竞争性磋商公告，说明对施工主体的要求。然后有意愿承接的施工主体报名、拦标价。项目专班招聚评判专家，挑选实力以及报价最接近方案的市场价的承包商。敲定合作之后，专班会把承建主体提交到财政局，由财政局直接支付给施工方。当这两个程序走了以后，项目就可以开始施工了。

其他项目资金的申报流程也类似于案例8-7，专班按照项目不同的建设需求，在会上协商不同部门。先了解各个部门可以提供的协助，比如住建局可以报什么项目，农业农村局可以报什么项目；再根据达观村的建设需求，来包装对应的项目，以符合各个部门的政策；最后更合理、高效地申报相关资金，推动项目建设快速推进。政府此时扮演了协调各部门的角色。

从2021年开始业态建设，到2022年5月开园之前，达观村基本完成了水电交通等基础设施以及包括百米烧烤长廊、月亮广场、咖啡厅和嵌入式民宿及农家乐的第一期业态工程建设。至此，"做产业"的攻坚阶段基本完成。接下来，政府的角色将继续丰富，承担起项目运营的主导者和培训者的任务。

（三）试运营——从负基础到有基础

随着工程落地，政府专班又开始面临新难题，何时开展业态运营和如何运营。当时村里很多人是没有外出过的留守人群，对于这些业态能否赚钱保持高度怀疑，政府的群众工作一度陷入困境。想要吸引村民一起致富，就必须身先士卒，干出成绩。于是专班决定利用即将到来的"五一"假期和当地苗族赶花山的习俗，试点营业。时任镇人大副主席陈丰云就亲身参与了当时"手忙脚乱"的试营业。此案例是陈主席的回忆，篇幅较长，但其描述细节可以真实反映政府干部转变身份，从领导者变成服务者的过程。

案例8-8 2022年"五一"试营业

项目刚启动的时候，群众都持怀疑态度，不愿意配合，觉得自己这儿搞不动旅游。当时为了给大家吃定心丸，专班开群众会向群众保证2022年"五一"开张，带大家赚个十万块。虽然大家仍旧半信半疑，但好歹开始配合工作了。到了2022年4月，项目还没有任何营收，村里又开始传出不信任的声音。有的说项目可能要黄，有的说政府不可信。所以专班4月26日开班子会决定排除万难，5月1日开园试运营，找回在群众心中的公信力。

那时我们想开园，面临各种压力。我们赵书记和李主席去县里面报告的时候，没有一个领导同意。最后是县委郑书记说，你们只要把疫情防控做好，我是你们坚强的后盾。原本觉得太难了，我心里面想说要不算了，不搞了。但是领导发话了，我们也分析出来，不管开不开园，都会有人来，不开园情况只会更乱。开园了反倒能管控一下。领导既然都安排了，我们就必须得做。所以开园那天，我们在道路入口设点查24小时核酸检测报告，没有就不能进，特别严格。当时，卡口的人不认识领导，把几个没打招呼下来视察的大领导都给挡外面了，他们在外面待了半个多小时，最后也没进来。

此外，开园还有一堆事儿等着干。当时我们镇上派了60多名干部，一个科级干部负责一个点。我负责烧烤长廊和便利店。27号我来踩点，烧烤摊、桌椅、碗筷啥都没有，便利店别说货了，连货架都没有，我们都是临时采购的。当时给我们开车的司机在大理开过民宿，卖过东西，我们就带着他。又联系上我们镇上停车场一楼一个开商超的。我们就商量了一下，从他那儿进货。我们列清单，他配送。28日、29日我们带人排练，装成是客户，试一试手。30日的晚上12点以前，我们以为把所有的事都安排好了。

5月1日试运营的时候，我们心里面也没有底，因为当时天气不好，还下点毛毛雨，但是我们知道应该会来很多人。因为市政府帮我们做了宣传，抖音、快手我们也发。且"五一"正赶上当地花山节，来赶山的人肯定也多。那时候怕忙不过来，我们喊群众帮忙，没有人来。后来在微信群里说招临时工，一天100元，当天结算，才来了几个。最难办的是我们的群众根本不知道怎么办，他们之前没开过店，年轻的外出打工都是在制造业，年纪大的可能一辈子都没出过村。没办法，只能干部带着他们上。当时我带了3个干部，有2个是退伍的，还有1个是我们镇上的干部。我们4个人带着3个群众。4个守着烧烤摊，2个守着便利店，我两边跑。后来10点多天空放亮一点，烧烤摊就开始来人了。当时，好多群众在家里闲着。他们一看来人了，就跑出来摆摊，场面一下就热闹起来了。

到中午，烧烤摊37张桌子全坐满了。当时很搞笑的一幕是什么？我们两个退伍兵出身的干部带着群众给客人加柴火。1点多的时候有一点太阳了，他们热，但是没时间把手洗了再擦汗，脸上就全是灰。那些客人也不知道他们是镇上的干部，只是一个劲儿催他们加炭。有一个干部因为太忙了，一（整个）白天没吃东西，又被呼来喝去的，心里面有点委屈，就把火钳子摞地下："我不干了，我是来这里帮忙的……"我们就跟他说，你身份得转变。今天我们来这儿，就不是干部，都是服务员。

那天我们忙活到很晚，烧烤摊这个点我看那天好像收入八千多块，便利店收入九千多块，我们组织处那个姑娘的羊肉汤生意更好，卖了一万多块。晚上我们歇业回项目指挥部开会，研判每个点的经营状况。干部们都累得半死，说群众啥都不会干，全靠自己撑着。这么着我们硬是连着干了三四天，赚了不止十万块。

试营业结束之后，我们就歇园整顿了，决定说什么都要找人给村里的群众培训，毕竟这些业态以后全部要他们自己运营。当时那些老师来教了三个月，说你们这儿简直太难教了。便利店的不会收银；烧烤摊桌子擦不干净；扫地的不知道海绵拖把能拉开关把水控干；刷厕所的连草酸也不认得，我们还得教她，这个不能喝，不能带回家。你要让我总结，如果说别的条件好一点的地方，群众是零基础，我们达观村的起点就是负基础，根本就没有基础，谈不上基础，全是干部和培训老师们手把手带出来的。

第一次开园试运营的艰辛历历在目，为做好产业，政府扮演主导角色，不惜亲自上阵。在这个过程中，当地政府专班明确意识到村民有限的技术和服务能力是制约当地"做产业"的重要因素。因此在实现对群众"试营业赚十万块"的承诺之后，便歇园调整，努力落实以村民为主体，进行乡村建设。政府的目标是通过政府主导、引导、陪伴，让老百姓真正成为乡村振兴的主体，自己的乡村自己建，自己的资源自己赚，自己的事情自己干。

四　农民成为发展中心

从达观村成为乡村振兴试点至今，政府-专家团队逐渐在实干中探索出一套"一个中心、四个主体、四个机制"的推进乡村振兴的系统方案，即以农民为中心；坚持农民是决策主体、建设主体、经营主体和受益主体；建立新的乡村资产运营和管理的组织机制，村级以工代赈的乡村建设机制，乡村CEO为主体的经营机制，以及集体与农户、外部资本与农户的利益分配机制，确保乡村受益。本部分按照这四个主体实现的难易程度为排序，讨论建设主体、经营主体、受益主体、决策主体在达观村的落实情况，还原达观村探索以农民为中心构建组织机制，鼓励、引导农民自己的乡村自己建、自己的资源自己赚、自己的事情自己干的历程。

（一）以工代赈的建设主体——自己的乡村自己建

作为本市脱贫致富示范区的先导工程，达观村需要快速落实推进，以便尽早为其他村发展提供可复制的项目模板。因此，项目推进时间紧任务重，项目工程采取边建设边规划的建设方针。基层专班组织群众自主规划，政府投资，本村村民参与工程，以工代赈。不仅节约成本，带动当地就业，也调动了村民的积极性。

项目建设工程共三期。第一期为打造核心示范区域。以打造入村门、游客接待中心、民族文化活动广场、花台、红砖步道、步道挡土墙、咖啡厅、便利店、公厕、专家工作站、培训中心和民宿示范户、饮水提升工程等为核心建设，包括沿途民房外观改造、文化墙、玉米堆等的外观提升。

第二期开展示范推广。计划改建、新增公厕3座，砖房加层盖小青瓦、露台使用红砖围栏113户，石棉瓦改小青瓦25户，门窗改色100户，增设民宿15户，新建和改建红砖步道4000平方米，种植花卉1.5万平方米，新建花卉培育大棚2000平方米，新建幼儿园1所，新建120平方米的民族文化陈列室1所。

第三期完成区域拓展。计划进行草畜平衡科学测算，按照亩均牛羊数确定承载量，实现草畜平衡；封闭达观村山后松林，建设围栏，补种草皮，恢复生态环境；在达观村山后松林附近修建公厕及服务设施，将松林划分为烧烤区和露营区，满足市民休闲需要的同时，保护生态环境；对社区部分集体土地实施高标准农田改造，为机械化种植水稻打下良好基础；将社区达观村至龙潭坝区的山、水、林、田、湖、草统筹考虑，申报为田园综合体建设项目，全区域田园综合体建设完成。同时，同步开展雨污管网、集中养殖、公厕、电力等配套工程设施建设。

在我们调研期间，第一期业已完成，第二期正在进行，第三期亟待启动。因此以下以第一期为例讨论村民的建设主体实践。项目施工期间，村里组织了35名村民配合专业施工队开展工程。专班成员每日一研讨，敲定第二天工程细节，汇报给专家团队审批。第二天施工队负责技术性勘测和施工，村民打下手。施工顺带培训，村民从基础做起，从每人每天只能按砌砖数拿工资（几十元/天），到能自主铺道，再到成为具有建筑、焊工等技能技术工人，最后发展成为一整支有能力和意愿承包工程的施工队（分段承包工程，300元/天结算）。第一期项目结束时，项目建设总共带动群众300余人，就近就业增收200万余元。新组建的苗族施工队也正在参与第二期的民房提升改造和附近乡村建设项目。第一期工程总投入1593万元，有10%左右转化成当地群众的劳务收入。

昔日的打工者变成乡村建设中的能工巧匠，不仅仅是收入增加，更重要的是有了一技之长，成为乡村振兴的建设者。

（二）运营管理的经营主体——自己的资源自己赚

乡村振兴重要的是活化乡村的经济、社会功能，其核心就是在乡村建设过程中打造一些新业态，既能提升农民收入，又能壮大村集体经济。为找到适合达观村发展的产业之路，专班和苗族群众一道反复讨论，在核心区建设中，规划建成苗家杀猪饭、苗家羊汤锅及百米烧烤长廊等地方美食区；建设千亩万寿菊花海，形成观光农业；改造森林打造成亲子乐园和星空露营基地；将村集体、村民闲置的房屋改造成咖啡厅、民宿、专家工作站等，形成从吃、住、行到游、购、娱的乡村旅游业态。"让产业规划真正从老百姓心里长出来,从土地里长出来。"产业规划好了,如何鼓励当地人来经营,并确保当地村民的经营管理权?达观村摸索出三个诀窍。

1. 半企业化经营,数字化管理

不同于调研的其他两个村,达观村有很强的独立发展意识,即前期专家指路、政府主导把基础设施和发展框架搭建好,剩下的时间便努力谋求发挥农民的运营能力,衔接市场让达观村真正独立起来。为了发展旅游业,达观村所属合作社下成立旅游公司。首先,以当地村民为法人、村"两委"挂职主要职位,保证公司的村民主体地位和业务公开监管;其次,全国招聘专人全职担任职业经理人,将其培养为掌握国家政策基础知识、常规市场运营技术,能统筹管理所有业态的乡村 CEO 团队负责人;再次,吸纳本地积极分子,并在地化培养为乡村 CEO 团队的核心骨干,负责业态的日常运营;最后,招聘承担日常事务性工作的辅助人员。目前达观村乡村 CEO 团队共 26 人,1 位是全国招聘选拔出来的外来经营人才,15 位是受过在地化培训的乡村 CEO 骨干,分别负责杀猪饭农家乐、花园餐厅民宿、咖啡厅、百米烧烤长廊和便利店,剩下 10 位是负责日常清扫的保洁员。

所有业态均为"半企业化经营",即业态运营成本由公司兜底,业态营收与经营者收益直接挂钩。这样既减轻了新手乡村 CEO 团队的经营风险和畏难情绪,又能培养当地人作为业态经营主体的自觉和能力。运营目标由公司按照日常经营流水制定,按月/季度查验成果,所有业态经营所需日用材料和水电费用,由公司承担。

乡村 CEO 团队内部分工明确。乡村 CEO 负责人掌握每日组织团队晨会,进行考勤签到、单日目标设置、进出货需求收集等工作。乡村 CEO 团队负责各自的业态经营。每个月按照底薪+绩效+考勤发放工资。

在经营培训方面,因为乡村 CEO 团队的所有成员都是零基础上岗,所以合作社从各方面给予支持。在技术上,政府专班邀请镇上的专业老师带队,帮助制定菜单菜品、教授咖啡制作和民宿运营技术。在制度上,每日考勤与底薪(迟到早退扣钱)+考勤(全勤补助)两方面挂钩,引导经营者从时间观念薄弱、靠天吃饭的农民角色向准时上下班,早晚考勤吃工资的公司员工角色转变。纯收入超出营收目标的20%作为绩效，激励乡村CEO团队营业积极性。在经营上，乡村CEO团队不需要承担大额的成本投入和繁复的收支计算的任务，只需要完成经营性工作，较易上手。在收入上，保证乡村CEO团队底薪稳定（普通乡村CEO底薪2000~2500元，保洁员800~1000元），有旅游旺季补贴，且吃住在村里，既消耗了经营剩余食材避免浪费，又节约了生活成本。与此同时，即使是底薪也与工作效率直接挂钩，以提高员工工作效率。以清洁工为例，工作不达标者（迟到早退和打扫不认真）只能拿到底薪的70%，倒逼员工认真对待工作。

除了乡村CEO团队运营的主要旅游业态，达观村还提供其他自主运营机会。比如为本地村民提供摊位租赁，可以用来经营低成本的民族服装租借、小吃摆卖。外来租户租金100元一天或500元包月。当地群众则免费使用，预约即可。这样一来，既鼓励了村里的中老年妇女参与运营，搞节假日经济，赚点外快，又能增加当地旅游业态的丰富性。

所有业态经营所得，交由合作社统一管理。所有收入统一通过官方收款二维码扫入公司账户，利用数字化平台统一管理。乡村CEO团队负责的业态月末由合作社进行工资发放。群众摆摊的收入，目前只是过一下收账平台，收集数据后，即转账到经营者个人银行卡。

总结起来，达观村实现农民作为经营主体的方式如下：通过合作社兜底，鼓励村民参与经营；通过管理培训，提高业态运营效率；拉开层次进行经营岗位设计，专业业态交给专业百姓，普通业态交给普通百姓；数据化平台统一管理账目，精准掌握经营数据，为后续开发提供数据支撑；所有业态统一收费，统一管理，统一定价，防止经营乱象；在业态成熟之后，向个体户增收必要的卫生费和管理费，增加合作社营收。

2. 发展旅游业——拒绝外来资本直接介入

达观村的产业渐渐做起来之后，吸引了很多企业前来洽谈，希望进驻。为了更好运营管理，合作社旗下注册了旅游公司，负责当地旅游业经营和合作洽谈。但秉承着"自己的资源自己赚"的原则，达观村的企业入驻条件比较苛刻：不支持企业支付租金，独立运营，只支持企业慈善捐助和扶持或以营业加盟形式入驻。外来企业加盟，所有收入统一走达观村的收款二维码，然后合作社通过分账的数字化平台收取外来企业营收的15%作为加盟费，剩下的85%营收返还给外来企业。两种合作模式，我们可以通过以下这两个具体案例来说明。

案例8-9　企业无偿技术支持

为了对合作社的业态进行统一管理和统一收账，项目专班希望开发一套统一收账平台。各业态通过农业银行为达观村开发的二维码收款，款项自动汇入分账系统，分账系统按照不同业态的分账比例自动给相应经营者转账。这样节省了人力物力，账目系统更透明的同时也高效运转。当时专班首先与腾讯接洽，但对方提供的收费平台只能作为农业银行系统的平替，无法替代农业银行系统实现进一步的分账功能，因此专班联系到了杭州某公司。对方具备相应技术开发能力，有意愿支持乡村振兴，也希望借机提高企业知名度，增加公众好感度，达观村因此获得了与农业银行系统匹配的分账系统，系统目前仍处于公测阶段，可能于国庆后全村推广。

案例8-10　山地车业态引入

根据陈丰云和李月秀的回忆，山地车的私人企业是在达观村火了之后，直接上门来求合作的众多企业之一。当时合作社同意它进驻考虑有四：一是它能丰富达观村的旅游业态；二是它自带员工独立运营，无须村集体付出额外的人力和经营支出；三是该家公司自带流量，推动自家生意的同时，也可以为达观村引流，实现零成本宣传和曝光；四是该公司同意接受合作社统一管理，开票收费均交由合作社下的便利店（山地车和便利店门对门）代为管理，由合作社统一扣除加盟费，也即其生意营收的15%后，再转交剩余收入至企业账户。

当询问政府专班，入驻条件如此苛刻，是否会影响达观村吸引外资时，班子负责人李月秀主席说，产业要慢慢做，靓女不愁嫁。与企业合作是双方你情我愿的事情，对方看好达观村的市场，才会寻求合作。达观村的企业加盟方式之所以不同于企业直接进驻，一是为了减轻外来企业入驻增加的额外的监管成本;二是保证合作社村民将旅游资源转化为收益且不外流;三是强化了村民作为经营主体的角色。

反过来说,如果外来企业单纯通过支付租金入驻,它的经营就会将村子完全排除在外,纯粹逐利,这样不仅收入的大部分被企业赚走,群众收益微薄,而且群众在企业面前没有任何话语权。以山地车业态为例,如果它租用达观村的场地,就只需付场地费,别的一概不管。万一它做不下去,要么改营其他业态与当地村民竞争,要么留下烂摊子跑路。但是现在山地车业态纳入合作社统一管理,对方的账目透明公开,合作社不需要额外投入就能营收;而且它们设计什么样的场地、什么颜色的装饰都需要提前报备合作社审批;甚至其客人买票进场都需要拜托便利店的村民代为开票,村民作为经营主体,牢牢把握主动权的地位就此显现。

3. 发展第一、二产业——拒绝土地流转,第一、二、三产业融合

根据高霄雨教授团队的建议,达观村不对外流转土地,统一交由合作社进行第一、二产业开发。专家团队和专班认为,土地一旦流转给外部企业,村民便丧失了对土地的主动权,营收的大头被企业收割,也无法最大化造福村民。更危险的是,目前有一些无良企业贪图政策补贴,跟风参与乡村建设,见好就收,见亏就跑,不仅无法创造可持续的租金收入,跑路之后留下的烂摊子还得本地村民承担。思索再三,达观村的项目专班认为,与其承担这种风险,拿一时蝇头小利,不如将土地交由合作社手中统一发展第一、二产业融合,弥补旅游业淡季的市场空白。在这方面,达观村进行了两种道路的探索:一是发展景观农业,二是发展农产品加工业。

案例 8-11　万寿菊种植

在引入万寿菊之前,达观村的旅游业态缺乏一个激活 7 月、8 月、9 月市场的旅游热点。2021 年底,正好有市里的万寿菊企业来考察,看中达观村的种植条件,所以与合作社达成了村集体负责组织种植,企业集中采购的合作方案。当时专班的考量是当地原本的土地是种洋芋、玉米一些低附加值的农产品。万寿菊单价高(1.2 元/公斤,亩产可达 1000 公斤),种植得好 8~10 月能收割 5~6 次,还能形成独树一帜的旅游景观。于是 2022 年 4 月,合作社以每亩 500 元的流转费从百姓手里流转出近 500

亩土地，并雇用组织村民改种万寿菊。百亩花海一度引爆了当地的旅游市场，许多人冲着花海前来打卡，也提高了附近其他业态的收入。

但奇怪的是，当询问当地村民时，调研组发现他们参与万寿菊种植的积极性并不高。一些干脆没有参加万寿菊种植，一些来年不打算继续种植。这是何种缘故？村民的这种态度又将如何影响当地政府"做产业"的规划布局？

随着调研的深入，我们从专班那里得知，当地人不愿意种万寿菊有三个原因。一是当地曾长年为贫困地区，其种植的洋芋和玉米为其主要生活粮食。当地人看到粮食心里踏实，所以即使花卉种植收益高，群众也不愿轻易尝试。二是花卉种植需要精心呵护。但当地人习惯了粗放式粮食种植模式，种下万寿菊之后基本撒手不管，任其自生自灭，因此亩产不高，质量也常常达不到收购标准，收益不足以激励当地群众种植。三是当地养猪，村子整体脱贫之后，玉米是主要的猪饲料来源。但是改种万寿菊之后，当地群众只能从外购买猪饲料，费时费事费钱。究此种种，种万寿菊被认为是吃力不讨好的活计。

考虑到群众意见之后，专班决定，万寿菊只在旅游核心区尽可能保留种植，吸引游客。剩下的土地，群众愿意种什么，合作社就想办法销什么。正好当时处于旅游业淡季，达观村旅游业不足以支撑达观村开支。开发农产品加工业，三产融合发展的规划便提上日程。为了更好地经营管理，达观村合作社下设种养殖合作社，在村子里盖起了农产品加工厂，开始了萝卜干、猪油、腊肉、精选鸡蛋和玉米面等产品生产，此处以萝卜干加工为例。

案例 8-12 萝卜干加工售卖

为了开发当地萝卜的附加值，专班看准了当地的特色小吃"酸辣萝卜皮"。这种小吃利用当地农民种植的食材为原料，只需要萝卜切片—晒干—加作料腌制，加工方便成本又低，清脆爽口颇受外来顾客的欢迎，因此瓶装萝卜皮成为达观村主打的特产伴手礼。李月秀主席帮我们算了

> 一笔账：1 斤萝卜皮成本 6 毛，合作社的加工公司 8 毛收购，再组织本村人力加工，支付 1 块一瓶的手工费，最后由有质检资格的企业贴牌出售，15 块一瓶。原本不值钱的萝卜就成为净利润极高的加工产品，不仅可以供给村游客中心、民宿和餐饮，还可以直播售卖。如果以后形成规模，还可以提高加工水平，做成真空便携装，并以独立品牌的名义销售，主打"支持乡村振兴+当地特色农副产品+无公害无污染"的产品定位，寻求与当地高铁和飞机餐饮的合作。这样，在当地的旅游业淡季，村民也有活儿可干，有收入可收。

开发旅游业态，牢牢抓紧运营权；农业景观打造，尊重群众的发展意愿；三产融合，推动可持续发展。通过搭建半企业化经营模式、培养乡村CEO经营能力、坚持不允许外资直接介入和不流转土地的经营原则，和制定景观农业与三产融合经营方向，达观村真正"做出了自己的产业"，并牢牢地将运营权掌握在农民自己手里。

（三）利益联结和收入分配的受益主体

关于乡村振兴的成果如何惠及全村村民，达观村给出的方案是：建立达观村合作社，所有村民全部纳入合作社，共同参与利益分配和分红。在与专家团队商讨一个月之后，达观村推出了"1136"的收入分配机制：首先，合作社经营收入的 10% 提成给村集体公司，用于 123 户 574 人的年终分成；其次，纯利润的 10% 作为公益性基金，用于特殊困难人员及家庭的临时帮扶，30% 用于乡村 CEO 的工资及提成，60% 用于滚动发展。这样一来，全体村民，不论参与建设与否，都能拿到 10% 的利润分成。12 名在村集体公司和合作社上班的苗族群众既拿保底工资，又拿提成。按照达观村 2022 年总营业额，全体村民共拿到了 13 万元的分红。

但值得注意的是，为了调动当地群众参与项目的积极性，这 13 万元的全体分红也并非均分，而是采取按劳分配。合作社根据过去一年村民对于项目建设的参与程度、支持程度对其进行打分，按照分数给村民进行分红。这种分配制度在第二年（2023 年）衍生出"积分制"，即按照专班设定的考核标准，驻地干部每周对村民进行积分考核，年末村民拿着自家积分本参与10%的集体分红，多余的积分还可以兑换便利店的商品或者直接提现。

通过资源变资产、资金变股金、农民变股东"三变"，达观村123户574名群众成为乡村振兴项目的利润受益主体。

（四）决策主体——自己的事情自己干

达观村乡村CEO在项目运营中具有较高的自主性，这在很大程度上是政府积极培育的结果。

第一，政府培养决策主体意识。达观村整个项目从设计到建设再到运营，坚持不依不靠，鼓励当地人作为建设主体、经营主体亲身参与到了本村的建设中，培养了群众的主人翁意识。

案例8-13　篝火舞培养村民自信心

达观村发展起来之前，村里男人往外跑，女人往外嫁，赶花山都是去别人的山头，捧人家的场子，提起自家村子，村民都很没底气。现在达观村发展起来了，成为著名的旅游景点。到了第一年花山节庆，附近山头的人都来这里赶花山。这极大增强了村民的自信心。到了第二年还有人主动找上专班，询问今年花山节还办不办，说自己好多贵州、四川的亲戚朋友说要来达观村赶花山。除了节庆日，专班也坚持篝火舞每周举行不间断。群众在月亮广场围着篝火跳舞，村里有了生气，老人、孩子有了额外的收入。更重要的是，许多游客被他们吸引，也穿着民族舞蹈加入，还拜他们为师，使当地人增强了对自己民族文化的认同和自信，在城里人面前也能挺直腰杆。

案例8-14　发工牌认可村民参与度

2022年5月刚开园的时候，项目组的人不论怎么动员，村民都不乐意去帮忙，认为项目是政府的形象工程，和自己无关，不愿意去凑热闹。但是随着项目真正落地到第一次试营业结束给村民分红，村民们开始有意无意地关注项目的动态，展现出积极性。一直到 2022 年国庆节期间，游客激增，最高单日客流量达到 3 万人次。乡村 CEO 团队难以负荷，便有一些村民自发地来帮忙。看到这种情况，专班当即决定挨家挨户给有意愿来帮忙的村民发工牌，邀请大家在各业态参与卫生管理、打下手的工作。当时因为工作繁忙，有一些工牌没有发到位，还有群众专门跑到指挥处闹事儿，埋怨别人家都有，为啥不给自己家发工牌，搞得专班成员又好气又好笑。

从最开始喊破嗓子没人来，到篝火晚会老少齐，再到发个工牌人人抢，村民对项目的信心被培养起来，作为村庄主人的主体意识也逐渐成形。

第二，政府培养决策主体能力。村庄活力除了靠增强达观村群众的决策意识，还要真正提高村民的决策能力。具体而言，专班陪伴当地群众成长，借助"乡村 CEO 计划"为村民提供外出培训、考察和实践的机会，提高了老百姓的决策能力。

案例 8-15　民宿乡村 CEO 外出培训

运营花园餐厅和民宿的乡村 CEO 朱慧敏原本是村民小组的组长。项目开始之前，她和丈夫轮流外出打工。她在外地纺织厂工作，每月工资 6000 元左右。项目启动时，她正好因为生二胎在家，便用自家房子参加了项目改建，成为嵌入式民宿业态的经营者。项目建设时，她还因为政府收用自家厨房的事情向专班要求收取租金，因为工程建设产生的几十块水电费追着专班讨。都是专班的干部恩威并施，才把事情解决。后来她专职在家搞民宿，碰上"乡村 CEO 计划"在招募培训人员。村上推荐她去，她一百个不愿意，认为自己小学学历，去了也听不懂，丢不起这人。后来是专班成员做了她的工作，她才鼓起勇气一试。到了培训班，她课上听不懂，作业完不成，再次打了退堂鼓。又是专班成员找她做工作，安慰她上课能吸收多少是多少，帮着她完成作业，还鼓励她在培训班发挥苗舞特长，再加上培训项目安排她各地考察，她开了眼界，自信心才和能力一起一点点被培养起来。

案例 8-16 咖啡厅 CEO 在地化培训

运营咖啡厅的王丽文，24 岁。以前在外地的食品厂打工。项目试营业时，她在烧烤长廊打零工，当时学制作咖啡的小姐妹临时退出了，才派她顶上。当时学习咖啡制作的技术，她心里是没底的，但是专班喊她不着急慢慢来，每次进步就表扬，受挫了就安慰。她提一些经营上的小点子，专班也会鼓励她去试错。慢慢地她的咖啡制作能力被培养了起来，她接待客人也自信多了。2023 年之后，见她能力提升，专班便提议她添加小食菜单。给她推荐的小食，她学会了七八种，现在还会自己开发冰品。陪着她成长的专班成员说，这些村民的潜力比自己想象的还要大得多，只要正确引导，至少村里的积极分子都能成长为独立决策业态运营的经营者。

村庄有活力，既要做产业，又要育人。当村民都被内化成为乡村振兴的一员时，就有意愿也有能力真正参与乡村建设。乡村共富才有可能摆脱依靠政府、依靠企业、依靠专家的状况，真正有机会独立发展起来。虽然这条路道阻且长，但至少达观村的案例证明这条路必须走，也走得通。

五 总结、可能存在的风险及政策建议

在本章结尾，我们将尝试回答以下问题：达观村作为一个信息闭塞的偏僻村落如何抓到乡村振兴的机会？一个产业基础薄弱的村庄如何发展到户户有产？项目建设如何从家家观望发展为竞相参与？项目参与主体——专家团队、政府、村民（包括乡村 CEO 团队）分别扮演怎样的角色？

（一）项目经验总结

专家信息引路。经过调研我们发现，在达观村项目的建设过程中，专家团队扮演了提供信息的角色。首先，专家团队利用知识性权威和与云南省政府的合作关系，将政府的政策倾斜引到了这个云山雾绕的偏僻村落。其次，团队结合对当地的基础调研和以往其他乡村振兴试点的经验，开发

出适应当地的开发原则：不靠外界搞规划，保留当地的基础建筑，当地人设计、建造、经营自己的村庄。从而保证有限的项目资金被最大化地用于惠民、便民和立民。最后，专家团队充分利用自己的社会资源，为达观村介绍产业合作对象、引进人才培训团队。最大限度地让当地群众有机会走出大山见世面，了解最重要的政府政策以及新鲜的经营管理模式，为当地储备人才。

政府主导产业。政府在达观村建设中起到了重要的主导、引导和陪伴的作用。首先，当地干部依靠高度的政治敏感度和在当地群众中的威信，为达观村引来"伯乐"。其次，项目专班的号令集中、权责明晰，主导建设攻坚期，保证项目与各个参与主体（群众、专家、市场、政府各职能部门）对接顺畅。最后，政府扮演引导角色，引导村民开展运营的同时，兼顾社会公平。其表现有二：其一，面对企业逐利、市场变化，政府坚定地坚持"自己的乡村自己建、自己的资源自己赚、自己的事情自己干"的原则，保证村民不被眼前薄利诱惑，有效规避了其他乡村振兴试点遭遇的外界资金入侵困境；其二，注重发挥群众主体的作用，坚持"一个中心、四个主体、四个机制"，让当地居民真正成为建设主体、受益主体、经营主体和决策主体，让产业为达观村服务。

村民成长成才。对于村民，在整个项目建设至今，村民从最初不理解，到跟着政府试试、跟着专家学学、跟着干部干干，再到自己努力成长为一个中心，四个主体。当地的群众积极分子发挥了先尝螃蟹的示范带头作用：在政府、专家团队和外来慈善企业的帮助下，他们培养能力和自信，成为乡村建设重要的人才；通过经营业态，他们为自己和全村创造营收；通过向下说服劝说，向上建言献策，他们在专班干部和普通群众之间架起了重要的桥梁。

（二）项目可能存在的风险

第一，项目实施细节如何完善。一是旅游基础设施的更新和维护。当地推崇的红砖步道和彩虹步道在雨天较为湿滑不便，存在一定安全风险。二是旅游热点的持续更新。如调研报告前面所述，当地的旅游热点仅限于法定节假日和地方民族节日，日常吸引游客的热点未能充分开发，曾尝试的旅游 IP 万寿菊项目第二年推进困难。当地如何在承载力有限，只能专注于小众、高端旅游线路的情况下，持续吸引旅游市场？

第二，临时专班解散后，项目成果如何保持。从整个调研报告我们可以看出，专班在当地发展过程中发挥了中流砥柱的作用。当时项目的强势推进和巨大营收在很大程度上依赖专班专事专办的权力。也因此，比起现在负责管理运营的乡村 CEO 团队以及驻村干部，老百姓显然更买专班的账。如果随着项目推进，专班角色逐渐从主导向引导，最后变为陪伴，相应的项目运营能否维持高效运转，存在疑问。

第三，"1136"的收入分配机制是否可持续。收支平衡存在风险。根据我们的调研，虽然项目第一年的营收 130 多万元，分红 13 万元，成果喜人，但其实项目收入的纯利润只有 14 万元多一点，也即第一年的收入只保证了 1，即全体村民分红，并未能实现后面的 136，即纯利润 10% 的公益性基金、30% 的乡村 CEO 的工资及提成、60% 的滚动发展。在没有充分经营资金的基础上，如何保证产业独立经营的可持续性，也是要持续探讨的内容。

第四，如何留住人才。通过对乡村 CEO 团队的访谈我们得知，该团队从项目成立以来经历过多次换血，中间退出的人有吃不了苦、赚不来钱的顾虑，留下来的人则是处于有家室需要照看、有空间可以历练、试试未来前景如何等考量。足以见得当下达观村未能形成完善的人才留存机制。且经营者的市场思维如何与政府共同富裕、保障公平的原则协调，也是需要继续思考的问题。

第五，群众工作如何持续推进。在调研过程中，我们发现即使是当地的积极分子，作为乡村 CEO 的业态经营者，对于项目经营机制和收入分配机制也并不完全了解。比如他们无法解释自己和他人的收入从何、因何而来，因此存在看别人眼红、误解项目组的情况。这种抱怨也存在于当地的普通群众身上。当地人以前习惯了均贫，对于"先试点，再推广""先富带后富"等概念存在怀疑和不满，从而出现口头冲突和行为上的不配合。当地也确实出现过喝酒闹事的情况。

（三）政策建议

针对上述问题，我们提出以下政策建议。

首先，完善旅游基础设施和旅游热点。旅游基础设施应根据实际情况进行改进，达观村雨天湿滑应及时增设防滑设施，以保证游客的安全。对于旅游热点，一方面，持续维护和更新现有IP，如拦路酒和篝火晚会，积攒人气；另一方面，继续务实开发新旅游业态，比如探索一卡通全村的优惠套票，吸引更多游客的同时，提高每个业态的上座率。再如，持续推进达观村直播事业，为各个业态经营者在社交媒体上打造独特人设，依靠大数据引流。在人力、物力允许的情况下，定期收集各社交平台游客负面反馈，切实解决游客痛点。

其次，保持项目成果。临时专班解散后，应设计相应的项目监督和支持系统，保证项目实施不变形。项目运营交给乡村CEO团队，以商业化模式运行，提高效率的同时，驻村干部负责保证项目分红和村民收益的公平。

再次，调整收入分配机制的优先级。比如，可以重新考虑项目营收分配的优先级顺序：优先保证项目的滚动发展，其次是全体分红和乡村CEO分红。同时，继续保持按劳分配，严格落实积分制分红政策，避免大锅饭。对于群众误解，可以使用漫画、顺口溜等简单易懂的形式，加强宣传和教育，使他们了解项目的经营机制和收入分配机制，消除他们的误解。

最后，留住人才。逐步建立完善的人才留存机制，如果短期内不能提供更好的工作条件和待遇，可以借助社会公益资源，如腾讯乡村CEO培训班、考察团等活动，为员工提供更多的发展机会；再如塑造独属于达观村的企业文化，提高内聚力，以吸引和留住人才。

总体而言，达观村乡村振兴项目虽然面临可预见的风险，但从建设初期至今，专家团队、政府、村民拧成一股绳，整个团队坚持正确"理念信息"不动摇、排除万难"做产业"、竭尽所能"育人才"，几句话言虽简，行至艰。其发展乡村振兴的热诚令人尊重，雷厉风行的作风令人折服，筚路蓝缕的经历令人感佩，发展实践的经验足以推广宣传，以飨大众。

课题组及各章写作

课题组成员简介

课题组负责人： 邱泽奇

课题组成员： 李佳锦　李书齐　李　铮　欧阳杜菲　宋远航
　　　　　　　　王博华　张蕴洁　周逸然

各章写作

第一章： "乡村职业经理人与集体经济振兴研究"课题组

第二章： 欧阳杜菲、周逸然（课题组全体）

第三章： 李铮（李铮、欧阳杜菲、王博华）

第四章： 宋远航（宋远航、周逸然、李佳锦）

第五章： 李佳锦（李佳锦、宋远航、周逸然）

第六章： 张蕴洁（张蕴洁、李书齐）

第七章： 李书齐（李书齐、张蕴洁）

第八章： 王博华（王博华、李铮、欧阳杜菲）

注：第二章作者不分先后。括号内为主笔+本村调研人员

图书在版编目(CIP)数据

乡村职业经理人与共富乡村实践／邱泽奇等著.--北京：社会科学文献出版社，2024.3（2024.6重印）
ISBN 978-7-5228-3332-3

Ⅰ.①乡… Ⅱ.①邱… Ⅲ.①农村经济-经营管理-研究 Ⅳ.①F324

中国国家版本馆 CIP 数据核字（2024）第 042836 号

乡村职业经理人与共富乡村实践

著　　者／邱泽奇 等

出 版 人／冀祥德
责任编辑／杨桂凤
文稿编辑／张真真
责任印制／王京美

| 出 | 版／社会科学文献出版社·群学分社（010）59367002
地址：北京市北三环中路甲29号院华龙大厦　邮编：100029
网址：www.ssap.com.cn |
|---|---|
| 发 | 行／社会科学文献出版社（010）59367028 |
| 印 | 装／三河市龙林印务有限公司 |
| 规 | 格／开 本：787mm×1092mm　1/16
印 张：18　字 数：273千字 |
| 版 | 次／2024年3月第1版　2024年6月第2次印刷 |
| 书 | 号／ISBN 978-7-5228-3332-3 |
| 定 | 价／118.00元 |

读者服务电话：4008918866

版权所有 翻印必究